高等院校**通识教育**
新形态系列教材

U0688876

INFORMATION RETRIEVAL

新编 信息检索教程

慕课版 第2版

李亚芳 佟伯龙 ● 主编

逄晓丽 周航 刘银竹 刘洁 ● 副主编

人民邮电出版社
北京

图书在版编目（CIP）数据

新编信息检索教程：慕课版 / 李亚芳，佟伯龙主编
. -- 2版. -- 北京：人民邮电出版社，2022.8（2024.2重印）
高等院校通识教育新形态系列教材
ISBN 978-7-115-59825-7

Ⅰ. ①新… Ⅱ. ①李… ②佟… Ⅲ. ①情报检索-高
等学校-教材 Ⅳ. ①G254.9

中国版本图书馆CIP数据核字(2022)第144127号

内 容 提 要

本书是人邮学院慕课课程"信息检索（第2版）"的配套教程。全书共分为8章，简明而系统地阐述信息检索概述、信息检索系统，重点介绍中文和西文数据库检索、综合性数据库检索、特种文献检索、网络信息检索和信息的综合利用，并在每章后附有小结和习题。本书按照"边学边练"的理念设计框架结构，将理论知识与实践操作交叉融合，讲解信息检索应用技能，注重实用性，以期提高读者解决实际问题的能力。

本书可作为高等院校信息检索、文献检索、情报检索类课程的教材，也可作为科技人员和图书信息部门进行信息查询的参考书。

◆ 主　　编　李亚芳　佟伯龙
　　副主编　逄晓丽　周　航　刘银竹　刘　洁
　　责任编辑　刘　定
　　责任印制　王　郁　陈　犇
◆ 人民邮电出版社出版发行　　北京市丰台区成寿寺路 11 号
　　邮编　100164　电子邮件　315@ptpress.com.cn
　　网址　https://www.ptpress.com.cn
　　北京鑫丰华彩印有限公司印刷
◆ 开本：787×1092　1/16
　　印张：13.75　　　　　　　　　2022 年 8 月第 2 版
　　字数：360 千字　　　　　　　 2024 年 2 月北京第 7 次印刷

定价：49.80 元

读者服务热线：(010)81055256　印装质量热线：(010)81055316
反盗版热线：(010)81055315
广告经营许可证：京东市监广登字 20170147 号

信息检索是一门在日常生活、科学研究和论文写作中不可或缺的"必修课"。为了让读者能够快速掌握信息检索的方法，人民邮电出版社充分发挥在线教育方面的技术优势、内容优势、人才优势，潜心研究，为读者提供"纸质图书＋在线课程"相配套、全方位学习信息检索的解决方案。读者可根据个人需求，利用图书和人邮学院（www.rymooc.com）慕课课程进行系统化、移动化的学习。

曾几何时，文献检索、信息检索还是陌生词汇。如今随着Internet的普及，人们已普遍意识到信息检索是有效参与泛在信息社会活动的一个先决条件，是实现终身学习的必备技能，是提升创新能力的基础。早在1984年，教育部就提出在大学基础教育中开设"文献检索与利用"课程。30多年过去了，人们已从以手工检索工具为主的检索方式逐渐过渡到以Internet为主的各种网络数据库资源检索，检索手段发生了巨大变化，但检索目的一如既往，同时赋予"文献检索与利用"课程新的内涵。

党的二十大报告首次把教育、科技、人才进行"三位一体"统筹安排、一体部署，并明确提出加强教材建设和管理，这对信息检索教材建设提出了新的要求。在新要求下，本书基于目前高等院校开设相关课程的教学需求和社会对信息检索的需求编写而成，具有如下特点。

内容实用　按照"边学边练"的理念设计本书框架结构，精心选取信息检索的一些学术性和日常生活类的数据库，进行分类讲解与实际演练，同时还专门安排了"信息的综合利用"一章内容，便于读者系统理解信息的收集、管理、调研、分析，并对科研选题、论文写作及与知识产权相关的法律法规有所了解与掌握。

名师授课　人邮学院慕课课程由老虎工作室的金牌作者、资深信息检索培训专家靳小青和耿波主讲，配套教材由李亚芳、佟伯龙、逢晓丽、周航、刘银竹、刘洁等老师编写，内容包含了老师们多年讲授和使用信息检索的经验及技巧。读者在人邮学院搜索"信息检索（第2版）"或扫描右侧二维码，

人邮学院慕课课程
"信息检索（第2版）"

即可找到对应慕课课程进行学习。

　　互动学习　本书可单独使用，也可与人邮学院慕课课程配合使用。读者可在人邮学院慕课课程中进行提问，通过交流互动，轻松学习，扫描右侧二维码可了解人邮学院的更多功能。为了更好地完成对信息检索的学习，建议结合人邮学院慕课课程进行学习。

人邮学院网站
功能介绍

　　本书有配套的 PPT 课件、教案、大纲等教学资源，读者可访问人邮教育社区（www.ryjiaoyu.com），搜索本书书名下载和使用。

CONTENTS

目　录

01 第1章
信息检索概述

进入 21 世纪，信息与物质、能量构成现代社会的三大资源，并成为社会发展的巨大推动力。信息技术的迅猛发展，一方面使信息资源的重要性日益突出，另一方面信息匮乏似乎渐行渐远，取而代之的是信息爆炸、信息泛滥。能否有一种办法帮助人们快速、准确、全面地查找到所需要的信息呢？这正是时代赋予信息检索的职责，也是信息检索课程的任务。俗话说："磨刀不误砍柴工""工欲善其事，必先利其器"。同样，熟练利用信息检索这把"利器"可以帮助我们从茫茫的信息海洋中找出精华、去除糟粕。"千里之行，始于足下"，本章将开启信息检索的"大门"。

1.1　信息与信息检索

身处信息化社会，我们不可避免地会谈及信息。那么，什么是信息呢？信息检索又有什么意义呢？本节将会给出答案。

1.1.1　信息

1. 信息的定义

信息无处不在、无时不有，它已成为象征着 21 世纪的标志。一个世纪以来，信息的定义经历了百年演进，不断地与时俱进。人们从不同的研究领域，提出多种信息的定义。例如，数学家、信息论创始人香农（C. E. Shannon）在题为《通信的数学理论》一文中指出，信息是用来消除随机不定性的东西。钟义信的信息定义：信息是被反映的物质属性。逆香农的信息定义：信息是确定性的增加。通信经济学中给出的信息定义：信息是世界上一切事物的状态、特征和变化的反映，其最高形式是人类的思想理论。从哲学的角度来说，信息是事物运动的存在或表达形式，是一切物质的普遍属性，实际上包括了一切物质运动的表征。传播学研究的信息是在一种情况下能够减少或消除不确定性的任何事物，它是人的精神创造物。我国情报学家严怡民对信息的定义：生物以及具有自动控制系统的机器，通过感观器官和相应的设备与外界进行交换的一切内容。国家标准《信息与文献　术语》（GB/T 4894—2009）中对信息有以下两种解释。

> 4.1.1.3.8
> 信息（1）information（1）
> 被交流的知识（4.1.1.3.16）。
> 4.1.1.3.9
> 信息（2）information（2）
> 在通信（4.1.1.3.1）过程中为了增加知识（4.1.1.3.16）用以代表信息（1）（4.1.1.3.8）的一般消息（4.1.1.3.5）。

综上所述，我们可以认为信息是以物质介质为载体，传递和反映世界各种事物存在方式、运动规律及特点的表征。它反映了物质客体及其相互作用、相互联系过程中表现出来的种种状态和特征。例如，事物发出的消息、信号及信号中的指令，就可通过一定的物质形式（声波、电磁波）传送给人或动物某信息。不同的事物具有不同的状态和特征，因此会产生出各种不同的信息。人类就是由大脑经感觉器官来接受自然界和社会中的种种信息以区别各种事物，从而认识世界和改造世界的。

2. 信息的特征

信息一般由信息源、内容、载体、传输和接受者几个部分构成。因此，信息具有以下几个主要特征。

（1）普遍性

信息源于自然界、人类社会以及人类的一切思维活动，信息可谓无处不在、无时不有、无人不用。因此，信息可被看成是物质的一种普遍属性，是物质存在的方式、运动状态的体现。

（2）存储性

信息可以用不同的方式寄存在不同的介质上，即信息必须依附物质才能存在。大脑本身就是一个天然的信息载体存储器，纸张、图像、摄影、录音、光盘、计算机存储器等也都可以进行信息存储。

（3）可识别性

信息是客观事物经过感知或认识后的再现。狭义的"认识论信息"认为，那些信息接受主体感觉不到的"某个事物状态及状态的变化方式"，或者感觉到了但不能理解的东西，都不叫信息。因此，信息还必须具有可识别性。识别又可分为直接识别和间接识别，直接识别是指通过感官的识别，间接识别是指通过各种测试手段的识别。不同的信息源有不同的识别方法。

（4）传播性

发出信息与接受信息就是信息的传播。信息的传播性是信息最本质的特征。信息如果不能传播，信息的存在就失去了意义。信息只有经过传播才能被接受和利用，语言、表情、动作、报纸、书刊、广播、电视、电话、传真和网络等是人类常用的信息传播方式。

（5）共享性

信息具有扩散性，同一信息源可以供给多个信宿，因此信息是可以共享的。

（6）时效性

信息具有很强的时效性是毋庸置疑的。及时的信息可以产生积极的效果，过时的信息则可能贻误战机。

（7）可塑性

任何信息，人们都可根据需要对其进行加工、整理、转换成另一种形态。例如，自然信息可转换为语言、文字和图像等形态，也可转换为电磁波信号或计算机代码。

3. 泛在信息社会

2006年10月18日，日立信息通信集团总裁篠本学先生在第六届亚太城市信息化论坛上提出了"泛在信息社会"（Ubiquitous Information Society）的概念，泛在（Ubiquitous），也有人称之为"普适"，即"普遍适用"。它源自拉丁语，其含义是"无所不在，普遍存在"。其强调4A，即在任何时间（Anytime）、任何地点（Anywhere），任何人（Anyone）、任何物（Anything）都可以顺畅地通信。泛在信息社会是信息技术高度发达而形成的信息无处不在、信息交流无处不能的信息社会，是 IT 技术不断发展所形成的人类未来生活模式，其核心思想是信息技术会在任何时候、任何情况下都可通过无线通信达到互联的状态，不仅包括人与人之间，还有人与物、物与物之间。当前世界各国正在由电子社会过渡到泛在信息社会，构建泛在信息社会已得到国家层面的重视。在泛在信息社会中，人们的生活方式、学习模式、工作理念以及教育环境将发生巨大变化，信息成为人类的必需品，信息素养成为现代信息人的生存之道。

泛在信息社会的特点可概括如下。

（1）信息泛在。信息的获取可以在 4A 空间下实现，如泛在图书馆（Ubiquitous Lbrary）的出现、泛在学习的实现等都是信息泛在的体现。

（2）技术泛在。云计算下的一些信息技术，如基础设施即服务（IaaS）、平台即服务（PaaS）、软件即服务（SaaS）等技术已经虚拟化、泛在化，即无处不在；技术泛在化趋势和泛在信息社会实现必需的基础设施建设目标是一致的，即都将朝着设施泛在要求发展，射频识别（RFID）设施及技术、物联网设施及技术也将虚拟化和无处不在。

（3）服务泛在。泛在服务已经出现，如机器人进行手术、机器人保姆护理重症病人、机器人陪聊、机器人管家智能管控等，并且将会朝着更加精细和更加宽泛的方向发展。

以上泛在信息社会的特点将对公民的信息素养提出新的要求。

1.1.2　结构化信息与非结构化信息

信息的种类繁多，按照不同的形式划分可有不同的称谓。本书 2.1.2 小节将详细介绍文献信息媒体，下面先从存储信息的数据结构入手，对结构化信息与非结构化信息做一阐述。

1. 结构化信息

数据分为结构化数据、半结构化数据和非结构化数据。结构化信息是结构化数据的产物。它是指经过严格的标引后的数据，一般以二维表的形式存在。也就是通常所说的可以数字化的数据信息，这些数据信息可以方便地通过计算机和数据库技术进行管理。例如电子商务信息，大多数出版商发行的各种文摘、数值、全文数据库皆属于此。也有人从信息的表现形式上称其为显性信息，该类信息的性质和量值出现的位置是固定的，有规律可循。目前的信息检索主要是针对结构化信息而言的。

2. 非结构化信息

非结构化信息是非结构化数据的产物。它是指各种看似相关性比较弱、无法用关系型数据库等结构化的方式来获取和处理的信息。通俗地说，非结构化信息是没有经过人为处理的、不规整的信息，即无法完全数字化的信息，如文档文件、图纸资料、缩微胶片、多媒体信息、企业内外部的新闻邮件、合约、票据、文书、电子表格、简报档案、采购记录、Blog 和 BBS 等。也有人从信息的表现形式上称其为隐性信息，这些信息中隐性包含了掌握企业命运的关键信息，隐含着诸多提高企业效益的机会。

非结构化信息有其自己的一些特点，如其所有内容都是不可预知的，格式多样化，无统一标准，不像结构化数据一目了然。特别是多媒体数据中蕴涵着大量的非结构化信息，对非结构化信息的整合、存储、检索、发布等都带来了一系列的挑战。

有关媒体的研究报告显示，95% 以上的信息都在"结构化"世界之外。它们在证券、银行、保险、工商、地税及图书馆等行业中得到广泛应用，因此，如何有效地开发非结构化数据、对其进行管理、提取当中的隐含信息以对决策进行支持已成为当今亟待解决的主要问题。

1.1.3 信息检索

信息检索一词最早源于英语"Information Retrieval"。它表示将信息按一定的方式组织和存储起来形成各种"信息库"，并根据用户的需要，按照一定的程序，从"信息库"中找出符合用户需要的信息的过程。因此，广义的信息检索包括信息的存储与检索两个过程，如图1-1所示。

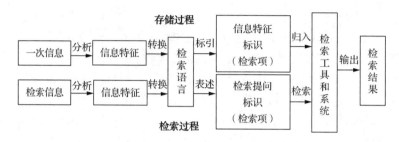

图1-1　信息检索过程

信息存储（标引）过程解决如何建立检索系统，编制、标引检索工具或数据库（主要由专业信息标引人员、图书情报部门的专职人员依据检索语言进行编制、标引）。一般图书情报部门都把这部分编制、标引出的"信息库"放在图书馆的检索室、图书馆的服务器或其网站主页中。

信息检索（检出）过程则是根据已知的检索工具和数据库，按照一定的检索规则（检索语言）将所需的文献资料查找出来的过程。狭义的信息检索则仅指信息的检出过程。

因此，信息检索就是利用二次文献、数据库等查找资料。我们把以前直接使用一次文献（书、刊、手册、网络等）来搜索资料的方法称为直接检索法（浏览法），而把利用二次文献或数据库查找资料的方法称为间接检索法。

间接检索法有以下几大优点。

（1）使盲目、分散的检索成为有目的的集中检索，避免浏览式检索产生的盲目性、分散性和偶然性。

（2）文献质量得到一定的保障。

（3）缩短文献检索的过程，提高效率。

（4）消除语言障碍。

1.1.4 信息检索类型

信息检索的种类很多，在此仅按其检索对象和检索手段进行介绍。

1. 按检索对象划分

根据检索对象的不同，信息检索可归纳为以下3种。

（1）数据检索

数据检索（Data Retrieval）是指以各种数据或数值为检索对象，从已有的"信息库"中查找出特定数据的过程，其检索结果是数值型数据。例如，查天气预报、股票价位、本专业学位论文的UDC三级分类号等。

（2）事实检索

事实检索（Fact Retrieval）是指以某一客观事实为检索对象或对已有的数据进行处理（逻

辑推理）后得出新的事实过程，其检索结果是数值型数据和相关的资料。例如，某同类产品中哪种牌号的汽车最省油、本学年成绩优秀的学生有多少。

（3）文献检索

文献检索（Document Retrieval）是指以文献为检索对象，从已有的"信息库"中查找出特定文献的过程，其检索结果是文献资料。凡是查找某一课题、某一著者、某一地域、某一机械、某一事物的有关文献，以及这些文献的出处和收藏处所等都属于文献检索的范畴。例如，关于"儒家文化对中国经济的影响"都有些什么参考文献。

数据和事实检索是要检索出包含在文献中的具体信息，是确定性的检索。其检索范围包括各种数值、要领、事项、科技成果、市场动态、统计数据、人物传记、机构名录以及各种公式、规格、标准等。因此，数据和事实检索使用的工具主要有百科全书、字典、辞典、年鉴、手册、人名录、地名录、机构指南及其相对应的数据库和网络资源等。文献检索是要检索出包含所需要信息的文献，是一种不确定性的检索，其检索结果是与某一课题有关的若干篇论文、书刊的来源出处以及收藏地点等。因此，文献检索一般使用文摘、目录、索引、全文等检索工具及其相对应的数据库和网络资源。表 1-1 为常见的中文数据库，表 1-2 为常见的西文数据库。

表 1-1　常见的中文数据库

综合型数据库	期刊全文库	学术期刊库（中国知网）、中文科技期刊数据库（维普资讯）、中国学术期刊数据库（万方）、全文数据库（人大复印报刊资料）
	学位论文	中国博士学位论文全文数据库和中国优秀硕士学位论文全文数据库（中国知网）、中国学位论文全文数据库（万方）、国家科技图书文献中心、大学数字图书馆国际合作计划 CADAL、学位论文数据库（中国高等教育文献保障系统 CALIS）
	电子图书	超星数字图书馆、书生之家、Apabi 电子教学参考书、高校教学参考资源库（CALIS）、CADAL、中国高校人文社会科学文献中心（CASHL）、中国数字图书馆电子图书、读秀
	报纸、专利、标准、科技报告等	报纸：中国重要报纸全文数据库（中国知网）、报刊摘要库和报刊索引库（人大复印报刊资料）、国研网全文数据库、国研网专题数据库 专利：专利技术数据库（万方）、中国知识产权局专利数据库、国家科技图书文献中心 NSTL 标准：中外标准数据库（万方）、国家科技图书文献中心 NSTL 科技报告：国家科技报告服务系统、中外科技报告数据库（万方）
文摘索引数据库		全国报刊索引、中文社会科学引文索引 CSSCI、中国科学引文数据库 CSCD、全国期刊联合目录
各学科专业数据库	经济	中国财经资讯、中国经济信息网、中经网统计数据库、国研网、中国资讯行（高校财经）、搜数网
	图书情报	E 线图情
	法律	北大法意网、北大法宝
	生物 / 医学	中国生物医学、中华医学数字期刊
	测绘	测绘文摘
多媒体数据库		知识视界、博看网畅销报刊阅读平台、正保多媒体数据库、银符等级考试过关模拟平台、超星学术视频

表1-2　常见的西文数据库

综合型 数据库	期刊全文库	EBSCO、ScienceDirect、SpringerLink、Wiley、SAGE、CUP、OUP、JSTOR、PAO、ASC、BRC、WSN、PRL、Emerald
	学位论文	ProQuest Dissertations & Theses Global、OCLC Firstsearch-WorldCatDissertations
	电子图书	Netlibrary、Springer、EEBO、ECCO、Encyclopedia Britannica Online
	外文报纸	PressDisplay
文摘索引 数据库		Web of Science核心合集、Engineering Village、CPCI、CSA、OCLC、PQDT、SciFinder Scholar、Emerald、JCR
各学科专业 数据库	数学	MathSciNet
	物理	ASP/AIP、IOP
	化学	Beilstein/Gmelin、RSC、ACS
	生物/医学	BMA、EMBO Journal & EMBO Reports、CELL PRESS
	计算机/电子	ACM、Reviews.com、IEEE/IET
	工程	ASME、ASCE
	经济	BSC、World Bank e-library、World Bank online Resources
	法律	Lexis.com、Westlaw、HeinOnline、Max Planck Encyclopedia of Public International Law Online

以上3种检索中，文献检索是最典型、最重要，也是最常用的信息检索方式，所以本书会重点介绍文献检索。

2. 按检索手段划分

（1）手工检索

手工检索（简称手检）是指无须借助任何辅助设施即可进行的检索。手检的对象都是一些传统的印刷型检索工具，如文摘、目录、索引等，用户使用起来直观、便于阅读、查准率高，但漏检严重、检索速度慢。这类检索工具是专门为查找一次文献服务的。

（2）计算机检索

计算机检索（简称机检）是指借助计算机、通信设施、数据库及其他辅助设备进行检索。计算机检索包括联机检索、光盘检索和网络检索。计算机检索与手工检索相比，检索效率高、速度快、范围广、查全率高，但检索费用高、查准率低。随着计算机技术、网络通信技术的发展，计算机检索正在逐步取代手工检索，成为信息检索的主要形式。

1.2　信息素养与创新能力

何为信息素养？它与创新能力又是什么关系？布拉格宣言给我们做了很好的诠释：信息素养是人们有效参与信息社会的一个先决条件，是终身学习的一种基本人权。本节将会对信息素养和创新能力做出更好的解答。

1.2.1　信息素养

2013年8月，国务院发布《关于促进信息消费扩大内需的若干意见》（见图1-2）。《意见》分总体要求、加快信息基础设施演进升级、增强信息产品供给能力、培育信息消费需求、提升公共服务信息化水平、加强信息消费环境建设、完善支持政策 7 个部分。2014 年 2 月 27 日，中央网络安全和信息化领导小组宣告成立，并召开了第一次会议，会议强调总体布局统筹各方创新发展，努力把我国建设成为网络强国。2017 年 8 月，国务院又印发了《关于进一步扩大和升级信息消费持续释放内需潜力的指导意见》。2021 年，中央网络安全和信息化委员会印发《"十四五"国家信息化规划》，对我国"十四五"时期信息化发展作出部署安排。党的十八大以来，我国信息基础设施建设取得重大成就。随着我国加快建设网络强国、数字中国，按照党的二十大部署，到 2035 年，我国将基本实现新型工业化、信息化、城镇化、农业现代化，建成现代化经济体系。这些举措充分体现了我国全面深化改革、加强顶层设计的意志，显示出在保障网络安全、维护国家利益、推动信息化发展方面的决心。

图 1-2　国务院出台促进信息消费政策

信息素养（information literacy，IL）是 1974 年美国信息产业协会（IIA）时任主席保罗·泽考斯基（Paul Zurkowski）在提交给美国全国图书馆和情报科学委员会（NCLIS）的一份报告中首次提出的概念。他当时把信息素养解释为"利用大量的信息工具及主要信息源使问题得到解答的技术和技能"。进入 20 世纪 80 年代后，随着计算机技术的发展和普及，信息素养的含义不断深化，涉及领域更加广泛。1989 年，美国图书馆协会（ALA）下设的信息素养主席委员会发表的一份有关信息素养的权威报告对信息素养的定义是至今使用最为广泛的一种，其具体定义为：具有信息素养的人必须在需要时能够识别、查找、评价和有效地使用信息。1997 年 9 月，美国纽约州立大学图书馆馆长理事会对信息素养的定义为：能清楚地意识到何时需要信息，并能确定、评价、有效利用信息以及利用各种形式交流信息的能力。

2003 年 9 月 20 日至 23 日，联合国教育、科学及文化组织（简称联合国教科文组织，UNESCO）和美国全国图书馆和情报科学委员会在捷克首都联合召开的信息素养专家会议（Information Literacy Meeting of Experts）上发布了布拉格宣言：走向具有信息素养的社会。这次会议共有来自世界 23 个国家的 40 位代表讨论了信息素养问题。会议认为如何使人们从 Internet 时代的信息和通信资源及技术中受益是当今社会面临的重要挑战。会议将信息素养定义为一种能够确定、查找、评估、组织和有效地生产、使用、交流信息，并解决面临的问题的能力。

2005 年 11 月，联合国教科文组织、国际图书馆协会联合会、美国全国信息素养论坛联合召开了国际高级信息素养和终身学习研讨会，发表了《信息社会灯塔：关于信息素养和终身学习的亚历山大宣言》，宣言称：信息素养和终身学习是信息社会的灯塔，照亮了通向发展、繁荣和自由之路；信息素养是终身学习的核心，它能使人们在整个一生中有效地寻求、评价、利用和创造信息，以便达到其个人的、社会的、职业的和教育的目标；它是数字社会的一种基本人权，能促进所有国家的社会内涵。

总之，信息素养是一种综合信息能力，即在信息社会中，人们所具备的信息觉悟、信息处理所需的实际技能和对信息进行筛选、鉴别、传播和合理使用的能力。信息素养具体包括以下内容。

1. 信息意识

信息意识是人们利用信息检索系统获取所需信息的内在动因，是人的大脑对信息存在的反映，具体表现为对信息需求的意念、洞察信息的敏感性、寻求信息的兴趣和对信息的判断捕捉能力及消化吸收能力等。信息意识是信息素养的前提，涉及信息认知、信息情感和信息行为倾向3个层面。

2. 信息知识

信息知识是指一切与信息有关的知识和方法。它既包括信息理论知识，又包括信息技术方面的内容，如对图书信息知识的了解程度，对检索技术、计算机技术及相关学科的掌握程度等。它是信息素养的基础。如果人们不具备一定的信息知识，信息素养也就无从谈起，只会成为空中楼阁。

3. 信息能力

信息能力是指人们有效地利用信息存储机构，如图书馆、Internet 等系统获取、分析、评价、处理、创新和传递信息的能力。信息能力具体包括优选信息源和信息媒体、掌握检索语言、熟练使用各种数据库的能力及对检索效果进行判断和评价的能力、加工提炼信息的能力、整合创建信息的能力、交流传播信息的能力等。信息能力是信息素养的核心。如果人们没有信息能力，信息素养也就难以实现。

4. 信息道德

信息道德是指个人在信息活动中的道德情操及行为规范。其包括学习了解信息与信息技术相关的法律、道德伦理、经济法规，摘取利用信息资源时能够合法、合情、合理地使用信息，并遵守一些约定俗成的规则等。总之，信息道德是对信息创造者、信息服务机构和信息用户之间相互关系的行为进行约束的准则。

1.2.2　创新能力

创新能力（见图1-3）是人们运用理论知识，在科技和各种实践活动中除旧立新，创造具有经济价值与社会价值的新思想、新理论、新方法和新发明的能力。创新能力一般都有发现问题、分析问题、提出假设、论证假设、解决问题的过程，对事物勇于批判、敢于质疑。创新能力构成的基本要素有创新意识、创新智能、科技素质和创新环境等。创新意识是创新的前提，是激发创新能力的动因；创新智能（包括观察能力、思维能力、想象能力、操作能力）决定了创新的成功和水平；科技素质是创新的基础；创新环境则为创新营造氛围，是提高创新能力的重要条件。

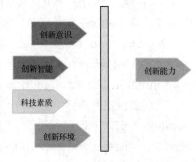

图1-3　创新能力

创新能力是民族进步的灵魂、经济竞争的核心。当今社会的竞争，与其说是创新能力的竞争，不如说是人才的竞争。众所周知，大学生是国家创新人才的栋梁，是未来创新国家的希望。21

世纪需要的是具有创新意识、创新精神和创新能力的人才。为了培养创造型人才，教育必须创新。目前，高校实施的信息素养教育是孕育创新能力的沃土。信息素养教育主要是为了培养大学生主动获取各种信息的意识，使大学生掌握信息获取和利用的能力，恪守信息道德，构建终身学习环境和氛围，这为创新能力的培养夯实了基础，这样的人才才能不被时代抛弃，顺应未来社会的发展。

信息素养和创新能力的培养与提高不是一蹴而就的，需要进行长期、有计划、有步骤地训练。培养和提升大学生的信息素养既是大学生个人终身发展的要求，也是信息时代对高等教育的必然要求，关系着国家的前途和发展。大学生应以信息技术教育为基础，以信息能力和创新能力的培养为核心，注重信息道德、文化、社会责任感等方面的发展，成长为高素质优秀人才。

1.3　小结

本章主要讲述了信息及信息检索的定义、信息检索的类型及信息检索的目的（培养大学生的信息素养，提高大学生的创新能力）。

1.4　习题

1. 什么叫信息？举例说明泛在信息社会。
2. 什么是结构化信息？什么是非结构化信息？
3. 信息检索按检索对象划分可分为哪几类？并判断以下两题属于何种信息检索类型？
（1）查高效液相色谱测定苯甲酸含量方面的期刊论文。
（2）检索我国自 2008 年以来，每年接受留学生人数及其分布国家数量情况。
4. 信息素养包括哪几个方面的内容？

02 第 2 章
信息检索系统

信息检索系统是信息检索赖以生存的重要资源。正如未来学家奈斯比特在《大趋势》一书中指出的，"我们淹没在信息中，但是却渴求知识"。为什么当各类信息像洪水一样向我们涌来时，我们仍然缺乏所需要的信息呢？这是因为在知识经济和信息化社会中，"失去控制和无组织的信息不再是一种资源"。

广义的信息检索系统是集信息收集、加工、存储、检索和管理于一体的信息服务系统。一般来说，组成信息检索系统的基本要素有文献信息、检索设备、检索语言、信息存储方法与检索方法、系统管理维护人员和用户。狭义的信息检索系统主要指文献型信息源、检索设备、检索语言、检索技术等，这几大要素的运用情况直接反映着信息检索系统的服务效果。

为了掌握信息检索，我们要先从信息检索的源头入手，了解信息检索系统中的"基本组件"，以便为后续章节内容的学习打下扎实的基础。

2.1 信息源与信息媒体

本节从信息产生的"源头"开始追溯，主要介绍承载信息源的两种文献信息媒体。

2.1.1 信息源

顾名思义，信息源就是获取信息的来源。联合国教科文组织出版的《文献术语》对其定义为：组织或个人为满足其信息需要而获得信息的来源，称为"信息源"。从绝对意义上看，只有信息产生的"源头"才能称为信息源。但信息源是一个相对的概念，凡能产生、拥有和传递信息的都可称为信息源。由此看来，信息源内涵丰富，它不仅包括各种信息载体，也包括各种信息存储、传递、生产机构。但图书情报界则认为，人们在科研活动、生产经营活动和其他一切活动中所产生的成果和各种原始记录，以及对这些成果和原始记录加工整理得到的产品都可称为信息源。因此，信息源又有口头型信息源、实物型信息源和文献型信息源之说。

2.1.2 信息媒体

信息媒体是指信息传播的介质、信息表示的载体，也称为信息媒介或信息载体。这些信息媒体可以是文字、图形、图像、动画、声音、视频等信息表示形式，也可以是扬声器、电视机等信息的展示设备，还可以是传递信息的光纤、电缆、电磁波等中介媒质，以及存储信息的缩微胶卷、磁盘、光盘、磁带等存储实体。图书情报界则从文献型信息源的研究视角出发，将信息媒体大致划分为传统文献信息媒体和电子文献信息媒体两大类。

文献信息媒体是将人类知识用文字、图形、符号、声频、视频等手段在物质载体上记录下来的用于交流传播的信息载体。而文献是记载着知识内容的物质载体。具体来说，凡是用文字、图形、符号、声频、视频等手段在物质载体上记录下来的知识都可称为文献。

1. 传统文献信息媒体

传统文献信息媒体主要是指传统图书馆收录的各种文献信息媒体。若把传统文献信息媒体再进行细分，又可分为多种类型。

（1）按文献信息载体形式划分

- 印刷型：指以纸张为载体的文献记录形式，也是目前使用的主要形式。其优点是阅读方便、便于流通；缺点是占空间大、存储密度低、管理困难。

- 缩微型：以感光材料为载体、以缩微照相为记录手段的文献记录形式，包括缩微胶卷、平片等。优点是体积小、重量轻、存储密度高、便于保存转移；缺点是不能直接阅读，必须借助专门的阅读设备。

- 机读型：即计算机可读型。它是以磁性材料为存储介质、通过编码和程序设计把文献资料转换成机读语言，成为供计算机使用的新型载体，包括磁带、磁盘和光盘等。优点是存储密度高、存取速度快、原有记录可改变更新；缺点是需要计算机才能使用、价格高、技术要求高。

- 声像型：又称视听型。它以磁性或感光材料为存储介质，采用录音、录像或摄影技术为手段直接记录声音、视频图像而成的一种文献信息。如唱片、录音带、录像带、电影等可直接脱离文字记载，听其声、观其形、给人以生动直观的感觉；缺点是需要专用设备、成本高。

（2）按文献信息媒体内容特征或加工程度划分

- 零次文献：是绝对意义上的原始文献，它主要是指尚未载入正规载体上的一类文献，如书信、手稿、患者病历、生产日记和会议记录等。

- 一次文献：又称原始文献，但是相对意义上的原始文献。它是指以作者本人的生产或科研工作成果为依据而创作并且载入正规载体上的一类文献，如期刊论文、专利说明书、学位论文和会议文献等。

- 二次文献：将一次文献按一定方法进行加工、整理、浓缩和组织成为系统的便于查找的检索工具即二次文献。如各种目录（题录）、索引和文摘，这些文献专供了解或查找一次文献而用。

- 三次文献：是在合理利用二次文献的基础上，选用一次文献的内容，根据一定的需要和目的进行深入分析、研究之后，综合概括而成的文献，如专题述评、综述及各种参考工具书等。

（3）按文献信息媒体的内容形式划分

- 图书：是用于全面而系统地阐述某一方面或学科的科学理论和发展、传授科学技术以及查阅某些知识的文献形式。一般来说，图书的内容比较系统、全面、成熟、可靠，缺点是出版周期长、新颖性欠佳。图书按使用功能可分为以下两类。
  - 阅读型图书：教科书、专著、科普读物。
  - 查阅型图书：参考工具书、检索工具书。

- 连续出版物：采用统一名称定期或不定期连续性发行的出版物，主要指报纸、期刊和年度出版物。连续出版物一般有连续的卷期或年月日顺序号，出版周期短、报道速度快、内容新颖、信息量大，特别是报纸、期刊现已成为广大民众和科研人员阅读量最大的信息媒体。

- 会议文献：一般是指国内外各个科学技术学会、协会及有关主管部门召开的学术会议或专业会议上提交、宣读、交流的论文或报告。会议文献代表着一门学科或专业的最新研究成果，反映着当时的发展水平或动态。会议文献通常有会前预印本和会后会议录、论文集、期刊等出版形式。会议文献也是科研人员利用率最高的信息媒体之一。

- 专利文献：主要指专利说明书，也包括各种专利检索工具、专利公报及专利法律文件等。专利文献具有新颖性、创造性和实用性的特点，并具有垄断性、地域性、时间性、公开性和法定性的特征，因此专利文献是一种集技术与法律于一体的实用性很强的文献信息媒体，且重复率很高。
- 科研报告：是指科研工作成果的正式报告或是对科研进展情况的实际记录。其特点是连续出版，刊有机构名称、报告号、自成一册，在内容上专深具体，往往是最新成果，比期刊论文详尽、数据也比较完整。世界上许多国家政府出版各自的科技报告，其中美国政府出版的科技报告数量较大、较系统，知名的四大报告为军事系统的 AD 报告、政府部门的 PB 报告、能源部的 DOE 报告和美国国家航空航天局的 NASA 报告。科技报告对了解国内外军事、国防工业及尖端技术等方面的情况特别重要。我国出版的《科技研究成果报告》分为内部、秘密、绝密 3 个级别，一般为内部控制使用。
- 标准文献：是指对工农业产品、卫生教育、行政机关和工程建设的质量、规格、检验方法及管理等所做的技术规定，是人们从事管理、设计、生产和检验的一个共同技术依据。标准作为一种规章性的技术文献，具有一定的法律约束力。
- 学位论文：是高等学校或研究机构的毕业生为评定各级学位而撰写的论文。目前多数国家的学位分为学士、硕士和博士 3 级。学位论文质量参差不齐，但带有一定的独创性和新颖性，特别是博士论文具有较高的专业水准、参考价值较大。
- 政府出版物：一般是指由各国政府部门及其专设机构所发表出版的配合政府工作的行政性文件和科技文献，如法律法规、统计、科普资料和技术政策等。
- 产品目录与样品：是指厂商为推销其产品而印发的宣传性资料。其通常对产品的性能、构造、用途、使用方法及产品规格都有详细介绍，技术上较成熟，数据较可靠，并有外观照片、结构图等，直观性强，因此对产品推广、制造和设计具有一定的参考作用，颇受消费者和设计人员的青睐。
- 技术档案：是指记录和反映一个单位或部门在行政管理、生产建设和科学研究等活动中，所形成的有一定保存价值的、具体工程对象或项目的技术文件、图样、图表、照片、原始记录的原件及复印件。技术档案是生产建设和科研工作中用以积累经验、吸取教训和提高质量的重要文献，一般只是内部使用，需要保密。

2．电子文献信息媒体

电子文献信息媒体是指以数字编码的形式，把文字、图像、动画、声音、视频等信息存储在磁/光等介质上，通过计算机和其他辅助设备阅读使用的一种新型文献信息媒体，实质是一种机读型信息媒体。电子文献信息媒体是信息技术发展的产物，它的产生、发展和应用，给人们展示了一个全新的虚拟世界。电子文献信息媒体种类繁多、划分多样。

（1）根据载体的存储形态划分

- 光盘文献信息媒体：是以光盘作为信息存储载体和检索对象的有形文献信息媒体，它对电子文献信息媒体做出了巨大贡献。光盘文献信息媒体的检索方式有单机版、网络版和与联机检索系统（联网、联机的检索形式）。由于光盘文献信息媒体存储能力强、介质成本低、数据可靠、便于携带、检索费用低等优点，许多常用的联机数据库都配备其相应的光盘产品，如 EI CompendexWeb 等。但目前光盘文献信息媒体多用在镜像站和数据备份。
- 联机文献信息媒体：是指联机检索系统提供的那些文献信息媒体，如 DIALOG、STN 和 OCLC 等。目前联机检索和网络检索都是通过 Internet 进行检索，但联机数据内容全、准确、权威，收费也高。

- 网络文献信息媒体：以 Internet 形式向全世界发布的各种各样的文献信息媒体，如搜索引擎、主题网关、门户网站、企业网站、网络书刊、专业数据库、社交媒体、RSS、网上论坛和新闻组等。它使用方便且快捷、免费信息居多，颇受用户喜爱，但信息杂乱、可靠性欠佳。

（2）根据数据库的检索对象进行划分

- 参考数据库：只为用户提供信息线索的数据库。用户使用此类数据库后，一般还需依据其文献出处进一步索取原文。参考数据库包括书目数据库和指南数据库。

  ◆ 书目数据库包含文摘、目录、题录、索引等数据库，实为印刷型二次文献，即检索工具的电子化产物。书目数据库的数据结构简单，记录格式比较固定。

  ◆ 指南数据库是有关机构、人物等相关信息的简要描述，如各种机构名录数据库、人物传记数据库、产品信息数据库等。

- 源数据库：指能直接获取原始资料或具体数据的数据库。源数据库包括数值数据库、文本—数值数据库、全文数据库、术语数据库、图像数据库和多媒体数据库等。

（3）根据网络传输协议进行划分

网络信息媒体是借助计算机网络进行传递的文本、数值、声频与视频等各种信息媒体的总和。随着 Internet 的发展，这部分信息媒体在时间和空间上将得到极大拓展。

- WWW 信息媒体：WWW 是广域网（World Wide Web）的简称，也称万维网或 Web。WWW 是一个基于超文本传输协议（Hypertext Transfer Protocol），在客户机和服务器之间展现和传递各种媒体信息，并以直观的图形界面为用户提供服务的信息检索系统。WWW 能够将位于 Internet 上不同地点的信息有机地编织在一起，提供一种非常友好的信息查询接口。用户仅需提出查询要求，而到什么地方查询及如何查询则由 WWW 自动完成。互联网之父——蒂姆·伯纳斯·李（Tim Bemers-Lee）于 20 世纪 90 年代初，在日内瓦的欧洲粒子物理实验室里开发出世界上第一个网页浏览器，一经推出就吸引了学术界、政界和商界的广泛关注，网页浏览器现已成为 Internet 上发展最快、信息最丰富的一种检索方式，并被公认为是 Internet 的代名词。

- FTP 信息媒体：FTP 是文件传输协议（File Transfer Protocol）的简称。它的主要功能正如其名所示，在 Internet 上完成从一个计算机系统到另一个计算机系统的文件传输，既可以从远程计算机上下载信息到本地计算机，也可以从本地机上传信息到远程机。

- Telnet 信息媒体：Telnet 是 Internet 远程登录协议。用户只要在本地计算机上输入用户名和密码，成功登录后便可作为 Internet 的远程终端实时访问主机以共享远程主机中对外授权的各种信息资源（包括硬件资源和软件资源）。目前，许多图书馆、商用数据库都是通过 Telnet 对外开展服务的，如 OPAC、DIALOG 和 OCLC。

由此可见，人们在获取信息时，信息媒体的来源渠道是至关重要的。由于种种原因，同一条信息需求的内容在不同的信息媒体中可能会存在差异。这时用户应以信誉度高的信息媒体为主，但必须对其他相关信息媒体进行考查，以识别信息的真伪。

2.2　数据库结构

随着计算机和通信技术的快速发展，传统的手工检索工具已逐渐演化为由计算机进行编辑、加工、存储的各种新型数据库。

根据 ISO/DIS 5127（文献与情报工作术语），数据库是至少由一种文档（File）组成、能满足特定目的或特定数据处理系统需要的数据集合。从用户的使用考虑，数据库主要由文档、记录和字段 3 个部分构成。

2.2.1　文档

在计算机信息检索中，文档包含两层含义。其一，文档可以作为数据库的一个子库，即为数据库中一部分记录的集合。许多数据库组成庞大，为使用户检索方便，会按照学科专业或年限时间分成若干文档，如 EBSCO 数据库有 350 个子库，DIALOG 系统有 600 余个子库、1 200 多个文档，中国知网、万方也都有许多子库。其二，由数据库的定义可知，文档是数据库的信息处理单位，按其组织方式可分为顺排档 [Sequential File，也称为主文档（Master File）]、倒排档（Inverter File）等，顺排档是完整的顺序信息记录，倒排档则是将主文档中的可检属性抽出重排而派生出的数据记录。

2.2.2　记录

记录（Record）是文档的基本单元，是对某篇文献信息的全部内容进行揭示的结果。在文献数据库中，一条记录就是一篇文献的文摘、题录或全文。

2.2.3　字段

字段是构成文档中记录的基础，一条记录一般由 5 ~ 25 个描述性字段组成，且有供计算机识别的字段标识符。数据库中的一些常见字段标识符如下所示。

AU——著者字段。

TI——题名字段。

PY——出版年字段。

……

一般情况下，组成记录的每一个字段都可作为检索路径或检索入口词。

2.3　检索语言

检索语言是信息检索系统与用户赖以组织、存储和检索文献信息的重要理论依据。有了检索语言，标引人员就可按其规则组织、存储文献信息，用户也可按其规则检索、获取文献信息。检索语言保证了文献信息被有效地揭示、检出，从而确保了检索系统存储、检索文献信息的畅通无阻。

2.3.1　检索语言分类

检索语言是根据文献标引与检索的需要，在自然语言的基础上规范化了的人工语言，也称"标定符号"或"标识系统"。它贯穿于文献存储与检索的全过程，是沟通标引人员和检索人员双方思想的约定语言。

检索语言的种类颇多，其中按描述文献信息的特征进行划分是目前最常见的一种，如表 2-1 所示。

表 2-1 检索语言分类

文献信息的外表特征		题名语言
		著者语言
		号码语言
文献信息的内容特征	分类语言	体系分类语言
		组配分类语言
		混合分类语言
	主题语言	单元词语言
		标题词语言
		叙词语言
		关键词语言

描述文献信息外表特征的检索语言，其文献标识与检索依据简单明了，如书名、著者、号码等不必再另行制定符号加以标注，因此，通常所称的检索语言实际上是描述文献信息内容特征的检索语言，即分类语言和主题语言。

2.3.2 分类语言

分类语言是将文献信息按学科、事物性质的等级体系加以排列，用分类号来表达文献主题概念的检索语言。分类语言的具体表现形式就是分类表（法）。分类表（法）是类分和组织文献信息以及用户检索文献的共同依据。

分类语言有 3 种，最常用的是体系分类语言。体系分类语言以文献内容的科学性质为对象，从学科分类观点出发，运用概念划分的方法，将知识分门别类地按逻辑次序，从总到分、从一般到具体、从低到高、从简到繁进行层层划分、层层隶属，逐级展开为一个层类制的等级结构体系。例如中图图书馆分类法（原称中国图书馆图书分类法，简称中图法）、中图科学院图书馆分类法（简称科图法）、杜威十进分类法（简称 DDC）、国际十进分类法（简称 UDC）使用的分类语言都是体系分类语言。

现在以中图法为例说明其构成。中图法是我国一部具有代表性的大型综合性分类法，自 1975 年第一版在我国使用以来，不断修订，现已成为国内图书情报部门使用最广泛的一部分类法。为适应不同图书信息机构及不同类型文献分类的需要，它还有几个配套版本：《中国图书资料分类法》《中国图书馆分类法简本》《〈中国图书馆分类法〉期刊分类表》等。第五版印刷本于 2010 年 9 月出版，此后还发布了 Web 版、期刊版、光盘版等多种版本。

中图法将全部知识分为五大部分，即马克思主义、列宁主义、毛泽东思想、邓小平理论，哲学，社会科学，自然科学和综合性图书。在五大部分下又展开为 22 个基本大类（一级类目），如表 2-2 所示。

表 2-2 中图法基本大类

分类号	类目名称	分类号	类目名称
A	马克思主义、列宁主义、毛泽东思想、邓小平理论	N	自然科学总论
B	哲学、宗教	O	数理科学和化学
C	社会科学总论	P	天文学、地球科学
D	政治、法律	Q	生物科学
E	军事	R	医药、卫生
F	经济	S	农业科学
G	文化、科学、教育、体育	T	工业技术
H	语言、文字	U	交通运输
I	文学	V	航空、航天
J	艺术	X	环境科学、安全科学
K	历史、地理	Z	综合性图书

中图法采用汉语拼音字母、阿拉伯数字和圆点相结合的混合制号码作为分类号，一般用大写字母表示基本大类（一级类目），在字母后用数字表示基本大类下类目的划分，但工业技术或某些新增大类下也用两位字母表示二级类目。中图法的分类号越长，代表的内容越具体，检索出的文献越精准，图2-1和图2-2就是根据《中国图书馆分类法（第五版）》编制的 D 大类下的部分类目表。一级分类类目 D 代表"政治、法律"，二级分类类目 D0、D1……D8、D9、DF 分别代表"政治学、政治理论""国际共产主义运动"……"外交、国际关系""法律""法律"（见图2-1），三级分类类目 D81 代表"国际关系"，四级分类类目 D813 代表"国际组织与会议"，五级分类类目 D813.2 代表"联合国"（见图2-2）。

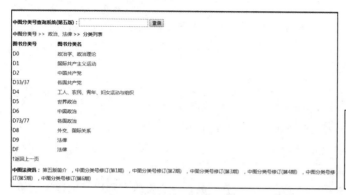

图2-1 中图法 D 大类下二级类目   图2-2 中图法 D 大类下五级类目

分类法按学科或专业集中文献，能够较好地满足族性检索要求，查全率较高；其次分类法采用概念划分的方法，具有等级结构，调整检索范围收缩自如，如按 D813.2 查找的文献太少，可改用其上位类 D813 查找；另外，分类法用字母和数字表示类目，简单明了，便于组织图书资料排架及目录系统。但分类法的缺陷也随之出现，因用号码语言作为检索标识，专指度不高也不直观，所以用户在检索文献时，容易产生差错造成误检或漏检；此外，分类法是一种先组式标引语言，增加新类目困难，不适应新兴学科和边缘学科的查找，所以分类法都要不断地进行修订。值得一提的是，Web 版分类法不仅可帮助用户方便地查到从分类号到主题词的对应表，也可逆向检索到从主题词到分类号的对应表。

2.3.3 主题语言

主题语言是直接用自然语词作主题概念标识，并用字顺排列标识和参照系统等方法来间接表达各种概念之间相互关系的一种检索语言。主题语言的具体表现形式是主题词表，主题词表也像分类表一样是文献标引人员与用户检索文献的共同依据。

主题语言根据构成原则与编制方法不同，可分为以下4种。

（1）标题词语言（标题词法）。

（2）单元词语言（单元词法）。

（3）叙词语言（叙词法）。

（4）关键词语言（关键词法）。

以上4种语言可统称为主题法系统。其中标题词法、单元词法、叙词法是用规范化名词标引和检索文献的主题概念语言，按这些规范化名词的字顺编排的词表分别称为标题词表、单元词表和叙词表；关键词法是指直接选自文献标题或内容中具有实质意义的自然语言作为标引并检索文献的语言。因此，关键词法是未经规范化处理的自然语言，无受控词表。下面分述这几种语言的特点。

1. 标题词法

标题词法是用规范化的自然语言作为文献主题标目和检索依据，并以事先固定的词表组配方式进行标引和检索的一种主题语言。标题词法属先组式主题语言，标题词预先确定组配关系是其主要特征。EI 在 1993 年以前就是使用标题词法标引和检索文献的典型检索工具，其正文按《工程标题词表》（SHE）编排，有主、副两级标题词之分，且主、副标题词之间遵循一定的组配关系。

2. 单元词法

顾名思义，单元词法是以不能再分解的概念单元的规范化名词作为文献主题概念的标识。它不选用词组或短语去表达复杂的概念，这一点是与标题词法的主要区别。例如，对于"制冷材料"这一概念，按单元词法是通过"制冷"和"材料"这两个单元词组配来表达该概念，而标题词法则直接选用"制冷材料"这个词组来表达。实际上，表达事物概念除了单一概念外，还有许多的复合概念。随着科技的不断发展，单元词法已被更先进的叙词法所取代。

3. 叙词法

叙词法是以规范化的自然语言词汇为基础，以概念组配为基本原理来对文献的内容特征进行描述的后组式标识系统。叙词法是主题语言的最高级形式，它综合多种检索语言的原理和方法，扬长避短，主要体现在以下几个方面：吸取单元词法后组式特点；采用组配分类语言的概念来代替单元词法的字面组配，并适当采用标题词法的预先组配方法；吸取和继承分类法的基本原理编制范畴索引和词族索引；借鉴关键词法的轮排方法；采用标题词法的参见系统并加以完善，以及直接引入体系分类表或分面分类表。

美国国防部和工程师联合会协作编制的《工程和科学术语叙词表》（*Thesaurus of Engineering and Scientific Terms*，简称 TEST）、英国电气工程师学会编辑出版的 *INSPEC Thesaurus* 以及我国编辑出版的《汉语主题词表》等都使用叙词法标引和检索文献；此外，EI 自 1993 年起更新了其主题词表，改用叙词法编制 *EI Thesaurus*。

4. 关键词法

关键词是直接从文献的篇名、正文和文摘中抽选出来的，用以揭示文献内容特征的具有实际意义的自然词汇。

关键词法无须像标题词法、单元词法、叙词法那样有受控词表，它比起主题法系统里的其他几种语言具有选词方便、简单、迅速的优势。尤其是使用计算机进行检索，关键词法就更加显示出了优越性，如可快速帮助用户了解最新信息。但用关键词法编制的检索工具，其质量比较粗糙。

主题语言比分类语言表达概念准确、灵活、专指度高，便于用户检索，特别是对一些新兴学科、边缘学科的查找尤其方便。此外，主题语言还可打破传统学术分类的框框，把分散于各个学科里的有关某课题的文献集中于同一主题之下，有利于综合性研究。

2.4　检索技术

传统的手工检索是靠"手翻、眼看、大脑判断"完成检索任务，而计算机检索则是通过"选词、制定检索策略、机器匹配"来执行检索。其中，制定检索策略的关键是构造检索表达式

（也称检索提问式），用单一检索词检索，只适合一些简单的检索。对于复杂课题的检索，用户就需根据课题的要求找出两个或多个检索词用检索算符进行组配，形成完整的检索表达式。在计算机信息检索中，无论是数据或事实数据库、光盘数据库、联机数据库还是搜索引擎、主题网关、专利及标准网站，都支持最基本的检索技术——逻辑检索；此外，为使检索结果全面、准确，大多数检索系统还支持截词检索、全文检索（位置检索）、词表助检等辅助检索技术；另外，像国际联机检索、EBSCO 数据库、Web of Science 检索平台等，还可用指令进行检索。所以我们只要掌握布尔逻辑检索、位置检索、截词检索、限定检索这些基本检索规则，就可以在网络信息资源中遨游。各种数据库、搜索引擎、主题网关及某些网站可能会采用不同的标识符号，但那只是一些代号而已，使用的关键是抓住代号所表示的含义。

2.4.1　布尔逻辑检索

布尔逻辑检索是一种开发较早、比较成熟、比较流行的检索技术，目前信息检索系统大多数都采用这种技术。

布尔逻辑组配是现行计算机检索的基本技术，其主要使用的是布尔代数里的逻辑算符"与""或""非"。

1. 逻辑"与"算符

逻辑"与"的概念在大多数检索系统中用"并且""AND"或"*"表示。它是一种用于交叉概念或限定关系的组配算符。使用 AND 算符可对检索词加以限定，使检索范围缩小，增强检索的专指度和特指性。

例如，"A AND B"，表示被检中的文献必须同时含有 A 和 B 这两个词，如图 2-3 中阴影部分所示。

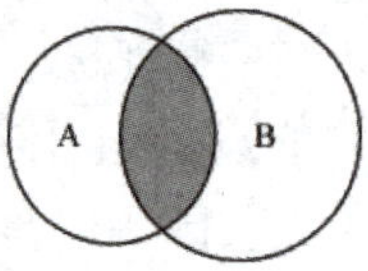

2. 逻辑"或"算符

逻辑"或"的概念在大多数检索系统中用"或者""OR"或"+"表示。它是一种用于并列概念或平行关系的组配算符。使用 OR 算符相当于增加检索词的同义词与近义词，扩大检索范围，即增加检索的泛指性，避免文献的漏检。

例如，"A OR B"，表示被检中的文献含有二词之一或同时包含两词，如图 2-4 中阴影部分所示。但两者重复部分只计算一次。

3. 逻辑"非"算符

逻辑"非"的概念在大多数检索系统中用"不含""NOT"表示，有的系统里也可以用"－"表示。它是一种用于排斥关系的组配算符，即从原来的检索范围中排除不需要的概念或影响检索结果的概念。NOT 算符的作用与 AND 算符的作用类似，它可使检索范围缩小，增强检索的正确性。

例如，"A NOT B"，表示数据库中凡含有检索词 A 而不含检索词 B 的文献，才为命中文献，如图 2-5 中阴影部分所示。

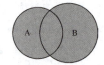

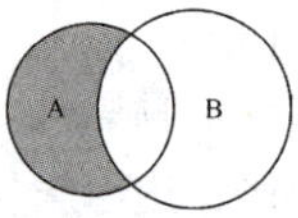

图 2-3　A AND B

图 2-4　A OR B

图 2-5　A NOT B

　要点提示

　　布尔逻辑算符的运算顺序在不同的系统中有不同的规定。大多数系统采用的顺序是：NOT 最先执行，AND 其次执行，OR 最后执行。若要改变运算顺序，可用优先级算符小括号()。

案例分析　　　　　　　　　　**用布尔逻辑算符构造检索表达式**

要求用布尔逻辑算符构造检索表达式，查"刑诉 法典"方面的资料，但不要"法文"方面的。

解析：

（1）选择能代表课题实质内容的检索词，如刑诉、法典、法文。

（2）根据此题意思，构造检索表达式为：刑诉 AND 法典 NOT 法文，或者（刑诉 AND 法典）NOT 法文。

2.4.2　位置检索

尽管布尔逻辑检索为用户提供了较为理想的检索效果，但它所造成的误检率是很高的。例如，想查"中国股票市场经济学实验分析"方面的信息，采用布尔逻辑算符表示为：中国 AND 股票 AND 经济学实验。但这样可能会把"中国信息研究所关于英国的股票市场经济学实验分析"方面的信息也一并检出，显然文不对题。可见，错误的组配是布尔逻辑检索的最大缺陷。为了弥补其不足，检索系统又提供了另一检索技术，即位置检索，也称全文检索。位置算符表示词与词之间的相互位置关系及前后次序，以增强选词的灵活性，从而极大降低误检率。

位置算符的符号很多，表 2-3 只列出一些最常见的位置算符。

表 2-3　位置算符

符号	实例	含义
相邻位置算符 (nW)、(W)	A(nW)B；A(W)B	A、B 两词之间相隔 0～n 个词且前后顺序不变。例如，A(W)B 表示 A、B 两词之间不能插入任何其他词，但允许有一个空格或标点符号
相邻位置算符 (nN)、(N)	A(nN)B；A(N)B	A、B 两词相隔 n 个词且前后顺序不限，n 是两词允许插入的最大词量。例如，A(N)B 表示 A、B 两词之间只能为一个空格或标点符号且前后顺序不限
句子位置算符 (S)	A(S)B	A、B 两词只要在同一子字段（同一句子）中出现即可
字段位置算符 (F)	A(F)B	A、B 两词只要在同一字段中出现即可

要点提示

字段位置算符 (F) 要比句子位置算符 (S) 的检索范围更宽泛，因为字段是指篇名字段、文摘字段、叙词字段、自由词字段等，而子字段是指一个句子。

案例分析　　　　　　　　　　**位置算符查询选择**

输入 A(N)B，计算机能否检出以下 3 种形式。

①A–B　　②A C B　　③B A

解析：A(N)B 表示 A、B 两词之间不能插入任何其他词，但允许有一个空格或标点符号，且 A、B 两词前后顺序不限，因此①和③可检出，②不能检出。

2.4.3　截词检索

截词检索是加在某些检索词的词干或不完整词形上，以表达对词的完整意义进行检索。如果用"?"作为截词符，截词主要包括非限制式截词（无限截断）、限制式截词（有限截断）和嵌入式截词（中截断）几种情况，如表 2-4 所示。

表 2-4　截词算符

符号	用法
?	非限制式截词（无限截断）：在检索词的词干前、后加一个截词符"?"，向系统表示在此位置上可能出现的字母数量不受限制，即查找词干相同的所有词。若输入 ?wear，可同时检出 sleepwear 和 nightwear 等词
??	后截一字符：例如，computer??
???	限制式截词（有限截断）：把若干个截词符"?"放在词干中可能变化的字位上，向系统表示在此位置上最多允许出现相应字母的变化。一个截词符"?"代表可增加一个字母，一般不超过 3 ~ 4 个截词符"?"。若输入 plant???，可查出 plant、plants、planted、planter、planting 等词
?、??	嵌入式截词（中截断）：截词符"?"用在单词中间，嵌入字母数等于截词符数，通常用在英美不同拼法。例如，wom?n、encyclop??dia

由此看来，截词检索可用来表示检索词的单复数形式、同一词词尾或词头的多种变化、同一词英美国家的不同拼法等，从而可简化输词过程，节省上机时间，获得较高的查全率，扩大检索范围。

2.4.4　限定检索

在许多联机检索系统中，为了提高检索的查全率或查准率而需要一些缩小或约束检索结果的方法，称其为限定检索。用这种方法可将检索过程限定在特定的范围（或字段）中进行，如在 DIALOG 系统中，为了对检索项目有一个精确的输出，设置了基本索引和辅助索引。

基本索引是一种主题性质的索引，它将检索项限制在反映文献主题内容特征的那些字段中检索，如叙词（/DE、/DF）、标引词（/ID、/IF）、题目（/TI）和文摘（/AB）等字段，使用这些字段检索要加后缀符号（/）且放在检索项后面。例如，(Manage OR Control)/TI,DE 表示在题目和叙词中查找含有"Manage"或"Control"这两个词的文献。

辅助索引是一种非主题性索引，它将检索项限制在反映文献外表特征的那些字段中，如把某一检索项限制到某一作者、某种刊物、某一年份、某次会议等。辅助索引用前缀符号(=)表示，前缀符号放在检索项前面。

2.5　信息检索方式、途径和步骤

进行任何一项工作都要讲究方式、途径和步骤。使用不当，反而费工费时。同样，信息检索也有其独特的一套操作程序。

2.5.1　信息检索方式

信息检索方式应依据检索的目的、性质和检索工具、数据库的现状灵活选定。随着信息技术的发展，利用计算机进行检索已占有主导地位。有专门机构维护管理的数据库提供的检索方式相对较多，而一般网站提供的检索方式相对较少，有的甚至根本不提供检索界面（只能浏览）。但无论怎样，计算机检索方式没有固定模式，主要可归纳为以下几种。

1. 基本检索

有的数据库的基本检索也称快速检索，它是一种相对简单、快捷的检索方法。用户只要在检索框输入关注的关键词，就可快速找到感兴趣的文献。例如，百度主页的检索框即是基本检索的入口。

2. 高级检索

高级检索可根据检索范围控制条件和文献内容特征等进行检索。高级检索提供的检索框较多，用户可通过点选检索系统给定的检索算符、字段，输入词对其进行组配检索，如CNKI、维普、EBSCO 等数据库的高级检索界面。

3. 专业检索

专业检索一般只有一个大检索框，用户不仅要输入词，还要自己添加检索算符、字段构造检索表达式，如维普的检索式检索、Elsevier 和 Engineering Village 的高级检索界面等。专业检索要求用户具有熟练的检索技术。

4. 指令检索

指令检索使用布尔逻辑算符、位置算符、截词算符、索引字段和检索词构造表达式进行检索。指令检索可深度处理信息数据，经常用于图书情报专业人员查新、信息分析等工作中。例如，DIALOG 联机检索、Web of Science 高级检索，利用 EBSCO 高级检索的检索结果集合号所创建的检索表达式等都属于指令检索。

5. 分类检索

分类检索一般按分类表进行限定检索或按学科进行一级一级的浏览，如 2015 年以前万方数据的分类检索、CALIS 外文期刊网的学科导航界面等。

6. 二次检索

二次检索是在以上单项检索的基础上，进一步输入新词或选用某些限定条件以缩小范围的检索。大多数数据库都设有该种检索方式。

2.5.2　信息检索途径

信息检索途径，通俗地讲就是查找文献信息的入口。在手工检索中，检索入口取决于检索工具提供的索引的多少；在计算机检索中，检索入口取决于数据库提供的检索字段（手工检索中文献的著录项目）。但是手工检索工具提供的索引有限，而数据库提供的可检索字段几乎覆盖了组成文献的全部著录项目。因此，计算机检索比手工检索的检索入口宽泛了许多。本书仅介绍以下几种主要的检索途径。

1. 文献名称途径

文献名称途径是根据书刊篇名名称进行查找的一条途径。各种题名字段、书名目录、篇名索引、刊名一览表等检索工具皆属用此途径检索。它是把文献名称按照字顺编排起来的检索系统。使用时，与查字典相似。

2. 著者途径

著者途径是以著者姓名为线索的检索途径。广义的"著者"包括个人著者、团体著者、专利发明人、专利权人、合同用户、学术会议召集单位等，狭义的"著者"仅指个人。著者途径主要是利用著者字段、著者目录、著者目录（索引）、团体著者目录（索引）、专利权人索引、机构字段、机构索引等。这些字段、目录（索引）都是按其姓名字顺编排，在已知著者的前提下，很快就可查到所需文献。但要注意外国与中国著者书写上的区别。

3．号码途径

号码途径是利用文献信息自身的编号检索文献的一条途径。许多文献有固定的注册编号，如报告号、标准号、专利号、合同号、馆藏号和索书号等，一般都是按字母和数字顺序排列。

4．分类途径

分类途径是按照文献信息的内容及所属学科性质而类分和检索文献的途径。常用的工具有分类字段、分类目录和分类索引等。分类途径的检索依据是分类法或称分类表，也称分类语言（见 2.3.2 小节分类语言），所以使用这种检索途径的关键是熟悉和掌握分类表。对于文献信息的学科分类，世界各国都有自己的分类法。此外，对于不同的文献，用户可能要采用不同的分类法。例如，专利文献要使用专利分类法，标准文献要采用标准分类法等。

5．主题途径

主题途径是通过代表文献信息内容的主题词来检索文献的一条途径。常用的工具有主题字段、关键词字段、主题索引、叙词索引和关键词索引等。主题途径的检索依据是主题语言（见 2.3.3 小节主题语言），所以使用这种检索途径的关键是熟悉和掌握主题词表。

2.5.3　信息检索步骤

信息检索步骤即检索过程，一般可归纳为以下 5 个步骤。

1．分析研究课题

分析研究课题是整个检索过程的关键。用户只有对研究课题进行全面的调查了解，才能做到心中有数。分析研究课题应从信息需求的目的和意图入手，明确该课题检索的目的：是属科研立项、科技成果查新还是进行专利申请、撰写学位论文；是设备论证还是引进消化；是查找统计数据、事实检索还是查找医疗信息；是查找某一企业状况还是查找某一技术攻关等。

2．选择检索工具或数据库

一般情况下，检索工具或数据库的选择应从课题的学科范围、语种范围、时间范围、文献类型、经费支持、检索功能和服务方式等多方面考虑。总之，要选择专业对口的、信誉度高的检索工具或数据库。此外，选好检索工具或数据库后，还应在一定的范围内试查一下，看是否合适。

3．确定检索途径（检索字段）及检索方式并构造检索表达式

如前所述，检索途径（检索字段）包括分类、主题、著者、序号等，检索方式有基本检索、高级检索、专业检索、指令检索、分类检索等，选择哪一种，一要根据研究课题的已知条件，二要根据所选检索工具或数据库。例如，查夏延致发表的有关成果，若是查找其发表的期刊、会议论文或是申报的基金，就要从作者途径（字段）入手，输入夏延致这一检索词；若是查找其发明的专利，就要从发明（设计）人途径（字段）入手，输入夏延致这一检索词；有时为了排除同名作者，还需要了解一下夏延致都先后在哪些单位工作、学习过或与哪些单位进行过合作。

构造检索表达式就是用各种检索算符将简单概念的检索词组配成能表达课题需求的复杂概念的检索表达式。其中，检索词的选择至关重要，若课题的已知条件是某一作者、文献编号或书刊名称等，那么，检索词就用相应的作者名称、号码或书刊名称做检索标目即可；若课题的已知条件仅仅是课题内容，那么，只能对课题内容进行主题分析，核对主题词表或分类表，确定检索词的标识。

4．实施检索

在分析课题的基础上，选择好检索工具或数据库后，即可按照一定的检索途径（检索字段）和检索方式实施检索。经过阅览便可决定取舍，凡符合课题要求的应随时记录其文献出处，以便查考原文。

　　但是，在实际的课题检索当中，首次输入检索表达式的检索效果经常并不一定就完全符合要求，此时，就需要及时采取措施、调整检索策略。有关调整检索策略的内容在 2.6 节会进行详细介绍。

　　5. 索取原始文献

　　索取原始文献看似简单，但实际操作起来并非易事。对于全文库的检索，一般都能看到原文；在文摘、题录、索引型数据库中，若出版商提供了文献出处的链接，图书馆也购买了其相应的全文库，则可一键链接到全文库；对没有订购全文库的单位，则可通过网络求助、OA 出版物下载全文或使用 CALIS、CASHL、NSTL 机构的原文传递功能索取全文（详见 5.1 节～ 5.3 节的相关内容）。

2.6　检索策略

　　检索策略是对全部检索过程进行总策划而提出的全盘检索方案，因此，检索策略的制定与调整对检索结果至关重要。本节就从检索策略的制定和调整两个方面加以阐述，并列举两个检索策略调整的实例。

2.6.1　检索策略的制定

　　检索方案制订得如何直接关系到检索的成败，因此，编制检索策略意义重大。检索策略一般包括以下两个方面。

　　1. 确定检索工具或数据库

　　参见 2.5.3 小节中的"2. 选择检索工具或数据库"。

　　2. 确定检索途径（检索字段）及检索方式并构造检索表达式

　　参见 2.5.3 小节中的"3. 确定检索途径（检索字段）及检索方式并构造检索表达式"。

2.6.2　检索策略的调整

　　制定好检索策略后，检索任务只能算完成了一半，因为在实际检索过程中并非一次检索就会获得满意的检索效果。此时就需要及时采取补救措施，调整检索策略。检索策略的修改和调整，在实际操作上主要是指数据库的选择和检索表达式的编制，前者取决于现有的数据库资源，后者则直接反映检索目标。一般情况下，若检出结果过多，就应在提高查准率上下功夫，主要从缩小检索（简称"缩检"）入手；如果检出结果过少，就应在提高查全率上下功夫，主要从扩大检索（简称"扩检"）入手。

　　1. 扩检时，调整检索式的主要方法

　　（1）增加同义词、相关词和近义词，并多用"OR"算符

　　例如，查找"中东地区的粮食产量"，输入表达式：中东 * 粮食，可能没有检索结果或很少。此时应该找出"中东地区"所代表的具体国家，改输表达式：(巴林 + 埃及 + 伊朗 + 伊拉克 + 以色列 +…)* 粮食。

　　（2）多选一些上位词或相关词，降低检索词的专指性

　　例如，用 EI 检索 1993 年以前的标题词表查苹果种植方面的文献，就要先使用 EI 的一级标题词"Fruit"，再找二级标题词"Apple"，而不能直接用"Apple"查找。

（3）采用分类号进行检索

从揭示文献的广度和深度来看，采用分类号进行检索恰到好处。它既能按文献的内容查找，又能把这一类文献收集齐全。

例如，查音响方面的标准，用 M72 可查找近 40 件有关音响方面的标准，如按"音响"的标准名称查找，只有数条这方面的国家标准，而音频组合设备、声系统设备、电声设备、扬声器、声学设备、扩声系统等与"音响"相关的国家标准则会被漏检，只按名称查找很难查全。

（4）删除没有实际意义的概念组面

删除没有实际意义的概念组面，即减少逻辑与（AND）和逻辑非（NOT）的运算。例如，网络 * 诉讼 * 案件 * 研究，改为：网络 * 诉讼。

（5）调整字段限制符，由严变松

例如，在 Elsevier 库的专家检索中，输入表达式：TITLE("Fire retardant" w/3 fibre)，检出文献太少，改输表达式：TITLE-ABSTR-KEY 字段 ("Fire retardant" w/3 fiber)，不仅可把阻燃纤维检出，还可把阻燃陶瓷纤维、阻燃玻璃纤维等都检出。

（6）减少或去除某些过严的位置算符，改用逻辑与算符

例如，在 Elsevier 库的高级检索中，输入表达式：TITLE-ABSTR-KEY ("Fire retardant" w/2 fiber)，检出文献很少，改输表达式：TITLE-ABSTR-KEY("Fire retardant" AND fibe)，检出文献数量得到改观。

（7）使用截词技术

例如，查找会计管理方面的文献，在 Elsevier 库的文摘字段中输入表达式：accountant and manage，检出文献很少，如使用截词算符表达式：accountant and manage*，则检出文献可观。

若采用以上扩检措施，检索结果仍不理想，则应该考虑更换检索工具或数据库。

2. 缩检时，调整检索式的主要方法

（1）提高检索词的专指性，增加或换用下位词和专指性较强的自由词

例如，用 Google 查找张五常关于交易费用方面的 Word 文档的论文，输入表达式：交易费用 " 张五常 " 论文，命中文献太多；考虑论文的写作形式和格式，用关键词替换论文，并用 DOC 文件格式加以限定，改输表达式：filetype:doc 关键词 交易费用 " 张五常 "，则检出的文献不仅少得多，而且可保证检出的文献基本都是 Word 文档的论文。

（2）增加逻辑与（AND）算符，以便进一步限定主题概念的相关检索项，提高查准率

例如，用百度查找汽车过户的手续与保险方面的资料，输入表达式：" 汽车过户 " (手续 | 保险)，则会检出全国各地的有关汽车过户的手续与保险方面的资料；若只想查某一个城市这方面的资料，用户可在以上表达式的基础上，增加 AND 算符并再加某一个城市名称：青岛 " 汽车过户 " (手续 | 保险)，这样就会极大提高查准率。

（3）用检索字段限制检索，例如，经常限定在篇名字段和叙词字段中进行检索

在用中国知网查"产业结构升级对经济发展的影响"，选产业结构升级、经济发展做主题词，限定在主题字段，则命中文献非常多；如限定在篇名字段，则命中文献恰到好处。

（4）利用文献的外表特征限制，如文献类型、出版年代、语种、作者等

如在 Web of Science 的三大索引中检索有关 HACCP 在食品安全及卫生方面的期刊文献，使用高级检索的主题字段检索：TS=(safety OR security OR hygiene) AND TS=(HACCP and food*)，检出文献太多；若限制在文献综述中检索，则检出文献比较可观。

（5）用逻辑非（NOT）来排除一些无关的检索项

（6）适当地使用位置算符或调整位置算符由松变严

用 EBSCO 数据库查啤酒发酵方面的期刊论文，输入表达式：AB beer AND ferment*，检出文献很多；若把啤酒发酵之间的逻辑与（AND）算符改为位置算符 n2：AB beer n2 ferment*，则检出的论文就比较合适。

采取上述调整方法时，要针对所检课题的具体情况和所用检索系统的客观实际综合分析，灵活应用。

3．检索策略调整实例

（1）检索海信电视在西部的市场状况

检索表达式：海信 * 电视 * 西部 * 市场。

为了提高查全率，实检后调整为：海信 * 电视 *（西部 + 四川 + 西藏 + 新疆 + 甘肃）；考虑提高查准率，实检后调整为：海信 (2W) 电视 (S)(西部 + 四川 + 西藏 + 新疆 + 甘肃)。

（2）查找服装品牌设计

检索表达式：garment* brand()design？?。

为了提高查全率，实检后调整为：(apparel+clothing+garment+fashion)* brand() design？?。

考虑提高查准率，调整优化为：(apparel+clothing+garment+fashion) (s) brand()design？?；进一步调整优化为：(apparel+clothing+garment+ fashion) (3n) brand() design？?。

2.7　小结

本章主要介绍了与信息检索有关的一些基本概念和基本技能，如信息源与信息媒体、数据库的结构、检索语言、4 种计算机检索技术、信息检索方式 / 途径和步骤以及检索策略的制定和调整。这些内容都是计算机进行信息检索和处理所必需具备的实战技能，也是后面几章进行数据库和网络检索的基础。

2.8　习题

1．简述电子文献信息媒体的划分形式。

2．什么是检索语言？它有哪些类型？

3．简述中图法分类号由哪几个部分组成，并找出本专业论文的三级分类号。

4．利用分类和主题途径检索文献的关键是什么？

5．要查找日本三菱人造丝株式会社发明的专利，试问用什么途径查找，并写出该途径的检索入口词。

6．各列出 3 种在扩大检索和缩小检索情况下，调整检索式的主要方法。

7．列出计算机检索的主要算符。

8．试比较截词和位置检索技术的主要功能。

9．使用布尔逻辑组配算符，列出以下主题的检索表达式。

（1）唐代历史或经济。

（2）国外氨纶产量（只能用中国、氨纶和产量 3 个词表述）。

（3）机械变量或车辆自动化。

03 第3章
中文数据库检索

信息检索借助计算机和 Internet 这对翅膀，展翅高飞，迎来了电子化数据库的春天。本章就从读者熟悉的母语——中文数据库检索开始。

3.1 中国知网数据库

中国知网是中国知识基础设施（China National Knowledge Infrastructure，CNKI）工程的重要成果。1999 年 3 月，CNKI 工程启动，它以全面打通知识生产、传播、扩散与利用各环节信息通道，打造支持全国各行业知识创新、学习和应用的交流合作平台为总目标。经过多年发展，CNKI 工程已跨入 2.0 时代，其目标是将 CNKI 1.0 基于公共知识整合提供的知识服务，深化到与各行业机构知识创新的过程与结果相结合，通过更为精准、系统、完备的显性管理，以及嵌入工作与学习具体过程的隐性知识管理，提供面向问题的知识服务和激发群体智慧的协同研究平台。

3.1.1 数据库简介

中国知网（见图 3-1）是综合性的大型数据库，它包含中国学术期刊网络出版总库、中国优秀硕士学位论文全文数据库、中国博士学位论文全文数据库、中国重要报纸全文数据库、中国重要会议论文全文数据库等多个数据库，覆盖的学科范围包括数理科学、化学化工和能源与材料、工业技术、农业、医药卫生、文/史/哲、经济政治与法律、教育与社会科学、电子技术与信息科学等。

图 3-1　中国知网平台

一、中国学术期刊网络出版总库

简介：中国学术期刊网络出版总库（China Academic Journal Network Publishing Database，CAJD）也叫作中国学术期刊（网络版），它是连续动态更新的中国学术期刊全文数据库，是"十一五"国家重大网络出版工程的子项目，是《国家"十一五"时期文化发展规划纲要》中国家"知识资源数据库"出版工程的重要组成部分。中国学术期刊网络出版总库基本完整收录了我国的全部学术期刊，是国家学术期刊文献检索工具和唯一的网络出版平台。其出版内容以学术、技术、政策指导、高等科普及教育类期刊为主，内容覆盖自然科学、工程技术、农业、哲学、医学、人文社会科学等各个领域，收录约 8 000 种期刊，文献量达 6 000 万余篇，其中核心期刊收录率不低于 90%。

专辑和专题：产品分为十大专辑（基础科学、工程科技Ⅰ、工程科技Ⅱ、农业科技、医药卫生科技、哲学与人文科学、社会科学Ⅰ、社会科学Ⅱ、信息科技、经济与管理科学），十大专辑下又分为 168 个专题。

收录年限：1915 年至今出版的期刊，部分期刊回溯至创刊。

二、中国优秀硕士学位论文全文数据库

简介：中国优秀硕士学位论文全文数据库是国内相关资源较完备、质量高、连续动态更新的硕士学位论文数据库。

专辑和专题：同 CAJD。

收录年限：1984 年至今。

三、中国博士学位论文全文数据库

简介：中国博士学位论文全文数据库是目前国内相关资源较完备、质量高、连续动态更新的博士学位论文数据库。

专辑和专题：同 CAJD。

收录年限：1999 年至今。

四、中国重要报纸全文数据库

简介：中国重要报纸全文数据库为收录 2000 年以来中国国内重要报纸刊载的学术性、资料性文献且连续动态更新的数据库。

专辑和专题：同 CAJD。

收录年限：2000 年至今。

五、中国重要会议论文全文数据库

简介：中国重要会议论文全文数据库收录我国 1999 年以来国家二级以上学会、协会、高等院校、科研院所、学术机构等单位的论文集，年更新约 10 万篇论文。

专辑和专题：同 CAJD。

收录年限：1999 年至今，部分连续召开的重要会议论文回溯至 1953 年。

3.1.2　检索技术

检索技术是数据库检索的核心，中国知网的部分检索语言如表 3-1 所示。

表 3-1　中国知网的部分检索语言

算符名称		算符标识	检索含义
逻辑检索	逻辑与	AND（并且）	多词同时出现在文献中
	逻辑或	OR（或者）	任意一词出现在文献中
	逻辑非	NOT（不含）	在文献中出现算符前面的词，但排除算符后面的词
优先级检索		()	括号里的运算优先执行
位置检索		*（并含）、+（或含）、−（不含）	相当于同字段或同句话中执行的逻辑与、逻辑或、逻辑非
精确匹配		=（精确）	检索结果完全等同或包含与检索字（词）完全相同的词语
模糊匹配		%（模糊）	检索结果包含检索字（词）或检索词中的词素

3.1.3　检索方式

中国知网检索方式主要有一框式检索、高级检索、专业检索、出版物检索、引文检索、作者发文检索和句子检索、知识元检索等。图 3-1 为中国知网主页，其默认为一框式检索。下面分别学习这几种检索方式。

一、一框式检索

一框式检索是通过调度系统对数字资源进行整合，为用户提供统一的检索界面。一框式检索对各种资源源数据的联合仓库进行跨库检索，可实现源数据搜索、跨库检索、全文搜索等功能。一框式检索是一种简单检索，其具有快速、方便的特点，默认情况为一个检索框，只在全文中检索，用户可输入单个词或一个词组进行检索，并可二次检索，但不分字段，因此该检索方式查全率较高、查准率较低。图 3-2 为查找杜泽逊所发表期刊论文的界面。

图 3-2　查找杜泽逊所发表期刊论文的界面

二、高级检索

在一框式检索界面的右侧单击"高级检索"按钮（见图 3-3），即可进入高级检索界面，如图 3-4 所示。

图 3-3 单击 "高级检索" 按钮

图 3-4 高级检索界面

高级检索是一种比一框式检索复杂一些的检索方式,它既支持单词(组)检索又支持多项双词逻辑组合检索:多项是指可选择多个检索项,可通过单击 "+、−" 来增减检索项;双词是指一个检索项中可输入两个检索词,每个检索项中的两个词之间可进行 3 种检索位置算符组合(并含、或含和不含);逻辑是指检索项之间可使用逻辑与(并且)、逻辑或(或者)和逻辑非(不含)进行项间组合,以便更精确地查找到用户想要的文献资源。使用高级检索时,先要将关键词进行拆分,对检索词的模糊词、同义词等也要进行检索。

除了关键词,还可以对作者、发表时间、文献来源及支持基金这些限定条件进行同一层次的筛选,以确保检索结果最后为用户所想要查找的文献。另外,还可以从文献分类目录、跨库选择以及新型出版模式 3 个大类进行筛选来更精细地限定文献来源,从而精准地找到所需的文献资源。例如,要查找清华大学和北京交通大学 2016—2021 年期间申报的国家自然科学基金项目的情况,且要求文献来源必须是声誉较高的学术性期刊,示例如图 3-5 所示。

图 3-5 高级检索示例

要点提示

高级检索的技巧如下。

（1）单个检索框内不宜同时输入多个检索词。

（2）布尔逻辑词在单个检索框内无效。

（3）当一个关键词可扩充成多个关键词时，要增加检索框，选择"或含"。

（4）高级检索可限定多个条件，如出版年度、文献来源、支持基金、学科领域等。

（5）高级检索可选择"中英文扩展"，搜索中英文文献。

三、专业检索

专业检索是用检索表达式的方式表述的。该检索表达式遵循一定的函数使用和运算规则（布尔逻辑运算），几乎所有的数据库都支持类似的检索方式。相较于高级检索，专业检索中检索词的逻辑关系更加清晰，并且能够增加的检索条件也更多。

一般来说，专业检索多用于图书情报专业人员查新、信息分析等工作。使用布尔逻辑算符和关键词构造检索表达式进行检索，难度较大，但精确度高。用户单击"专业检索"按钮，即可进入专业检索界面。专业检索界面只提供一个大检索框，用户需要在其中自行输入检索字段、检索词和检索算符来构造检索表达式以进行检索，如图3-6所示。

图3-6　专业检索界面

专业检索大致分为如下3步。

第一步，选择检索字段。专业检索提供的可检索字段包括 SU= 主题、TKA= 篇关摘、KY= 关键词、TI= 篇名、FT= 全文、AU= 作者、FI= 第一作者、RP= 通讯作者、AF= 作者单位、FU= 基金、AB= 摘要、CO= 小标题、RF= 参考文献、CLC= 分类号、LY= 文献来源、DOI=DOI、CF= 被引频次。

第二步，使用运算符构造表达式。专业检索可使用的运算符及表达式如表3-2所示。

表3-2　专业检索可使用的运算符及表达式

运算符及表达式	检索功能	检索含义	举例	适用检索字段
=str1*str2	并且包含	包含 str1 和 str2	TI= 杂交 * 水稻	所有检索字段
=str1+str2	或者包含	包含 str1 或者 str2	TI= 杂交 + 水稻	
=str1−str2	不包含	包含 str1，不包含 str2	TI= 杂交 − 水稻	

续表

运算符及表达式	检索功能	检索含义	举例	适用检索字段
=str	精确检索	检索与 str 相等的记录；包含完整 str 的记录	AU= 袁隆平	KY、AU、FI、RP、JN、AF、FU、CLC、SN、CN、IB、CF；TI、AB、FT、RF
%str	模糊检索	包含完整 str 的记录；包含 str 及 str 分词的记录；一致匹配或与前面部分串匹配的记录	TI% 杂交水稻	KY、AU、FI、RP、JN、FU；TI、AB、FT、RF；CLC
%=str	相关匹配	相关匹配 str 的记录；包含完整 str 的记录	SU%= 杂交水稻	SU；CLC、ISSN、CN、IB
='str1 /SEN N str2'	同段，间隔小于 N 句		FT=' 杂交 /SEN 0 水稻 '	TI、AB、FT
='str1 /NEAR N str2'	同句，间隔小于 N 个词		AB=' 杂交 /NEAR 5 水稻 '	
='str1 /PREV N str2'	同句，按词序出现，间隔小于 N 个词		AB=' 杂交 /PREV 5 水稻 '	
='str1 /AFT N str2'	同句，按词序出现，间隔大于 N 个词		AB=' 杂交 /AFT 5 水稻 '	
='str1 /PRG N str2'	全文，间隔小于 N 段		AB=' 杂交 /PEG 5 水稻 '	
='str $ N'	检索词出现 N 次		TI=' 杂交 $ 2'	

第三步，使用 AND、OR、NOT 等布尔逻辑算符及 () 符号将表达式按照检索目标组合起来。

 要点提示

专业检索的技巧如下。

（1）专业检索中，表达式的符号要在半角（英文）状态下输入，如小括号、等号等。

（2）专业检索中，同一字段的检索词之间可用 *、+、- 构造检索表达式，检索词与算符之间是否空格无所谓；若不是同一字段的检索词之间就要用 AND、OR、NOT 构造检索表达式，且检索词与算符之间要空一格。

四、出版物检索

单击中国知网主页右侧的"出版物检索"按钮即可进入出版来源导航界面，如图 3-7 所示。

图 3-7　出版来源导航界面

这里出版来源导航主要包括期刊、学术辑刊、学位授予单位、会议、报纸、年鉴和工具书的导航系统。每个数据库产品的导航系统根据各数据库产品独有的特色会有不同的设置。中国知网数据库产品的导航内容基本涵盖法学、自然科学、工程技术、农业、哲学、医学、人文社会科学等各个领域，囊括了基础研究、工程技术、行业指导、党政工作、文化生活、科学普及等各种层次。

单击界面上的"出版来源导航"可以帮助我们定位要查找出版物的类别。以期刊导航为例，在编写本书时，中国知网共收录 11 416 种期刊，2 113 257 期，共收录文章 59 129 808 篇。期刊导航中，核心期刊按 2020 年版"中文核心期刊要目总览"核心期刊表分类，只包括被 2020 年版"中文核心期刊要目总览"收录的期刊。世纪期刊按期刊的知识内容分类，只包括 1994 年之前出版的期刊。期刊的影响因子按《中国学术期刊影响因子年报（2021 版）》结果显示。期刊导航方式分为 6 种，分别为全部期刊、学术期刊、网络首发期刊、独家授权期刊、世纪期刊和个刊发行。

期刊导航中，既可以通过输入刊名（曾用刊名）、主办单位、ISSN、CN 来实现检索，又可以通过左侧的期刊导航分类来进行检索，如图 3-8 所示。

图 3-8　期刊导航界面

五、其他检索方式

除以上检索方式外，中国知网还提供作者发文检索、句子检索、知识元检索和引文检索。

作者发文检索主要用于查找某位特定学者的文章，针对性较强，操作也十分简便。利用该检索方式，用户只要输入需要查询的作者和作者单位，即可实现较为精准的查找。

句子检索，顾名思义是通过搜索某句话来实现整篇文章的检索。此种检索方式操作也十分简便，用户只需要在检索框中输入想要检索文章的句子便可。

知识元检索包括知识问答、百科、词典、手册、工具书、图片、统计数据、指数、方法和概念等多个入口，基于 XML 数据碎片化内容（包括章节、段落，以及概念定义、原理、定理、方法、规则、公式、表格、图形、数值、事件、任务、机构等知识元）。用户可以通过知识元检索进行单独的搜索呈现，展示文献的文内图表、正文内容等。此外，用户不必下载文献查看全文，即可实现快速查看文献的某部分内容。相较于常用搜索引擎中繁冗的检索结果，中国知网的知识元检索会根据用户的提问给出多篇文章中仅与该问题相关的内容，针对性强，且较少有冗余信息。例如，在检索框中输入"民族音乐文化发展现状"，选择"知识元检索"，即可获得与该问题相关的文献推送。

引文检索是指对文章的参考文献进行的检索。该检索方式是从学术论文中引证关系入手进行检索的一种方式。通过引文检索，用户可以看到想要研究方向的文章所引用的文献和被引用文献都有哪些，还可以快速导出全部引文检索结果，个性化分析各对象的学术影响力，系统、多维度、深层次地呈现统计与分析结果。引文数据库需要单独购买，用户如果没有购买，则只能在中国知网的普通检索结果中看到某一篇文献的被引用次数和具体引证文献。

案例分析 检索杜泽逊所发表期刊论文的主题中含有四库及总目的文献

解析： 由题目内容可知，本题是要查找杜泽逊发表的、在期刊论文的主题中含有四库或含有总目的文献，该题使用专业检索或高级检索较好。使用专业检索的表达式为：AU= 杜泽逊 AND 主题 = 四库 + 总目（见图 3-6），检索结果界面如图 3-9 所示。图 3-10 为中国知网引文网络界面，图 3-11 为中国知网全文显示界面。

微课：检索杜泽逊所发表期刊论文的主题中含有四库及总目的文献

图 3-9 中国知网检索结果界面

图 3-10 中国知网引文网络界面

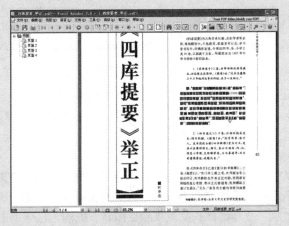

图 3-11 中国知网全文显示界面

👁 **阅读材料**　　　中国知网的创新之一——引文网络（即知网节）

　　知网节是一条知识链接的"纽带"。通过这条"纽带"，研究人员可找到一批相似文献、相关机构、相关作者。此外，借助参考文献、二级参考文献可追溯课题的发展历史、研究背景，借助共引文献、同被引文献可了解课题的研究现状、目前进展，借助引证文献、二级引证文献可展望课题的发展方向、后继研究（见图3-10）。

3.1.4　检索结果

一、结果显示

　　在图3-12所示的检索结果界面中，可以按资源类型查看文献，总库检索后，横向排列的各资源类型下显示符合检索条件的文献量，以呈现总库各资源类型的文献分布情况，此时可单击查看任一资源类型的文献；此外，还可以单击"中文"按钮或"外文"按钮，查看检索结果中的中文文献或外文文献。

图3-12　检索结果界面

　　单击"总库"按钮回到中外文混检结果；当选中某单库时，上文检索区为该单库的检索字段。例如，选中"学术期刊"，检索字段为主题、期刊名称、DOI等。单击上方检索按钮，则进入单库检索界面，检索范围为"学术期刊"。单库内检索，检索结果条目数显示在检索结果区右上角。

　　检索结果区左侧为分组筛选区，该区提供多层面的筛选角度，并支持多个条件的组合筛选，以便用户快速、精准地从检索结果中筛选出所需的优质文献。用户可以通过选择主题、学科、发表年度、研究层次、文献类型、文献来源、作者、机构、基金等进行筛选。

　　检索结果列表中，命中的文献以序号、题名、作者、来源、发表时间、数据库、被引、下载的题录形式显示。若想看到文章摘要、关键词、知网节等信息，要单击篇名链接；若要看全文，则可单击 CAJ 或 PDF 图标下载原文，再查看。

二、全文阅读

中国知网的全文阅读格式有 CAJ 和 PDF 两种。第一次阅读全文必须下载安装 CAJ 或 PDF 阅读器，否则无法阅读全文。

（1）CAJ 阅读器

CAJ 阅读器是中国知网自己研发的专用阅读器。它功能齐全，拥有查找字符串、打印全文功能，且能按原版显示打印效果。此外，用户能从 CAJ 阅读器上抓取文章内容，进行文本、图像等的摘录、保存和编辑。

（2）PDF 阅读器

PDF（Portable Document Format）格式是电子发行文档事实上的标准。Adobe Reader、Acrobat Reader 或 Foxit Reader 是查看、阅读和打印 PDF 文件的理想工具，且在网上可免费下载。PDF 格式文档通常是一些图文并茂的综合性文档，因此，在学术论著中得到广泛使用。目前，出版商发行的数据库大多采用 PDF 格式文档。PDF 阅读器工具栏上几个重要图标的解释如下。

- 手形图标：阅读器默认工具的图标。使用该工具时，上、下快速拖动鼠标可调整页面位置。
- 放大和缩小图标：单击它们可更改文档的放大率和缩小率，以调整文字显示大小。
- 文本选择图标：单击它可选择 PDF 文档中的文本或文本块，然后可利用"复制"和"粘贴"命令将选定的文本复制到其他应用程序中。
- 保存副本图标：选择该图标可另存全文，也可以附件的形式将其发送到邮箱中进行保存和分享。

3.2 维普资讯中文科技期刊数据库

维普资讯中文期刊服务平台前身为中文科技期刊数据库，是中文光盘的创始者。本节将系统地介绍其检索体系。

3.2.1 数据库简介

维普资讯中文期刊服务平台由中科院西南信息中心重庆维普资讯有限公司于 1994 年研制而成，因此，有时人们也称其为维普期刊库。该库是国内最大的综合性文献数据库，由于该库的研制成功填补了没有中文光盘数据库的历史空白，因此它也是国内最早的中文光盘数据库。该库收录历年出版的中文期刊 15 000 余种，回溯年限为 1989 年至今，部分期刊可回溯至 1955 年，学科遍布理、工、医、农及社会科学（文、史、哲、法，回溯到 2000 年）。

目前，国内数据库一般都提供远程包库、本地镜像和个人读书卡 3 种服务形式。维普资讯中文期刊服务平台数据中心网站每日更新，镜像站每季度更新。团购的高校用户既可通过本地镜像服务器访问，也可直接访问远程数据库，如图 3-13 所示。该网除了在校园网内提供资源共享，还提供免费的题录检索库。

图 3-13　维普资讯中文期刊服务平台主页

3.2.2　检索方式

维普资讯中文期刊服务平台研制成功以来，其检索界面不断修改，以期更适合用户检索。该库可提供基本检索、高级检索、检索式检索和期刊导航 4 种检索方式，并支持逻辑与、逻辑或、逻辑非和二次检索。

一、基本检索

基本检索为维普资讯中文期刊服务平台的默认检索方式，用户可以在平台主页的检索框直接输入检索表达式进行检索，但该检索框只能同时在题名、刊名、关键词、作者名、机构名、基金名等字段中进行检索。若要限定在某一字段中检索，必须进行二次检索。此外，还可借助聚类工具将其限定在期刊收录、学科、主题、机构、作者、期刊、年份、被引范围中进行检索，如查转基因玉米方面的文献资料，如图 3-13 所示。

二、高级检索

单击维普资讯中文期刊服务平台右侧的"高级检索"链接，即可进入高级检索界面。高级检索默认情况下提供 3 行×3 列表框式检索，可针对 14 个检索字段使用逻辑算符与、或和非进行组配检索；表框检索一次最多能进行 5 个检索词（5 行）的逻辑组配检索；这一操作可通过单击行右侧的"+"按钮和"-"按钮增减表框来实现。此外，还可方便用户按时间、期刊范围、学科等条件进行限定检索，如图 3-14 所示。

图 3-14　高级检索界面

在高级检索界面中，隐藏着一个查找分类表的小窍门。若选中"C= 分类号"字段，与此字段同行的检索词框后面就会出现 查看分类表 ，单击它即可进入查看分类表界面，如图 3-15 所示。分类表使用的是《中国图书馆分类法》（简称《中图法》，见 2.3.2 小节 分类语言）。分类表实际上是帮助用户从分类途径检索确定分类号的一个辅助手段。其使用方法为：首先在图 3-15 左边的分类表中依次选择所要查找内容的一级、二级、三级分类号等，对确定的分类号进行勾选并单击左、右两栏中间的 **>>** 按钮将分类号添加到右边"所选分类"列表框中，最后单击 **确定** 按钮，即可把这一分类号添加到高级检索界面所对应的检索词框中。如图 3-15 所示，即为在F590.65 下检索有关旅游企业方面的文献。如果要删除右边某一所选分类，可双击该分类类目。

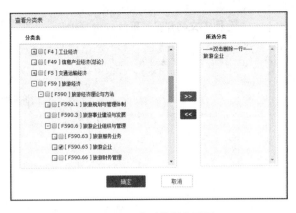

图 3-15　查看分类表界面

三、检索式检索

检索式检索隐含在高级检索中，单击"高级检索"旁边的"检索式检索"链接，即可进入检索式检索界面，如图 3-16 所示。检索式检索界面虽只有一个检索框，但不受检索词的限制，用户可灵活地使用各种字段和逻辑算符进行检索，所以该检索界面特别适合进行复杂检索。使用检索式检索时要注意分别用 AND、OR、NOT 代表与、或、非，检索算符必须大写且运算符两边需空一格；检索字段要使用字段标识符表示。至于时间、期刊范围、学科等各种检索限定条件与高级检索界面中的相同。

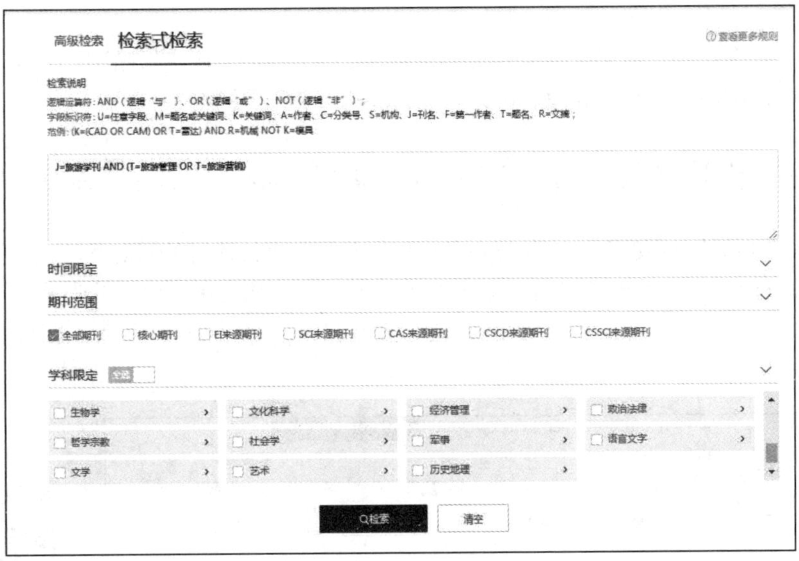

图 3-16　检索式检索界面

四、期刊导航

单击维普资讯中文期刊服务平台主页最上方的 **期刊导航** 链接，即可进入期刊导航界面，如图3-17所示。

期刊导航设置有多种方式：期刊检索面板，它可分别按刊名、ISSN、CN、主办单位、主编、邮发代号进行检索；聚类筛选面板，它有核心期刊导航，包括中国科技核心期刊、中国科学引文数据库（CSCD）、北大核心期刊（2011 版、2014 版、2017 版、2020 版等）、中文社会科学引文索引（CSSCI）、中国人文社科核心期刊，还有国内外数据库收录导航、地区导航、主题导航等多种期刊聚类方式；此外还可按首字母查找期刊和按类别（35 类）浏览期刊。

图 3-17　期刊导航界面

期刊导航不仅可用来检索某种杂志上的文献，还可用作用户投稿的指南，以帮助用户了解期刊主办信息，如地址、邮政编码、电话、电子邮件和期刊所设栏目等。

案例分析　检索在旅游学刊上发表的有关旅游管理或旅游营销方面的文献资料

解析：由题目内容可知，本题是要查找在旅游学刊上论述有关旅游管理或旅游营销方面的文献资料，该题无论使用何种检索方式都可完成。其使用检索式检索的表达式为：J= 旅游学刊 AND (T= 旅游管理 OR T= 旅游营销)（见图 3-16），检索结果如图 3-18 和图 3-19 所示。

微课：检索旅游学刊
上发表的有关旅游
管理或旅游营销方面
的文献资料

图 3-18　检索结果界面

图 3-19　全文显示界面

3.2.3　检索结果

维普资讯中文期刊服务平台的检索结果界面一般都可显示检索条件、检索命中文献总篇数，并将检索命中结果以勾选框、论文标题、被引量、期刊图标、作者、刊名及出处、摘要、关键词的题录形式加以显示，另有在线阅读、下载 PDF（全文）的链接，如图 3-18 所示。

维普资讯中文期刊服务平台的全文显示格式有 VipOCR 和 PDF 两种。目前大多数数据库都采用 PDF 这种全文格式，所以计算机中最好预先下载、安装一款能阅读 PDF 格式的软件，例如 Adobe Acrobat Reader 或 Foxit Reader，否则无法阅读全文。图 3-19 所示为 2016 年旅游学刊上发表的一篇 PDF 格式论文的全文显示界面。

对检索结果还可以进行全选、清除、导出、引用、引用追踪等操作。

3.3　读秀学术搜索

超星数字图书馆是业界图书检索的品牌之一。读秀学术搜索不仅拥有超越超星数字图书馆的诸多功能，还摆脱了文献类型、文种的束缚，开创了集各种文献资源于同一平台、实现统一检索管理的先河。本节重点介绍读秀学术搜索的检索方式、获取全文的途径及超星阅读器的功能。

3.3.1　超星公司简介

超星公司成立于 1993 年，长期致力于数字图书馆技术开发及相关应用与推广，它是我国专业的数字图书馆技术服务商和数字图书馆解决方案提供商，主要为世界各地用户提供图书查询服务。1997 年首家提出并研发成功基于 Internet 的数字图书馆技术，并开通我国第一家在线数字图书馆的是瑞得超星数字图书馆。2000 年"超星数字图书馆"品牌创办，并入选国家863 计划中国数字图书馆示范工程。到目前为止，超星数字图书馆已是全球最大的中文在线图书馆，它有丰富的数字图书资源，其中中文图书有数百万册，涵盖中图法 22 个大类。2005 年后的新书达到 10 余万种，基本涵盖了近几年新出版的所有图书。2007 年，超星公司又推出了超星数字图书馆的姊妹库——读秀学术搜索库。

3.3.2 读秀学术搜索库

读秀学术搜索库以超星数字图书馆约 430 万种图书（约 10 亿页中文资料）为基础，不仅扩展了超星数字图书馆的许多功能，还把视角延伸到图书以外的多维度信息资源中。其特色功能可概括为如下几个方面。

（1）整合各种文献资源于同一平台，实现统一检索管理。超星公司将读秀学术搜索框嵌入超星数字图书馆门户主页，把本馆现有的纸质图书和电子图书以及各种学术异构资源（相关的词条、人物、图书、期刊、报纸、论文、网页等多维信息）整合到同一平台下，实现读秀的多面搜索。这避免了各种学术异构资源逐一登录、逐一检索的弊端，用户可在读秀平台上查询、链接所有馆藏中文、外文信息。

（2）检索图书深入到章节和全文，实现基于内容的检索。读秀突破超星数字图书馆传统检索模式的局限，检索结果不是仅停留于书名和作者、主题词等 MARC 字段，而是围绕关键词深入到图书的章、节、目录，直至全文。这样不仅扩大了知识搜索的范围，还可实现基于图书内容的检索。

（3）为用户整合各种获取资源的途径，并提供多种阅读方式。读秀的海量资源与用户图书馆资源整合，在为用户打造一个完整资源库的同时，也为用户提供了多种获取和阅读资源信息的捷径，如阅读本馆订购的电子图书、借阅馆内纸质图书、图书试读、文献传递阅读（可以申请图书馆文献传递的数据量达到数百万册）、借阅其他图书馆图书、网上购买图书等，从而可全方位地满足用户快速获取知识的需求。

（4）提供个性化服务，可定制流量统计系统、图书推荐系统和图书共享系统等特色功能，满足用户的管理需求和阅读需求。

3.3.3 检索方式

读秀学术搜索与超星数字图书馆一样，提供远程包库、本地镜像和读书卡 3 种专业服务形式。远程包库、本地镜像方式主要适用于团体单位用户购买超星的数字资源；读书卡方式主要面向个人用户，用户可在超星公司的主页进行注册、充值来使用该服务。采用远程包库或本地镜像的高校用户，既可通过"校园网图书馆"中的相应链接进入，也可直接输入其网址或 IP 地址进入。

读秀学术搜索整合各种文献资源于同一平台上，其读书卡用户与远程包库、本地镜像用户的检索方式基本相同，读秀学术搜索均提供基本搜索、高级搜索、专业搜索和分类导航 4 种不同的检索方式。在此，我们主要以图书为例说明它们的使用方法。

1. 基本搜索

基本搜索是读秀学术搜索主页上的默认检索方式，它只支持简单课题的查询。用户只要在检索框内输入要查找的关键词，单击相应按钮，即可轻松在读秀提供的知识、图书、期刊、报纸、学位论文、会议论文、音视频、文档和更多等多维检索频道中任意搜索。

例如，查有关"情商"方面的信息，基本搜索界面如图 3-20 所示。

图 3-20 读秀基本搜索界面

2. 高级搜索

读秀不同频道支持的检索方式不同，如"知识"频道仅支持基本搜索，"图书""期刊""报纸""学位论文""会议论文"等频道均支持高级搜索。以"图书"频道的高级搜索为例，高级搜索设置有更多的搜索框，如书名、作者、主题词、出版社、ISBN、分类、中图分类号和年代等。因此，利用高级搜索比基本搜索的目的性更强，能够一下满足用户的多条件搜索。

例如，要查询吴维库编著的有关"情商与影响力"方面的图书，读秀"图书"频道的高级搜索界面如图 3-21 所示。

3. 专业搜索

专业搜索只提供一个大检索框，用户在此框中可使用读秀所提供的字段，并灵活地运用逻辑与（＊）、逻辑或（I）、逻辑非（－）、小括号()构造检索表达式，从而使检索摆脱基本搜索和高级搜索的束缚感。

图 3-21　读秀"图书"频道的高级搜索界面

例如，查找南派三叔 2000 年以后发表的图书作品，读秀"图书"频道的专业搜索界面如图 3-22 所示。

图 3-22　读秀"图书"频道的专业搜索界面

4. 分类导航

如果想了解一下某一学科都有什么样的图书，使用分类导航可谓易如拾芥。读秀学术搜索的图书分类导航由中图法 22 个大类外加古籍类组成，共分 23 个大类。

例如，浏览有关非洲语言斯瓦希里语的图书，读秀分类导航界面如图 3-23 所示。

图 3-23　读秀分类导航界面

3.3.4 检索结果

1. 结果显示

检索结果以列表的形式显示，有2栏列表。图3-24中，中间一栏为与检索词相关的题录信息，它可把与检索词相关的全部知识信息列出；右栏资源列表可实现知识点多角度切换检索，把与检索词相关的词条、人物、图书、期刊、报纸、文档、学位论文、会议文献、课程课件、考试辅导、政府公开信息、专利、视频等多维信息全面地展现出来，并且还可以筛选不同维度下不同时间的信息。

图3-24　检索结果显示界面

2. 查看图书详细信息

单击检索结果显示界面右栏的图书，同时把"类型"限定在"本馆馆藏纸书"，中间一栏即可把检索结果锁定在本馆馆藏纸书上，此时可查看图书封面、书名、作者、简介和分类等信息。用户单击某本图书封面或书名则可进入图书详细信息界面（见图3-25），图书封面、出版发行、ISBN号、原书定价、内容提要、参考文献格式等信息将被全面展示，且可以实现以下功能。

图3-25　图书详细信息界面

（1）查看馆藏信息

搜索结果界面（见图3-25）右上方将显示该书的纸质图书和电子图书的馆藏信息等。单击进入，用户可以直接查看馆藏纸书信息，或者阅读本馆订购的电子图书全文（即包库全文阅读），从而实现了电子图书与纸质图书的整合。

（2）图书试读

单击图 3-25 "目录试读"下方的不同选项，可对图书的书名页、版权页、前言页、目录页、正文的试读页进行试读。

（3）图书馆文献传递中心

如果在本馆无法获取所要的图书，如《社会学方法与定量研究》这本书在读秀图书检索界面显示为"部分阅读"，此时可以单击"图书馆文献传递"按钮启用读秀的"图书馆文献传递"功能。读秀的这项功能就相当于为用户建立了一个在线馆际互借平台，用户只要在咨询申请表（见图 3-26）中确认好"咨询范围"即需要阅读的正文的起始页码，并填写好本人接收文献传递的邮箱及验证码，单击"确认提交"按钮，立刻就可到自己的邮箱中获取所需

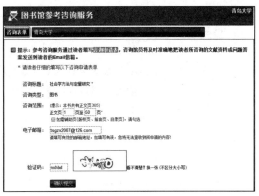

图 3-26　咨询申请表界面

要的图书资料。其之所以及时便捷、无须等待，是因为读秀的文献传递是通过机器自动实现的。

（4）多种获取途径

读秀学术搜索不仅能阅读本馆电子图书全文、借阅本馆纸质图书，还能通过图书馆文献传递、文献互助、网络书店以及本省市馆藏借阅等途径获取图书全文。

要点提示

（1）读秀以图书为主，用户对图书既可检索，又可试读部分内容或链接到本馆纸质图书进行借阅，对其他类型的文献可免费检索，但能否阅读全文，要根据用户所在图书馆的权限和 Internet 开放程度而定。尽管读秀支持对其他类型的文献进行检索，但检索效果可能与单一文献类型检索的数据库不可同日而语。

（2）读秀的"图书馆文献传递"功能限定用户对每本图书单次咨询量不超过 50 页、对同一图书每周的咨询量不超过全书的 20%。所有文献阅读超链接只能保存 20 天，到指定时间后超链接自动失效。

---

3. 超星阅读器

读秀学术搜索提供两种阅读图书的方式：一种是基于 IE 浏览器的在线阅读；另一种是使用专用阅读器——超星阅读器（SSReader），用户需要事先下载、安装该阅读器才能方便地进行图书全文阅读。

超星公司自主研发的 PC 版超星阅读器 SSReader 5.4 是国内技术成熟、创新点多、使用群体广、下载率高的专业阅读器，是专门针对数字图书的阅览、下载、打印、版权保护而研究、开发的。该软件在超星公司的相关网站上可免费下载。SSReader 界面由菜单栏、功能选项卡和工具栏等组成，用户使用 SSReader 可以实现以下功能。

（1）阅读书籍

阅读时，用户可利用超星阅读器左栏的章节导航选择要阅读的具体章节；单击上下箭头或使用滚屏功能可完成翻页操作；单击工具栏上的"缩放"按钮可以调整文字显示大小，以方便阅读。此外，阅读器还支持多文档同时阅读。

（2）下载图书文件

在线阅读有时会受网络速度的影响，用户可以把需要的图书文件先下载到计算机上，以备以后脱机阅读。单击鼠标右键，利用"下载"功能即可实现。

要点提示

　　使用超星阅读器下载的资料及利用图书馆文献传递中心下载和传递的图书全文在用户单位取消订购（个人读书卡过期）或到指定时间后会自动失效，这种功能相当于传统图书馆的借阅后归还环节。读者对资料不拥有永久所有权。

（3）其他功能

超星阅读器工具栏上还有几个重要图标需要介绍，它们可实现多种常用功能。

- 手形图标：阅读器默认工具的图标。使用该工具时，上、下快速拖动鼠标可调整页面位置。
- 选取文字图标（T图标）：用于摘取文本。由于超星阅读器使用PDG格式存储图书，选中T图标后，超星阅读器就自动启动OCR文字识别插件程序，将选中的文字识别并在一新框中显示（见图3-27），用户可根据需要将其保存到其他文件中进行编辑。
- 区域选择工具图标：刷子标记，属于图像快照式的摘取，它尤其适用于图像采集。此外，选择的区域可按原样保存，但不能进行编辑。
- 图书标注图标：标注功能有阅读、批注、随意画线、画圈、高亮、设置链接等（见图3-27）。
- 书签图标：利用它添加书签可以方便地管理图书、网页等。

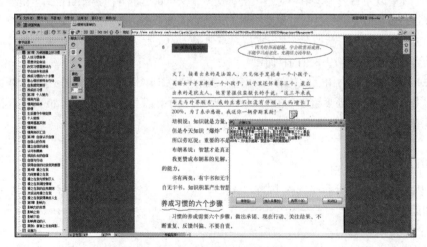

图3-27　超星阅读器界面

案例分析　　　　　　　　**查一下"孔子登东山而小鲁"的出处**

　　解析：使用读秀的基本搜索，并锁定在知识检索频道中，输入"孔子登东山而小鲁"，单击"中文搜索"按钮后，找到相关的条目数千条，且涵盖相关图书、期刊、报纸信息（见图3-28）。读秀全面、发散式的搜索是一大创新，其不仅能围绕单一文献的关键词检索，还能把与关键词相关的各类文献中所包含的同一内容等检索出来，从而为研究型读者提供了便捷的知识获取通道。用户单击图 3-28 中第一条文献后面的"阅读"链接可看到更详细的信息，如"孔子登东山而小鲁"的原文大意及本页来源出处等，从而实现了古人集千书于一书的梦想。任何一句诗词、一句古文、一句名言均可在读秀中找到出处、前后语（见图 3-29），令用户使用起来得心应手。

微课：查一下"孔子登东山而小鲁"的出处

图 3-28　检索结果界面

图 3-29　IE 浏览器阅读界面

3.4　人大复印报刊资料库

　　人大复印报刊资料库是中国人民大学复印报刊资料全文数据库的简称，是公认的社科研究领域的精品文献库，但该库没有报刊等级之分，只注重论文品质。本节将带领读者去了解该数据库。

3.4.1　数据库简介

　　中国人民大学复印报刊资料全文数据库是人大数媒科技（北京）有限公司以中国人民大学书报资料中心的复印报刊资料系列数据库为内容基础，辅以先进的检索方式、优质的期刊、论文而成的人文科学、社会科学资料库。该数据库汇集了 1995 年至今复印报刊资料系列期刊的全部目录，按专题和学科体系分类编排而成，部分专题可回溯到创刊年。该库最初划分为政治、经济、教育和文史语言四大类，2006 年开始改按"马列、哲学、政治、法律、社会总论，经济类，文化、教育、体育类，语言文字、文学、艺术、历史、地理、其他类"新四大类；2007年又增设了数学、物理、化学大类，2013 年改为九大类：政治学与社会学类、法律类、哲学类、经济学与经济管理类、文学与艺术类、教育类、历史类、文化信息传播类和其他类。所有文献按季度更新。

　　人大复印报刊资料库有本地镜像版和远程包库版两种，本地镜像版的地址会因用户单位不同而各异，远程包库版的主页如图 3-30 所示。

　　凡订购全文数据库的高校用户既可通过校园网中的相应链接进入，也可直接访问其网址或IP 地址。但本地镜像版和远程包库版在文献更新频率和检索方式上有所不同，用户在使用时需注意，在此仅介绍远程包库版的使用。

图 3-30　人大复印报刊资料库主页

3.4.2　检索方式

1. 检索技术

远程包库版人大复印报刊资料库主要提供 4 种检索算符：逻辑与（*、并且）、逻辑或（+、或者）、逻辑非（-、除非）、优先级符号()，高级检索还有精确、模糊匹配之分。

2. 检索方式

中国人民大学书报资料中心的数字出版产品主要有复印报刊资料全文数据库、复印报刊资料专题目录索引数据库、中文报刊资料摘要数据库、中文报刊资料索引数据库、专题研究数据库、数字期刊库，在此主要介绍复印报刊资料全文数据库（简称全文数据库）和数字期刊库两个库。人大复印报刊资料全文数据库设有分类资源目录、简单搜索和高级搜索 3 种检索方式，无论哪种方式都可进行二次检索。单击图 3-30 中"首页"旁的"全文数据库"即可进入检索界面。

（1）分类资源目录

分类资源目录实际上是按人大分类法组织的期刊分类专题目录，该目录位于全文数据库检索界面（见图 3-31）的左侧，它是简单搜索和高级搜索的基础。准确地说，它用于分类资源目录浏览，既可单独使用又可配合其他检索使用。"全文数据库"分为分类资源目录（资源列表区）、数据库命中结果区、检索区和检索结果显示 4 个区。

人大复印报刊资料库自 2013 年起将所收录的文献按期刊改为九大类刊出版，分类资源目录可分至三级类目。分类资源目录浏览有两种方法，均可进行二次检索。

- 单击左侧可查询资源（资源列表区）前面的"+"，则显示该大类目的二级类目，依此类推，共可分三级类目浏览检索该类期刊上的文献。例如，历史类刊（一级类目）→先秦、秦汉史（二级类目）→先秦（三级类目）。

- 用鼠标直接单击左侧某大类目名称，则可按反纪年顺序在检索结果显示区中显示该大类资源的全部信息，如图 3-31 所示。

（2）简单搜索

简单搜索界面位于全文数据库检索界面的右侧，既可单独使用又可与分类资源目录配合使用。更确切地说，它就是全文数据库界面中的检索区，用户在此可从分类资源目录（资源列表区）中选类、限定年限、选字段、输词检索。例如，要查 1995 年以来刘怀荣老师发表的文章，简单搜索的界面如图 3-32 所示。简单搜索查全率较高，但查准率稍有逊色。

图 3-31 全文数据库检索界面 　　图 3-32 简单搜索界面

（3）高级搜索

如果想同时在几个字段中查找文献或检索某些单位著者发表的文献，最好使用高级搜索。高级搜索可在任意词、标题、作者、关键词、正文、内容摘要、原文出处、分类名、原刊地名、原刊期号、原刊页号、期刊代号、期刊名称、副标题、英文标题、作者简介、译者、英文摘要和参考文献 19 个字段中进行检索，高级搜索的针对性强，因此，比其他搜索更易锁定目标、查准率较高。

"高级搜索"按钮位于全文数据库检索界面（见图 3-31 和图 3-32）的最右侧，单击它即可打开高级搜索界面。高级搜索界面的每个检索框中只能输入单个检索词或一个词组，例如，查青岛大学刘怀荣老师发表的文章，如图 3-33 所示。

（4）数字期刊库

数字期刊库是复印报刊资料的来源文献库，单击图 3-30 主页上的"数字期刊库"按钮即可进入数字期刊库界面，如图 3-34 所示。该库以整刊形式面向用户，用户可以查看期刊封面、期号等信息，同时提供 4 种查询方式：按期刊学科查找、按期刊首字母查找、按期刊分类号查找、按期刊属性查找等，多种形式的查询方式可以方便用户进行资源检索。

按期刊学科查找，实际为按所收录纸本人大复印报刊资料系列的学科分类号和期刊名称排列，可以帮助用户确定高级搜索中与之对应的期刊代号和期刊名称字段，如查 [D416] 国际法学，单击 D416 链接则可按复印期号（如期刊总汇 2016 年 1 期）进行检索和阅读全文。

图 3-33 高级搜索界面 　　图 3-34 数字期刊库界面

👥 **要点提示**

> 高级检索中的以下几个字段可通过数字期刊库确定。

作者简介：可查某个单位的论文。

原文出处：可查刊载某篇论文的原期刊名称。

分类名称：可查期刊学科分类名。

分类号：可查期刊学科分类号。

案例分析　　检索北京大学季羡林老先生在 B8、K21、K3 大类下发表的论文

解析： 本题如果使用数字期刊库检索，只能分别按 B8、K21、K3 大类一年一季度地浏览，这种搜索方式属于马拉松式检索，效率太低；如果使用简单搜索，字段不全，无法锁定作者单位，容易造成误检。因此，本题使用高级搜索，最好先通过数字期刊库确定 B8、K21、K3 大类所对应的期刊名称分别为伦理学、中国现代史和先秦、秦汉史，然后分别在高级搜索界面的学科分类选择（分类资源目录）下勾选相应的期刊名称，并在作者和作者简介字段中输入季羡林和北京大学，再单击"检索"按钮即可。检索结果如图 3-35 所示。

微课：检索北京大学季羡林老先生在 B8、K21、K3 大类下发表的论文

图 3-35　检索结果

3.4.3　检索结果

人大复印报刊资料全文库检索结果界面可显示检索命中文献记录总数，并把检中结果以序号、题目、作者、年份 4 栏的形式加以显示（见图 3-35）；若要查看作者简介、原文出处、期刊名称、复印期号及全文等信息，单击论文题目即可查阅，且可对文章全文进行收藏、打印和下载。

3.5　小结

本章分别对国内的 4 个数据库进行了介绍，并重点讲述这些数据库的检索方式及全文下载

等内容。其中，中国学术期刊网络出版总库、维普资讯中文科技期刊数据库和人大复印报刊资料全文数据库全部是针对期刊检索；读秀学术搜索是以超星数字图书为基础，集各种文献资源，如相关的词条、人物、图书、期刊、报纸、学位论文、网页等于同一平台，实现统一检索管理。中国学术期刊网络出版总库和维普资讯中文科技期刊数据库是以收录期刊文献"全"而著称，人大复印报刊资料全文数据库是以收录论文"精"而闻名。

3.6　习题

1. 用中国学术期刊网络出版总库的专业检索查找清华大学和北京交通大学于 2012—2016 年申报国家自然科学基金项目的情况，且要求文献的来源须是声誉较高的学术性资源。

2. 使用中国学术期刊网络出版总库浏览一下按综合影响因子排序的外国语言类或数学类的核心期刊。

3. 如果在维普资讯中文期刊检索平台的检索式检索（见图 3-16）中把旅游学刊和旅游管理两个字段对调一下位置进行检索是否可以？请根据检索结果，归纳一下检索式检索的注意事项。

4. 用维普资讯检索平台的分类号途径查找有关苹果方面的文献。

5. 使用读秀学术搜索查找你所在专业的书籍，并对某本图书做下画线、高亮、圈注、批注等练习；另将书中的某一片段转换成文本格式，并就本馆没订购的某本图书进行图书馆文献传递，要求写出书名及命中情况。

6. 使用读秀学术搜索查找书名或关键词中含有"有色金属"或"冶金机械"，且为 2008 年以后出版的图书，要求写出表达式及命中情况。

7. 查本校自 1995 年以来发表的被人大复印报刊资料库收录的文章。

8. 使用人大复印报刊资料库查找你所感兴趣的某专业文献资料，要求列出课题名称、检索表达式及命中篇数。

04 第4章
西文数据库检索

目前，国内各大高校及科研单位图书馆基本都购买了外文数据库。这一方面是因为占世界人口 20% 的发达国家拥有全世界信息量的 80%，而占世界人口 80% 的发展中国家却只拥有全世界信息量的 20%，尤其是 Internet，英语内容占比达 90%；另一方面是因为外文数据库的确是高校及科研单位的师生和研究人员的重要信息源。因此，本章为了开阔大家的视野及了解和掌握发达国家的先进理念和技术，选择了有代表性的、可检索外文文献的数据库或网站进行详细介绍。

4.1 EBSCO 全文数据库

EBSCO（一家私营公司，EBSCO 是其名称首字母缩写）总部位于美国，在全球 19 个国家设有分部，是世界知名的期刊和全文数据库的生产、代理商，能提供订购、出版、使用和检索等一系列完整的服务解决方案。该公司不仅可提供百余种在线文献数据库检索，还开发了研究论文写作范例平台、英语阅读学习中心，此外，还设有查找非刊类出版物的 BSI 平台。EBSCO 主要收录以美国为主的国家的期刊、报纸及电视和收音机的全文新闻副本，其中，期刊大部分来源于 SCI、SSCI、AHCI，内容涉及自然科学、社会科学、人文和艺术科学等各类学科领域，大多数期刊可回溯到 1965 年或期刊创刊年，最早可追溯至 1886 年。

EBSCO 提供有 330 余种电子文献数据库检索，我国高校及科研单位图书馆只是联合采购 EBSCO 公司的部分数据库。通过 EBSCO*host* 提供的检索服务能访问的常见数据库有以下几种。

（1）Academic Search Premier（ASP）：综合性学术期刊全文数据库，提供了 4 600 多种期刊全文，其中包括近 3 900 种同行评审期刊的全文，还包括可回溯至 1975 年或更早期的 100 多种期刊的 PDF 格式资料，以及 1 000 多种可搜索引用参考文献的期刊。

（2）Business Source Premier：综合性商业资源学术期刊库，收录的内容涵盖市场营销、管理、MIS、POM、会计、金融和经济在内的所有商业学科，收录期刊近 9 000 种，其中全文期刊 2 300 多种，全文内容最早可追溯至 1886 年，引文参考文献最早可追溯至 1998 年。

（3）ERIC（Education Resources Information Center）：教育资源文摘数据库，它包含 2 200 多篇文摘刊物及 1 000 多种教育或与教育相关的期刊引文和摘要。

（4）History Reference Center：历史参考文献中心库，提供了 2 400 多本历史参考书、百科全书和非小说性书籍的全文，以及约 135 种知名的历史杂志、61 100 份历史资料、57 000 篇历史人物传记和 110 200 多幅历史照片与地图等。

（5）MasterFILE Premier：多学科数据库，提供了约 1 750 种综合参考出版物全文、约 86 017 篇传记，以及一个由约 400 972 幅照片、地图和标志组成的图片集等。

（6）MEDLINE：医学文摘数据库，提供 4 800 余种生物和医学期刊的文摘。

（7）Newspaper Source：报纸资源数据库，提供了 40 多种美国和国际报纸的全文，以及精选的 389 种美国地方性报纸全文；此外，还提供电视和广播新闻脚本。

（8）Professional Development Collection：职业开发收藏库，提供了约 520 种非常专业的教育期刊集。

（9）Regional Business News：区域商业出版物，包含 80 多篇涉及美国所有城市和农村的地区商务报告。

（10）World Magazine Bank：世界杂志银行，包含约 250 种主要英语国家的出版物全文库。

（11）Vocational & Career Collection：职业技术文集库，收录了约 350 份商贸及产业相关期刊的全文。

（12）Library，Information Science & Technology Abstract（LISTA）：图书馆、信息科技文摘数据库，收录了 560 多本核心期刊、近 50 本前沿期刊和近 125 本精选期刊及书籍、研究报告和学报，内容涵盖图书馆管理、分类、编目、文献计量学、网络信息检索、信息管理等，收录的内容最早可追溯到 20 世纪 60 年代中期。

（13）Teacher Reference Center：教师参考库，可检索 280 多种教师、管理者期刊及杂志的文摘。

（14）GreenFILE：环境方面的数据库，涵盖全球变暖、绿色建筑、污染、可持续农业、再生能源、资源回收等。通过它可检索人类对环境影响方面的文摘记录约 384 000 条，其中 4 700 多条记录可以检索到全文。

（15）Health Source-Consumer Edition：保健信息库，提供约 80 种全文杂志。

（16）Clinical Reference Systems：临床参考系统库。

（17）TOPICsearch：专题检索库，包含约 60 000 篇全文文章，源自约 399 种出版物。

（18）TTC：纺织技术全文库，收录 50 余种期刊全文、超过 460 种期刊索引摘要，以及数千种非期刊类出版物。

EBSCO*host* 提供的所有在线文献数据库的检索方法大同小异、检索界面一致。本节以 EBSCO 的综合性学术期刊全文数据库为例来进行重点介绍，读者可举一反三。

4.1.1　数据库简介

EBSCO 的综合性学术期刊全文数据库专为研究机构而设计，提供 4 600 多种出版物全文，其中被 SCI、SSCI 收录的核心期刊约 1 500 种，所涉及的学科几乎涵盖了学术研究的每个领域。该数据库通过 EBSCO*host* 每日进行更新。

凡订购 ASP 数据库的高校用户既可通过校园网中的相应链接进入，也可直接通过其网址或 IP 地址访问。

4.1.2　检索技术

检索语言是用户掌握数据库检索的关键技术。EBSCO 的子库虽然繁多，但它们全部按表 4-1 所列的检索语言执行检索运算。

表 4-1　EBSCO 检索语言

算符名称		算符代号	举例	含义
逻辑检索	逻辑与	AND	color AND TV	两词同时出现在文献中
	逻辑或	OR	bus OR car	两词任意一词出现在文献中或两词同时出现在文献中
	逻辑非	NOT	university NOT college	在文献中出现 university，但排除 college
优先级检索		()	(solar and energy) not france	括号里的运算优先执行
截词检索		*	comput*	在任意字母后缀截词
		?	wom?n	精确地代替一个字符
位置检索		Wn	red W2 pen	两词相隔不超过 2 个词，前后词序一定
		Nn	red N1 pen	两词相隔不超过 1 个词，前后词序不定

4.1.3　检索方式

 要点提示

由于 EBSCO 数据库种类繁多，因此用户使用时最好是先根据自己想要检索内容的学科范围选择数据库，再进行检索。

对单个数据库进行检索时，可用鼠标直接单击这个数据库的名称。对多个数据库同时检索时，则需要勾选数据库前的复选框，再单击"确定"按钮，如图 4-1 所示。在检索过程中，用户可随时重新选择数据库。跨库检索时，某些数据库个性化检索功能的使用会受到影响，如不同的数据库使用了不同的主题词表，在多库检索时，则无法使用其主题检索功能；另外，出版物检索比较特殊，只能单库检索。

EBSCO*host* 提供以下 7 种方式进行检索服务。

（1）基本检索（Basic Search）。

（2）高级检索（Advanced Search）。

（3）出版物检索（Publications）。

（4）科目术语检索（Subject Terms）。

（5）参考文献检索（Cited References）。

（6）图像检索（Images）。

（7）索引（Indexes）。

图 4-1　EBSCO 选库界面

1. 基本检索

基本检索界面位于主页，只提供一个检索词输入框。对于简单检索，用户可直接在主页的检索框中输入检索词语进行检索。如要进行准确的检索，用户还需自己添加检索字段、检索算符或检索选项（检索模式及限制结果）等限定检索。

　　检索字段可用字段代码表示，如全文 – TX、作者 – AU、文章题名 – TI、主题 – SU、文摘或作者提供文摘 – AB、关键词或作者提供关键词 – KW、地理术语 – GE、人名 – PE、综述和产品 – PS、公司实体 – CO、股票 – TK、刊名 – SO、国际统一刊号 – IS、国际标准书号 – IB、数据库存取号 – AN 等。

　　检索模式是指布尔逻辑 / 词组、查找全部检索词语、查找任何检索词语、智能文本检索等。

　　各种限制结果的含义如下。

- 全文：只检索有全文的文章。
- 有参考：只检索有参考文献的文章。
- 学术（同行评审）期刊：在学术（同行评审）期刊中检索。
- 出版日期：在限定的出版日期内检索。
- 出版物：在限定的出版物中检索。
- 出版物类型：在限定的出版物类型中检索。
- 页数：在限定的出版物页数内检索。
- 图像快速查看：图像快速浏览。
- 图像快速查看类型：在限定的图像类型（黑白照片、彩色照片、图表、图示、图片、插图、地图）中检索。

　　例如，检索 SU fashion-forecasting OR SU fashion design，基本检索界面如图 4-2 所示。

图 4-2　EBSCO 基本检索界面

2. 高级检索

　　单击 EBSCO*host* 主页中的"高级检索"链接，即可进入高级检索界面。该界面默认显示 3 行检索框，每个检索框后都提供可选的检索字段，行与行之间的检索词可通过点选布尔运算符（AND、OR、NOT）进行组配检索。用户还可通过"添加行"来增加检索框，最多可添加至 12 行；反之也可单击"删除行"删除检索框。高级检索界面中的检索模式及限制结果与基本检索界面中的大致一样，只是在限制结果中比基本检索界面的限制结果多了文献类型、封面报道、PDF 全文 3 种限制条件。

每次在检索过程中单击"搜索"按钮进行新的检索，都会在历史记录表中产生一条检索历史记录。每一条检索历史记录有一个编号，用户可以用这个编号代替检索命令来构建检索表达式。用检索历史记录构建表达式也会在历史记录表中产生一条新的检索历史记录。

> **要点提示**
>
> （1）检索历史记录可以打印和保存，以便再次检索时使用。
> （2）保存检索历史记录前，用户须申请个人账号。

3. 其他检索

（1）出版物检索

设置出版物检索的目的有3个：其一是便于用户从出版物入手检索该库是否收藏该出版物；其二是查找数据库中有关某一主题的出版物都有哪些；其三是便于用户从收藏的出版物入手定制自己喜欢的期刊快讯。期刊快讯就是通过电子邮件发送通知给用户，以便每次在所选期刊新一期出版时用户可通过电子邮件自动接到通知。图4-3所示为在 Business Source Premier 数据库中按字母顺序查找 Harvard Business Review 的实例。

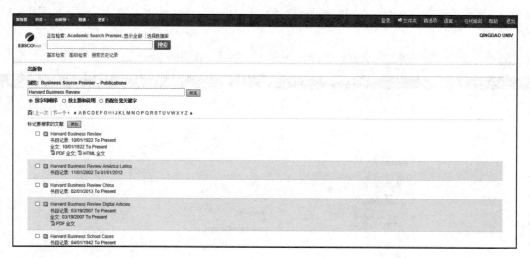

图4-3　EBSCO出版物检索界面

（2）科目术语检索

科目术语检索就是帮助用户准确地确定叙词表中的主题词，以便在正规的叙词表中检索。该检索既可以按叙词的首字母顺序浏览确定，也可以在浏览框中输入相关词进行快速浏览确定，还可以按叙词包含检索，然后从中选择叙词，并使用"添加"按钮，这样规范化的叙词就自动输入到最上面的查找框中，最后单击"搜索"按钮即可检索。

（3）参考文献检索

参考文献检索能够帮助用户扩大检索范围，它可从引文作者、引文题名、引文来源、引文年限等几个方面进行检索。

（4）图像检索

图像检索是 EBSCO 的一个特色功能，它提供了 100 万余幅图片。图像检索可在人物图片（Photos of People）、自然科学图片（Natural Science Photos）、地点图片（Photos of

Places）、历史图片（Historical Photos）、地图（Maps）或标志（Flags）等选项中进行检索。图 4-4 所示为在图像检索界面中查找"fashion show"的实例。

图 4-4　EBSCO 图像检索界面

（5）索引

可从索引浏览项下选择著者、著者提供的关键词、公司实体、文献类型、DUNS 号、登记日期、地理术语、标题词、ISBN、ISSN、语言、NAICS 代码或叙词、人物、出版物名称、综述和产品、证券代码、出版年等方面进行限制后，再浏览并检索。

4.1.4　检索结果

EBSCO 数据库不仅可提供众多的检索功能，其检索结果显示格式也较为多样化，如预览、摘要、HTML、PDF，并允许打印、电子邮件传递、存盘、引用、导出、添加到文件夹等。

1. 检索结果显示

EBSCO 检索结果界面分左、中、右 3 栏显示，如图 4-5 所示。

图 4-5　EBSCO 检索结果界面

（1）以中栏为主，中栏位于屏幕中心位置，显示检索结果中的所有文章

每篇文章以标题、简短摘要、著者、文献出处、存取号、数据库名称、HTML 全文、PDF 全文的形式显示。通过单击文章标题可查看引文信息或全文；单击标题最右面的第一个图标，可以查看详细摘要等信息；单击第二个图标可添加文章到自己的文件夹中；通过"PDF

全文"链接可查看该文章的 PDF 全文。

（2）左栏用来精确检索结果

左栏可在限定条件、来源类型、主题、出版物、公司、出版物类型、地理、数据库（所选数据库）、出版者等方面进行限制，以缩小检索结果的范围。

（3）右栏显示相关信息

当有其他信息来源（如图像、博客和 Web 新闻）可供使用时，右栏将会显示。

2．检索结果处理

（1）文件夹

无论使用何种检索方式，系统中都有一个临时的个人文件夹用以记录检索结果。在每次检索的过程中，检索者可随时将需要进一步处理的文章存入文件夹中，以便检索完成后集中处理。图 4-2～图 4-5 中界面最上面一行均有"文件夹"图标。有文献记录加入文件夹后，右栏显示"文件夹中有对象"，如图 4-5 所示。单击"文件夹视图"，可显示所有添加的文献记录，如图 4-6 所示。

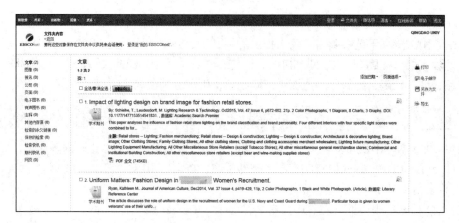

图 4-6　EBSCO 检索结果文件夹界面

如果要对图 4-5 所示的检索结果进行进一步处理，可单击文章题名，就可显示文章摘要等详细内容，并可通过█✉███等图标进行打印、用电子邮件发送、保存、引用、导出、添加注释等操作。

（2）打印 / 用电子邮件发送 / 保存检索结果

单击"打印"图标█、"用电子邮件发送"图标✉或"保存"图标█，然后按照屏幕上的说明操作即可打印、用电子邮件发送或保存结果。也可同时打印、用电子邮件发送或保存若干结果，方法是将它们保存到文件夹中，然后批量进行打印、用电子邮件发送或保存。保存文章的前提是需要登录 EBSCO*host*。

（3）引用 / 导出 / 添加到文件夹

单击"引用"图标█可以将选中文章直接按 7 种常见的引文格式输出，即 AMA- 美国医学会、APA- 美国心理协会、Chicago/Turabian: Author - Date- 芝加哥论文格式：作者 - 日期、Chicago/Turabian: Humanities- 芝加哥论文格式：人文类形式、MLA- 美国现代语言学会、Vancouver/ICMJE- 温哥华格式或自定义文件格式。

单击"导出"图标█可以将选中文章导出到 6 种文献管理器，即 Direct Export to EndNote, ProCite, or Reference Manager（默认项）、Direct Export to EndNote Web、Generic bibliographic management software、Citations in BibTeX format、Citations in

MARC21 format、Direct Export to RefWorks。

　　单击"添加到文件夹"图标 可保存结果以备将来使用。请确保已登录至用户的个人账户，登录后，结果将保存到该文件夹中，用户随时可对其进行检索。

📁 **案例分析**　　　　　**检索时装预测或设计方面的文献**

　　解析：此题使用基本检索、高级检索皆可。此题没有过多附加要求，因此第一次检索可以限制宽泛些。若检出文献太多，可增加字段以限定或在检索结果中采用左栏的限定选项进行二次检索，以提高检索的准确性。

　　此题使用的基本检索表达式为：SU fashion–forecasting OR SU fashion design，测试时命中 12 470 篇，检索界面如图 4–2 所示；然后在高级检索中改为题名字段检索，检索式和检索结果如图 4–5 所示。

微课：检索时装预测或设计方面的文献

4.2　ScienceDirect 电子期刊数据库

　　目前，国外有三大出版商，它们分别是荷兰的 Elsevier、德国的 Springer 和美国的 John Wiley。本节介绍荷兰 Elsevier 公司出版的 ScienceDirect 电子期刊数据库。

4.2.1　数据库简介

　　荷兰 Elsevier Science 公司于 1580 年创建，属于 Reed Elsevier 集团中的科学部门，现居三大科技出版集团之首，其出版的期刊是公认的高品质学术期刊。从 1997 年开始，Elsevier Science 公司推出名为 ScienceDirect 的电子期刊计划，将该公司的全部印刷版期刊转换为电子版。目前，国内基本是通过访问 ScienceDirect Online（简称 SDOL）数据库来进行相关检索，如图 4–7 所示。

图 4-7　ScienceDirect Online 主页

　　SDOL 数据库收录了 4 500 余种电子期刊，最早的收录年限可追溯至 1823 年，其中 1995 年至今收录的文章可看全文；1995 年前回溯文档收录了 400 多万篇文章，允许免费查看题录文摘信息，但查看全文要收费。SDOL 收录的期刊涉及的学科涵盖自然科学和工程、生命科学、保健科学及社会科学和人文学四大部分 24 个大类，使用率最高的学科为医学、化学、经济学和语言学。

4.2.2　检索技术

检索语言是检索系统执行检索任务的核心。用户对数据库掌握得如何，关键在于对检索语言的熟悉程度。SDOL检索语言如表4-2所示。

表4-2　SDOL检索语言

算符名称		算符代号	含义
逻辑检索	逻辑与	AND	默认算符，多个检索词同时出现在文献中
	逻辑或	OR	检索词中的任意一个或多个出现在文献中
	逻辑非	AND NOT	AND NOT算符前面的词出现在文献中，后面所跟的词不出现在文献中
优先级检索		()	括号里的表达式优先执行
截词检索		*	取代单词后缀中的任意个字母
		?	精确地取代单词中的1个字母
位置检索		W/n	两词相隔不超过n个词，前后词序不定
		PRE/n	两词相隔不超过n个词，前后词序固定
短语检索		" "	宽松短语检索，标点符号、连字符、禁用字等会被自动忽略
		{ }	精确短语检索，所有符号都会被作为检索词进行严格匹配检索

4.2.3　检索方式

SDOL电子期刊库既有浏览功能又有检索功能，并支持建立个性化的收藏夹、定制用户喜欢的期刊、设置E-mail提示等个性化服务。

1. 期刊浏览（Journals）

SDOL提供了4 000余种连续出版物，主页的最上方"Journals & Books"即为期刊浏览的入口。单击它，在期刊浏览界面中的"Publication type"一栏中选择"Journals"，如图4-8所示。在此界面中，用户既可按刊名的学科浏览，也可按刊名顺序浏览，还可按自己喜欢的刊名浏览。单击刊名，即可进入该刊所有卷、期的列表界面，进而可逐期浏览或对其进行快速检索。

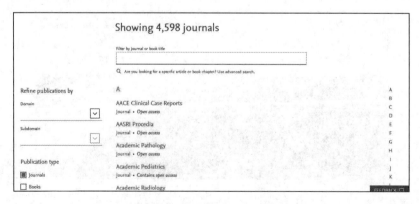

图4-8　SDOL期刊浏览界面

2. 快速检索（Quick Search）

SDOL网站主页默认为快速检索界面，快速检索存在一定的局限性，只能在Keywords（全部字段）、Author name（著者）、Journal/book title（刊名/书名）、Volume（卷）、Issue（期）、Page（页）这些检索项中查询，如图4-9所示。

图 4-9 SDOL 快速检索界面

3. 高级检索（Advanced Search）

单击图 4-9 中的"Advanced search"即可进入 SDOL 高级检索界面，如图 4-10 所示。高级检索可以通过各种条件如关键词、期刊名称、年限、作者、作者单位、摘要、文献标题、参考文献、ISSN 号等进行各种限定。此外，各个检索框都支持布尔逻辑算符和构造检索表达式。

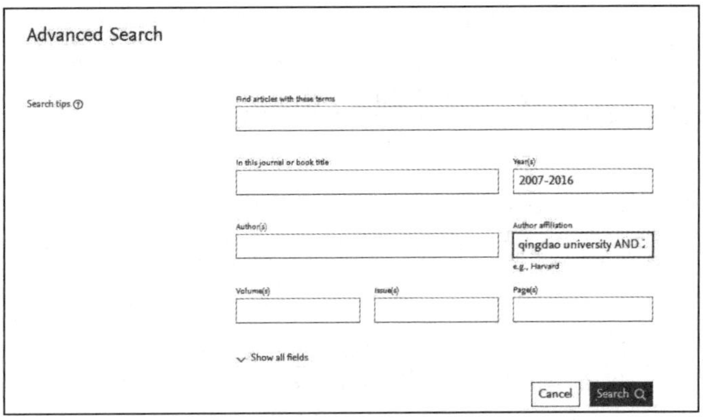

图 4-10 SDOL 高级检索界面

4.2.4 检索结果

检索结果分上、左、右 3 栏显示。上栏显示检索表达式；左栏显示命中的数量，并可进行二次限定检索；右栏为"结果列表"的主栏目，以篇为单位，按文章的序号、标题、出处、著者、预览、PDF 全文格式（Download PDF）、相关参考文献以及图示文摘依次显示，其中标题、预览、PDF 全文格式、相关参考文献为超链接形式，如图 4-11 所示。单击文章标题可查看文章的详细信息，在打开的界面（见图 4-12）的左面一栏列有提纲、图片等链接，中间一栏为该文章的全文或摘要，右面一栏是推荐论文等。

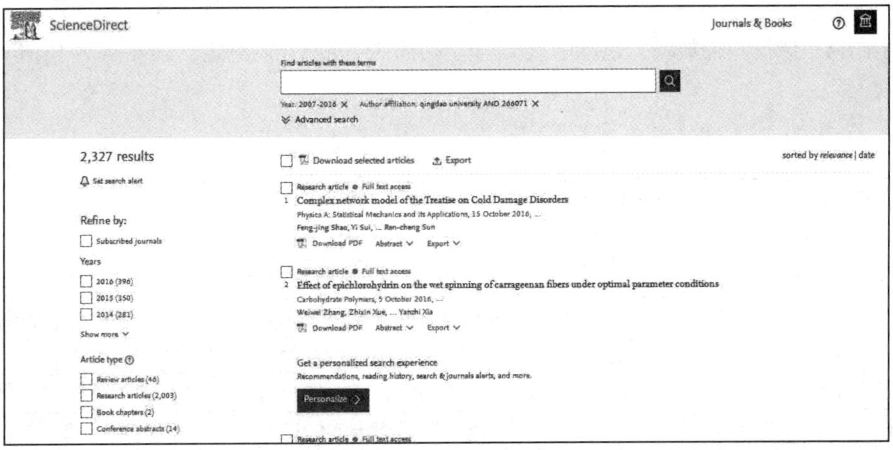

图 4-11 SDOL 检索结果界面

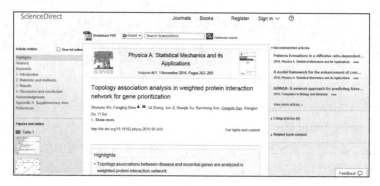

图 4-12　SDOL 检索结果详细界面

4.3　SpringerLink 电子期刊数据库

Springer 是知名的三大科技出版集团之一。该集团通过 SpringerLink 系统提供学术期刊、图书（丛书、参考工具书）等的在线服务。本节就来领略一下 SpringerLink 数据库的风采。

4.3.1　数据库简介

通过 SpringerLink 主页可免费浏览、检索文献的题录和文摘信息，但阅读全文需要付费，如图 4-13 所示。

SpringerLink 提供的电子期刊达 3 700余种，涵盖建筑和设计、行为科学、生物医学、商业和管理、化学、计算机科学等 24 个学科，涉及的文献类型有期刊、图书、协议、会议记录等。此外，还提供了中国和俄罗斯两个在线科学图书馆检索。

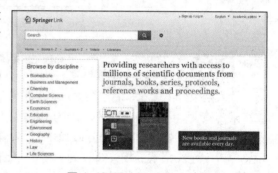

图 4-13　SpringerLink 主页

4.3.2　检索技术

检索语言是数据库的灵魂，是标引人员与检索用户共同遵守的约定。表 4-3 为 SpringerLink 检索语言。

表 4-3　SpringerLink 检索语言

算符名称		算符代号	含义
逻辑检索	逻辑与	AND	多个检索词必须在文献中同时出现
	逻辑或	OR	检索词中的任意一个或多个出现在文献中均可
	逻辑非	NOT	NOT 算符前面的词出现在文献中，后面所跟的词不出现在文献中
优先级检索		()	括号里的表达式优先执行
截词检索（通配字符）		*	取代单词后缀中的任意个字母
短语检索（精确检索）		""	作为词组看待，但标点符号、连字符等会忽略不计

续表

算符名称	算符代号	含义
字段限定检索	ti:、ab:、su:、au:、pub:、issn:、isbn:、doi:	分别代表对标题、摘要、主题词、作者、出版物、ISSN、ISBN、DOI 字段进行检索

4.3.3　检索方式

SpringerLink 的用户在印刷版期刊出版之前就可访问该期刊的电子版。在每种电子期刊中，用户既可以浏览又可以检索，并可以定制自己喜欢的期刊、接收期刊目次表通知等。检索方式有关键词全文检索和高级检索两种。

1. 浏览

SpringerLink 既可按文献学科分类浏览又可按文献类型浏览，之后又都可以通过界面左面的文献类型、学科、子学科和语种等进行进一步的限定浏览。凡出版物、题名或栏目旁边有一个黄色小锁图标的，表示只能看到题录和摘要，否则可浏览全文。

 案例分析　　浏览 SpringerLink 数据库中所收录的高等教育期刊

解析：此题既可按文献学科分类浏览又可按文献类型浏览。

（1）按文献学科分类浏览步骤：在主页左侧学科分类下选择"Education"→在左栏的"Content Type"下选择"Journal"→在"Subdiscipline"下选择"Higher Education"，此时显示收录有 6 种期刊，如图 4-14 所示。

微课：浏览 SpringerLink 数据库中所收录的高等教育期刊

图 4-14　按文献学科分类浏览界面

（2）按文献类型浏览步骤：在主页正中的文献类型中选择"journals"→在左栏的"Discipline"中单击"see all"，选择"Education"→在"Subdiscipline"中选择"Higher Education"，发现共收录有 6 种期刊。

2. 简单检索

简单检索位于主页的最上方，利用它既可以在全文、著者、出版物、卷、期、页码字段中进行单一词检索，也可以使用字段和算符进行多词组合检索，如图 4-13 所示。

3. 高级检索

单击简单检索界面右侧的齿轮图标，显示出"Advanced Search"，单击即可进入高级检索界面，如图 4-15 所示。该界面共有 6 行检索框，从上到下的含义分别为："with all of the words"

即所输入的单词之间是"AND"的逻辑关系；"with the exact phrase"即进行精确检索，相当于""功能；"with at least one of the words"即所输入的单词之间是"OR"的逻辑关系；"without the words"即所输入的词在文献中不出现，为"NOT"的逻辑关系；"where the title contains"即仅在文献标题中进行检索；"where the author/editor is"即进行作者或编者的检索。用户可以根据自己的实际需要灵活使用上述的检索框。

图 4-15　SpringerLink 高级检索界面

要点提示

　　简单检索中，检索词与逻辑算符之间要空一格，表达式的符号要在英文半角状态下输入，如小括号、双引号等。

　　高级检索前面4行检索框（见图4-15）中切记不能输入逻辑算符。

4.3.4　检索结果

　　检索结果界面（见图4-16）的上方为简单检索的检索框，可以进行新一次的检索。左面一栏为缩小检索范围的选项，用户通过选择文献类型（Content Type）、学科（Discipline）、子学科（Subdiscipline）和语种（Language）等可以进行进一步的限定。右面一栏上方显示检索结果，下方即为检索出来的文献题录。显示"Download PDF"字样的文献可下载、浏览全文，否则只能看到文献的题录和摘要。

图 4-16　SpringerLink 检索结果界面

单击文献标题可进入全文显示界面，全文显示的文献有 PDF 和 HTML 两种格式。图 4-17 所示为 HTML 格式的全文显示界面。

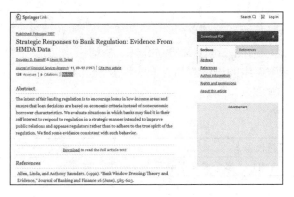

图 4-17　SpringerLink 中 HTML 格式的全文显示界面

 案例分析　检索 *Journal of Financial Services Research* 杂志上发表的有关银行监管方面的文献

　　解析： 直接在简单检索框内输入检索式："bank regulation" AND "Journal of Financial Services Research"，如图 4-16 所示，命中 227 篇期刊文章。如果在简单检索框中直接输入 "bank regulation AND Journal of Financial Services Research"，检索结果会非常不准确，多达 32 673 篇，相当于各个单词之间都是 "AND" 的组配关系。

微课：检索 *Journal of Financial Services Research* 杂志上发表的有关银行监管方面的文献

4.4　Wiley 电子期刊数据库

　　Wiley 创办于 1807 年，它是全球历史悠久、知名的学术出版商之一，享有世界第一大独立学术图书出版商和第三大学术期刊出版商的美誉。Wiley Online Library（WOL）是一个综合性的网络出版及服务平台，其前身是 Wiley InterScience，用户可以访问 Wiley-blackwell 数据库。

4.4.1　数据库简介

　　Wiley Online Library 上有 2 770 多种经同行评审的学术期刊，25 000 多册电子图书，260 多种在线参考工具书，约 19 种生物学、生命科学和生物医学的实验室指南（Current Protocols），约 17 种化学、光谱和循证医学数据库（Cochrane Library）。

　　Wiley 出版的期刊学科范围广，其包括化学、高分子与材料科学、物理学、工程学、农业、兽医学、食品科学、医学、护理学、口腔、生命科学、心理学、商业、经济、语言学、新闻传播学、历史学、政治学、社会学、艺术类、人类学等学科。Wiley 拥有丰富的地球和环境科学资源，在整个学科内出版约 68 种期刊，涉及环境保护、地质学、水文学、气象学等领域。同时，Wiley 也致力于出版工程学和计算机学高端研究文献，并且受到高度认可，目前共出版了约 127 种核心的工程学与计算机科学期刊。

4.4.2　检索技术

检索运算符在信息检索中起着极其重要的作用，它可以帮助我们更精确地找到所需文献。Wiley 电子期刊数据库所采用的运算符与其他数据库大致相同，但仍有一些变化。表 4-4 所示为 Wiley 检索语言。

表 4-4　Wiley 检索语言

算符名称		算符代号	含义
逻辑检索	逻辑与	AND	多个检索词必须在文献中同时出现
	逻辑或	OR	检索词中的任意一个或多个出现在文献中均可
		,	可以替代 OR，放在检索之间
	逻辑非	NOT	NOT 算符前面的词出现在文献中，后面所跟的词不出现在文献中
优先级检索		()	括号里的表达式优先执行，优先级顺序为：NEAR/N>NEXT>NOT>AND>OR
截词检索（通配字符）		*	表示无限截断，可以检索到以检索词为字根的所有形式；使用时可以将其放在词的前面，也可放在词的末尾
位置检索		NEAR/N	表示由该运算符连接的检索词之间最多间隔 N 个单词，例如，tongue NEAR/2 base(tongue base; base of tongue; base of the tongue)
		NEXT	表示两个相邻的检索词，检索词先后顺序不能改变
短语检索（精确检索）		" "	作为词组看待，但标点符号、连字符等会忽略不计

4.4.3　检索方式

Wiley Online Library 的期刊是与印刷版期刊同步发行的，新出版的期刊总是出现在主页的位置。期刊主页及菜单中其他内容视期刊而定。Wiley Online Library 的注册用户可以保存常用的出版物名称及检索，同时设置电子邮件提醒。Wiley 的检索方式主要分为以下 4 种。

1. 期刊（Journals）浏览

Wiley 提供了 1 600 多种连续出版的学术期刊，用户进入 Wiley Online Library 主页（见图 4-18）后，单击“1 600+ Journals”即可进入期刊检索界面。在此，可以按照字母顺序进行浏览（见图 4-19），也可以按照学科分类进行浏览（见图 4-20）。按照学科浏览时，将鼠标指针移至最高一级学科上，下一级学科列表就会在右侧显示，学科右侧的数字代表数据库中收录的该学科期刊的数量。单击一个学科，可以浏览该学科下的所有出版物名称。

图 4-18　Wiley Online Library 主页

2. 快速检索（Quick Search）

快速检索区始终伴随在 Wiley Online Library 上方，用户随时可进行快速检索。快速检索无字段选择，检索字段可能会出现在文章的任何地方，得到的结果很宽泛。如图 4-21 所示，在检索框中输入“Artificial Intelligence”，输出的检索结果为 67 268 条，此时可以通过界面左侧出版时间、学科、出版者、作者等字段加以限制，缩小检索范围。例如，将检索时间限制在 1914—2022，出版机构限定为"Medical Journal Of Australia"，如图 4-22 所示，检索结果减少为 1 231 条，极大缩小了检索范围。

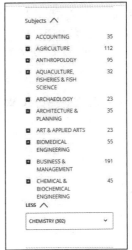

图 4-19 按照字母顺序浏览 Wiley 数据库　　图 4-20 按照学科分类浏览 Wiley 数据库

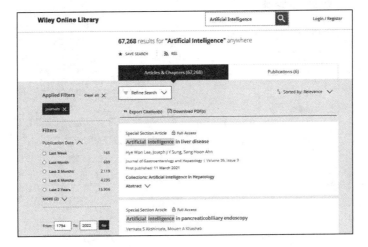

图 4-21 "Artificial Intelligence"检索词的检索结果界面

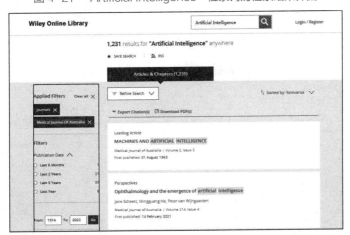

图 4-22 增加限制条件后"Artificial Intelligence"检索词的检索结果界面

3. 高级检索（Advanced Search）

单击图4-23中"Quick Search"检索框下的"Advanced Search"即可进入高级检索界面。该界面默认显示3个检索框，用户可以通过单击最后一个检索框后面的"＋"增加检索框，最多可增加到7行。反之，用户可单击检索框后面的"×"删除检索框。每个检索框都提供文章标题、作者、机构、关键词、文摘等检索字段，检索词之间可以通过布尔逻辑算符进行组配检索；用户在下方还可以对出版物名称、文章发布时间等进行限制，以提高检索结果的精确度。

图4-23　Wiley Online Library 快速检索界面

如图4-24所示，在检索框中选择"Title"，输入"Artificial Intelligence NOT 2021"检索字段，则返回检索结果为标题含有 Artificial Intelligence 但不含有 2021 的文章，如图4-25所示。

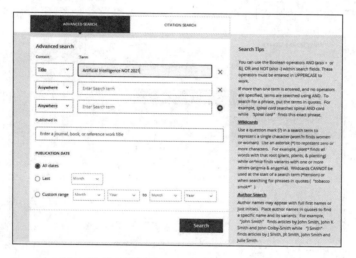

图4-24　Wiley Online Library 高级检索界面

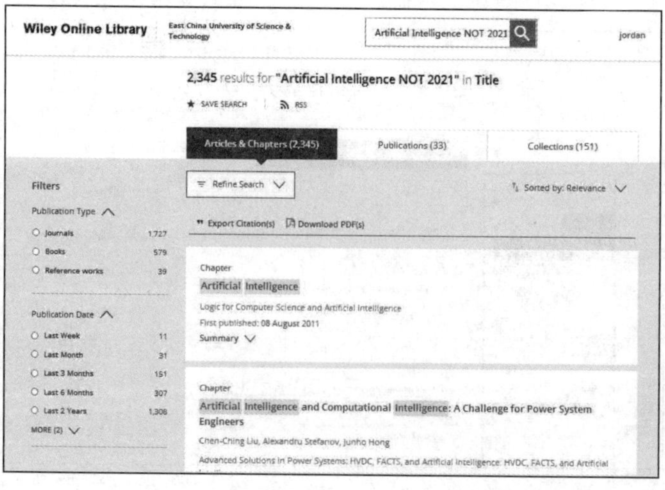

图4-25　Wiley Online Library 检索结果输出界面

4. 引文检索（Citation Search）

Wiley 期刊数据库还支持对引文的检索（见图 4-23），用户通过输入引文的出版期刊名称、年、卷、期、页码等信息可以检索到该论文的详细信息。如图 4-26 所示，在引文检索界面的检索框中依次输入 Agronomy Journal、2022、114、1、880 等内容进行检索，即可出现如图 4-27 所示的结果界面。

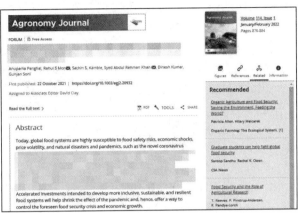

图 4-26　引文检索界面　　　　　　　图 4-27　引文检索结果界面

4.4.4　检索结果

如图 4-28 所示，检索结果分上、左、右 3 栏显示。检索结果界面的上栏显示有简单检索的检索框、检索命中数量、检索表达式，用户如果对结果不满意，可以通过"Refine Search"按钮调整检索式以进行新一次的检索。为了实现对用户的个性化服务，该库支持通过"Save Search"保存本次检索（见图 4-29），以及通过"RSS"订阅本次检索实现随时阅读。除此之外，还支持通过"Sorted by: Relevance"对检索结果排序，按照相关度、日期进行调整。

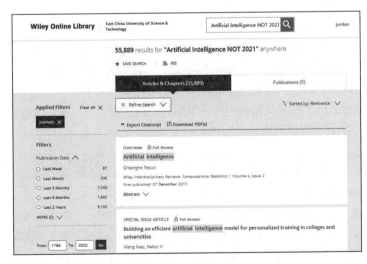

图 4-28　Wiley 期刊数据库检索结果界面　　　　图 4-29　Save this search 界面

如图 4-28 所示，左面一栏为缩小检索范围的选项，用户可以通过文献出版时间、学科、访问权限、出版社和著者等进行进一步的限定。右面一栏为"结果列表"的主栏目，以篇为单位，按照文章的标题、著者、来源期刊（卷、期）、出版时间、摘要等依次显示。其中，标题、著者、来源期刊为超链接形式。在每篇检索结果的左上方还标注有文章的性质和访问权限，文章属性包括研究文章、指导方针或封面图片等类型，文章访问权限包括"Full Access""Free Access""Open Access"3种类型，通过文章标题链接可查看该文章的详细信息，如图4-30所示。界面的右侧上方为论文发表期刊基本信息和封面图片；期刊标题为超链接，单击可以进一步访问该期刊下的其他文章，并在该期内进行检索；右侧下方为该论文中的图片、论文的参考文献、相关论文推荐和关于论文的其他信息；界面中间的主体部分为该文章的摘要、全文、延伸阅读和参考文献的详细内容，用户可以通过单击"PDF"按钮对其进行下载或者单击"SHARE"按钮完成分享；此外，论文还支持英语、法语和德语3种语言浏览，以满足用户的个性化需求。

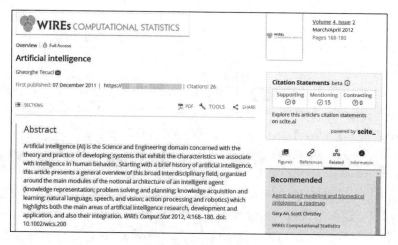

图4-30　文章详细信息界面

4.5　Web of Science 检索平台

Web of Science（简称WOS）是专业信息提供商汤森路透集团（THOMSON REUTERS）的服务产品之一，是大型综合性、学科、核心期刊引文索引数据库，集文献检索、结果分析、文献整理与利用、文献共享等功能于一体，内容涵盖自然科学、社会科学、艺术和人文等诸多领域。它被公认为世界范围内理想的科学技术文献数据库，其最具特色的是引文检索功能和强大的分析工具，对用户实行IP控制，不提供免费检索服务。

4.5.1　数据库简介

Web of Science 是学术信息资源整合平台，支持20余个产品数据库，集期刊、技术专利、会议录、化学反应、标准、Internet资源等数据库于一体，并能在同一个检索引擎上运行，检索流程简单，检索效率高。它主要整合了学术期刊（Web of Science ™核心合集、Current Contents Connect）、发明专利（Derwent Innovations Index）、化学反应（Current Chemical Reactions、Index Chemicus）、学术专著（Book Citation Index）、学术分析与评价工具（Journal Citation Reports、Essential Science Indicators）、学术社区（ScienceWatch.com）及其他多个重要的学术信息资源（BIOSIS Previews®、INSPEC®、

FSTA™、Medline® 等），提供自然科学、工程技术、生物医学、社会科学、艺术与人文等多个领域中高质量、可信赖的学术信息。

1. Web of Science 核心合集

Web of Science 核心合集收录了 10 000 多种有高影响力的学术期刊和超过 11 万个国际会议的学术期刊，内容涵盖自然科学、工程技术、生物医学、社会科学、艺术与人文等领域，最早可回溯至 1900 年。

Web of Science 核心合集由以下 8 个子数据库组成。

（1）Science Citation Index Expanded（SCIE，科学引文索引扩展版，1900—）：涵盖 176 个学科的 8 678 种高质量学术期刊，包含图书、期刊论文、会议论文、专利和其他各种类型的文献。

（2）Social Sciences Citation Index（SSCI，社会科学引文索引，1983—）：涵盖 56 个社会科学学科的 3 217 种学术期刊。

（3）Arts & Humanities Citation Index（A&HCI，艺术与人文引文索引，1975—）：收录人文艺术领域 28 个学科 1 744 种国际性、高影响力的学术期刊数据内容。

（4）Conference Proceedings Citation Index – Science（CPCI-S，自然科学版会议录引文索引，1990—）：收录世界上知名会议、座谈、研究会和专题讨论会的会议录资料，涵盖生物学、化学、工程学、农业学、计算机科学、环境科学、物理学等领域。其中，66% 以图书形式出版，34% 以期刊形式出版。

（5）Conference Proceedings Citation Index – Social Science & Humanities（CPCI-SSH，社科人文版会议录引文索引，1990—）：收录社会科学、艺术及人文科学等领域的会议录文献，其中包括艺术、经济学、历史、文学、管理学、哲学、心理学、公共卫生学和社会学等学科。

（6）Book Citation Index（BkCI，图书引文索引）：该部分内容补充和加强了期刊、会议录与图书之间的引证关系，收录有 60 000 多种图书，共 560 000 多条记录，同时每年增加 10 000 种新书。

（7）Current Chemical Reactions（CCR-EXPANDED，1985—）：报道发表在世界主要化学期刊和专利中最新的合成方法，包括超过 100 万种化学反应信息，CCR 提供完整的反应图解、反应条件、书目数据，以及作者摘要。

（8）Index Chemicus（IC，1991—）：包含期刊文献中报道的 420 万种新化合物的结构和相关数据。IC 提供完整的化学结构图示、生物活性、书目数据，以及作者摘要和化合物。

2. 其他引文索引

（1）BIOSIS Citation Index：生命科学与生物医学研究工具，内容涵盖临床前和实验室研究、仪器和方法、动物学研究等。

（2）Chinese Science Citation Database（中国科学引文数据库）：为 1 200 种在中国出版的科学与工程核心期刊中的文献提供题录信息与引文。

（3）Data Citation Index：发现科学数据引文索引（包含众多国际性数据知识库收集的数据研究成果和数据集），并将科学数据与科技文献相关联以获得科学数据引用的关键线索。

（4）SciELO Citation Index：访问拉丁美洲和加勒比地区，以及葡萄牙、西班牙和南非在自然科学、社会科学、艺术和人文领域前沿开源期刊中发表的权威学术文献。

3．其他产品数据库

（1）Biological Abstracts：包含全世界范围内的生命科学期刊文献的全面索引，其主题涵盖植物学、微生物学，乃至药理学领域。

（2）Current Contents Connect：包含世界一流学术性期刊、图书的完整目录和题录信息，以及经过评估的相关网站和文献。

（3）CAB Abstracts 和 Global Health：CABI（国际应用生物科学中心）旗下的两个数据库，分别是农业和自然资源数据库（CAB Abstracts）和人类健康与营养数据库（Global Health），提供生命科学类的文献资料，包含农业、环境、兽医、营养学以及公卫等领域。

（4）FSTA：食品科学数据库，全面涵盖有关食品科学、食品技术以及食品相关营养学的纯理论研究和应用研究。

（5）Inspec：全面收录全球范围内在物理、电气电子工程、计算、控制工程、生产和制造以及信息技术领域的各种期刊和会议文献。

（6）KCR-Korean Journal Database：对 KCI 所包含的多学科期刊中的文章提供访问。KCI 由韩国国家研究基金会（National Research Foundation of Korea）管理，包含了在韩国出版的学术文献的题录信息。

（7）MEDLINE：美国国家医学图书馆（National Library of Medicine）的生命科学数据库。

（8）Zoological Records：世界领先的动物学分类参考文献，最早可追溯到 1864 年。

4.5.2　检索技术

在数据库中进行检索时，用户如果能够熟练、恰当地运用检索技术，不仅可以提高检索的准确性和全面性，还可以提高效率、节约时间。表 4-5 为 Web of Science 检索平台的检索语言。

表 4-5　Web of Science 检索平台的检索语言

算符名称		算符代号	含义
逻辑检索	逻辑与	AND	多个检索词必须在文献中同时出现
	逻辑或	OR	检索词中的任意一个或多个出现在文献中均可
	逻辑非	NOT	NOT 算符前面的词出现在文献中，后面所跟的词不出现在文献中
优先级检索		()	括号里的表达式优先执行，优先级顺序为：NEAR/N>SAME>NOT>AND>OR
截词检索（通配字符）		*	取代单词后缀中的任意个字母
		?	精确地代替一个字符
位置检索		NEAR/N	表示由该运算符连接的检索词之间最多间隔 N 个单词，例如，tongue NEAR/2 base(tongue base；base of tongue；base of the tongue)
		SAME	表示检索词出现在同一个地址中
短语检索（精确检索）		" "	作为词组看待，但标点符号、连字符等会忽略不计

4.5.3 检索方式

 要点提示

　　由于 WOS 检索平台数据库较多，因此用户进行检索之前需要选择数据库，可选择一个或多个数据库；默认为所有数据库，即本机构所订购的全部数据库，并不是上面所介绍的全部数据库。另外，选择的时间是指文献信息进入 WOS 数据库的时间，而不是文献的出版时间。

　　选择所有数据库或某一个数据库时，显示的检索方式不同。下面以 WOS 核心合集为例进行介绍，即在 SCIE、SSCI、A&HCI、CPCI-S、CPCI-SSH、BkCI、IC、CCR-EXPANDED 8个数据库中进行检索，提供基本检索、作者检索、被引参考文献检索、化学结构检索、高级检索 5 种检索方式。

　　1. 基本检索

　　基本检索是 WOS 默认的检索界面，如图 4-31 所示。该界面中可供选择的检索字段有主题、标题、作者、作者标识符、团体作者、编者、出版物名称、DOI、出版年、地址、机构扩展、会议、语种、文献类型、基金资助机构、授权号、入藏号。其中，"主题"字段是指同时在"标题""摘要""作者关键词"和"Keywords Plus"字段进行检索。检索框之间的逻辑组配有 AND、OR、NOT。此外，也可单击"添加行"任意添加一个检索框，完成更复杂的信息查询。

图 4-31　WOS 核心合集基本检索界面

　　2. 作者检索

　　在作者检索界面的"姓氏"字段中输入作者的姓氏，在"名字和中间名首字母"字段中输入作者的名字和中间名首字母（见图 4-32），还可添加作者姓名的其他不同拼写形式，最多添加 5 种，单击"检索"按钮即可进入检索结果界面，如图 4-33 所示。检索结果的左侧包含了 4 种限定条件，它们可以对检索结果进行筛选。

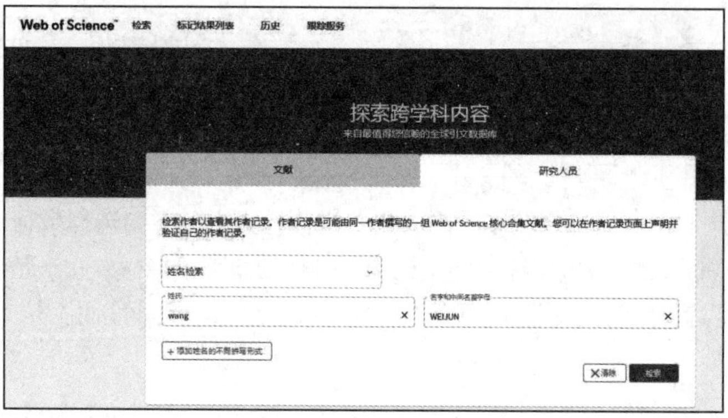

图4-32　WOS核心合集作者检索界面

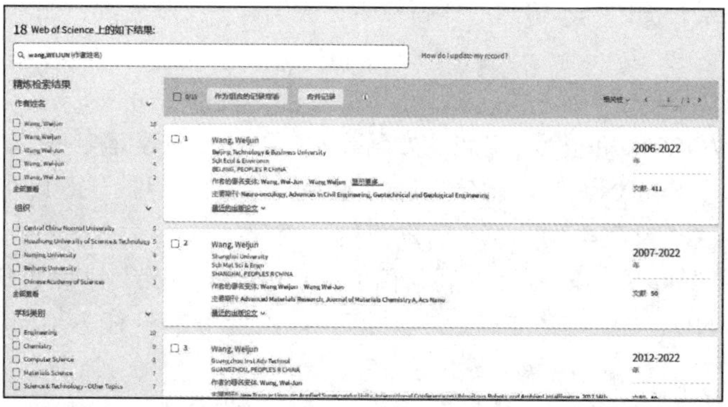

图4-33　WOS核心合集作者检索结果界面

3. 被引参考文献检索

被引参考文献检索可从被引作者、被引著作、被引年代等内容查询文献被引用的情况，检索分为以下两个步骤。

第1步：输入有关被引文献的信息，各字段之间默认为AND组配，如图4-34所示。

第2步：检索之后，出现的界面如图4-35所示。在被引参考文献索引列表中每篇参考文献左侧都有选择框，用户可以以单选某一篇、单击第一个复选框进行全选或单击下拉箭头并选择固定数量（最多为1 000条记录）等方式来选择不同形式的被引参考文献。单击左上方的"查看结果"按钮，即可查看该篇文献的题录摘要信息。

图4-34　WOS核心合集被引参考文献检索第1步界面

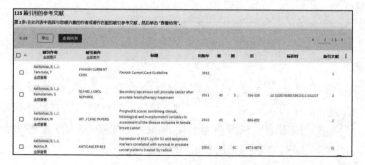

图4-35　WOS核心合集被引参考文献检索第2步界面

4. 化学结构检索

由于 ISI 化学数据库已被整合在 WOS 平台之中，因此用户可以通过化学结构绘图、化合物数据和化学反应数据等途径对化合物或化学反应进行检索，如图 4-36 所示。

关于化学结构图，用户可以使用 Accelrys JDraw 小程序绘制化学结构，也可以使用其他绘图工具（例如 ISIS Draw 和 ChemDraw）绘制化学结构以检索化合物和反应记录；此外，还可以使用"化学反应检索结果""化合物检索结果"和"全记录"界面上的化学结构。

5. 高级检索

在高级检索界面中，检索词的组配更加灵活，一次可完成一个复杂课题的检索。该界面包括复合检索式输入区和检索历史区两个部分。复合逻

图 4-36　WOS 核心合集化学结构检索界面

辑表达式的检索词必须要使用字段标识符，用户可以通过选择不同的字段来逐个将它们添加到高级检索框中，在检索框的右侧给出了字段标识符列表及布尔逻辑算符和位置算符，如图 4-37 所示。界面的下面为检索历史区，利用该区可以浏览检索的过程，还可以对简单的检索式进行逻辑组配运算，但仅限 AND 和 OR。检索策略可以保存，但必须先免费注册一个账号，才能实现此项功能。检索策略保存于 WOS 的服务器中，在以后的检索中可以调用已经保存的检索策略。

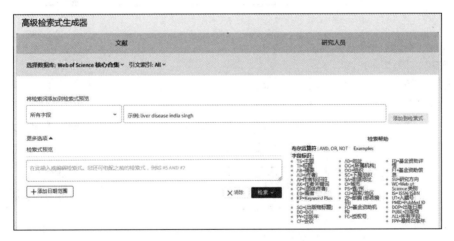

图 4-37　WOS 核心合集高级检索界面

4.5.4　检索结果

检索结果的显示分为左、右两栏，左栏为检索结果数量和精炼结果选项，可对 10 万条以内记录按照学科类别、文献类型、国家 / 地区、机构等角度进一步精炼结果。右栏为检索结果显示区，只显示文献标题、作者或者团体作者、来源出版物、卷、期、DOI、出版年、被引频次、全文链接和文摘链接等内容，如图 4-38 所示。

1. 检索结果排序

WOS 提供了 8 种排序方式，分别为按出版日期、入库时间、被引频次、相关性、第一作者、

使用次数、来源出版物和会议标题排序。允许排序的文献篇数最多为 10 万篇，否则，系统提示缩小检索范围重新检索。图 4-38 所示为按照"相关性"排序的结果。

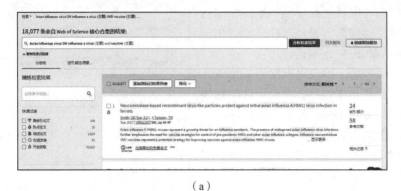

（a）

（b）

图 4-38　WOS 核心合集基本检索结果界面

2. 全记录格式显示

单击每一条记录的文献标题，可以查看该文献的全记录信息。在打开的界面右面有被引频次、创建引文跟踪、参考文献、相关文献（Related Records）等链接，如图 4-39 所示。"创建引文跟踪"功能是通过创建引文跟踪按钮了解某文献今后被引用情况（此服务需要注册为个人用户后方可使用）。

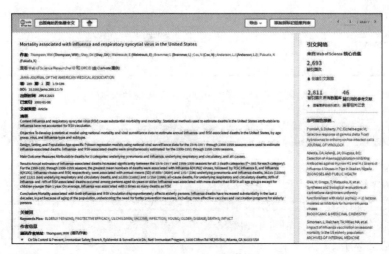

图 4-39　WOS 核心合集检索结果全记录格式显示界面

3．输出检索结果

通过"添加到标记结果列表"按钮可将已勾选记录自动添加到标记结果列表界面中，该界面最多可以容纳 500 条记录。

保存文献的方式，可以是直接保存至 EndNote 等管理软件中，也可以文件形式下载。保存为其他文件格式时，默认内容为作者、标题、来源文献、摘要格式，并可通过下拉菜单选择文件格式。

4．分析检索结果

用户可以通过检索结果分析工具对检索结果进行分析。分析结果界面提供 4 部分选项：根据此字段排列记录、设置显示选项、排序方式及分析的结果，如图 4-40 所示。可供分析的字段主要有以下几个。

- 按作者分析：了解该研究的核心作者是谁。
- 按会议标题分析：了解该研究主要在哪些会议上发表。
- 按国家区域分析：了解涉及该研究的主要国家和地区。
- 按文献类型分析：了解该研究主要通过什么途径发表。
- 按语种分析：了解该研究主要用什么语言发表。
- 按文献出版年分析：了解该研究的趋势。
- 按来源出版物分析：了解该研究主要在哪些出版物上发表。
- 按主题分类分析：了解研究涉及的研究领域。

5．创建引文报告

引文报告功能可以分析某一个人论文收录和引用分布状况或分析某专题、课题论文发表和引用分布状况。但当检索结果超过 10 000 篇时，会出现"引文报告功能不可用 [?]"提示信息。

单击"创建引文报告"按钮后，界面中首先显示两个直方图，即"每年发表的论文数"和"每年的引文数量"，默认显示最近 20 年的情况。界面中还显示被引频次总计、每项平均引用次数、h 指数，以及允许查看施引文献和查看去除自引的引文报告，如图 4-41 所示。"h 指数"最初由美国加利福尼亚大学圣地亚哥分校的物理学家乔治·赫希（Jorge Hirsch）于 2005 年提出，其目的是量化科研人员的研究成果。h 指数的计算基于研究者的论文数量及其论文被引用的次数。一个人在其所有学术文章中有 N 篇论文分别被引用了至少 N 次，他的 h 指数就是 N。目前，h 指数广泛用于评价个人、科研机构的学术影响力。

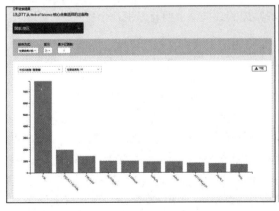

图 4-40　WOS 核心合集分析检索结果界面　　　　图 4-41　WOS 核心合集引文报告界面

📁 **案例分析**   **检索禽流感病毒疫苗研究方面的文献，统计发表论文最多的前 10 个国家，并精选出被引频次最高论文**

解析： 找出检索词，禽流感病毒有两种表达方式，即 Avian influenza virus 和 influenza a virus，疫苗为 vaccine，通过基本检索和高级检索均可以完成该课题的检索，第一次检索时字段限定可以宽泛些，在基本检索界面字段限定为"主题"，检索结果为 18 077 篇，如图 4-38（a）所示。若觉得检出文献太多，在高级检索界面中字段限定可改为"标题"，如图 4-38（b）所示，检索结果缩小为 1 406 篇。需要说明的是，在基本检索界面中，""Avian influenza virus" OR "influenza a virus""输入在同一个检索框中，因为本检索平台的优先运算顺序为 NOT>AND>OR，如果禽流感病毒的两个同义词输入在第一行和第二行检索框中用 OR 进行组配，第三行检索框输入 vaccine 并组配 AND 时，数据库的运算顺序是先运行第二行 AND 第三行，再 OR 第一行，从而使检索结果不正确。

对"主题"字段检索出的 18 077 篇进行"分析检索结果"，选择"国家 / 地区"字段进行分析，即列出了发表论文最多的前 10 个国家。对检索结果按照"被引频次（降序）"排序，找到被引频次最高的论文。

4.6   Engineering Village 检索平台

1884 年，一群立志于科研进展共享、科研成果共享的工程师创办了工程信息有限公司（Engineering Information Inc.，EI）。作为世界领先的应用科学和工程学在线信息服务提供者，EI 公司一直致力于为科学研究者和工程技术人员提供专业化、实用化的在线数据信息服务。1995 年以来，EI 公司开发了称为"Village"的一系列产品，Engineering Village 就是其中的主要产品之一。

4.6.1 数据库简介

Engineering Village 是工程、应用科学领域文献检索平台。该平台提供了 10 多个数据库的内容，涵盖了工程、应用科学相关的最为广泛的领域，内容来源包括学术文献、商业出版物、发明专利、会议论文和技术报告等。其中最常见的数据库主要有以下几个。

（1）Compendex 数据库

Compendex 数据库就是我们常提到的美国工程索引（Engineering Index，EI）数据库，是全球较全面的工程领域二次文献数据库，涉及核技术、生物工程、交通运输、化学和工艺工程、照明和光学技术、农业工程和食品技术、计算机和数据处理、应用物理、电子和通信、控制工程、土木工程、机械工程、材料工程、石油、宇航、汽车工程以及这些领域的子学科。EI 收录时间自 1969 年起，约涵盖 175 种专业工程学科，包含 1 100 多万条记录，每年新增的 50 万条文摘索引信息，分别来自约 5 100 种工程期刊、会议文集和技术报告。EI 收录的文献涵盖了所有的工程领域，其中大约 22% 为会议文献，90% 的文献语种是英文。EI 从 1992 年开始收录中国期刊，1998 年，EI 在清华大学图书馆建立了 EI 中国镜像站。EI 是知名的三大文献检索工具之一，文献是否被 EI 收录也是衡量学者学术水平的重要标准之一。

（2）Inspec 数据库

Inspec 数据库由英国工程技术学会（IET）编制而成，其包括物理学、电子电气工程学、计算机及控制工程学、信息技术、生产和制造工程学等学科，1969 年至今已经收录 4 000 多种科技期刊，2 000 多种会议论文集，并有图书、技术报告等，包含 900 多万条记录，每年增加近 60 万条文献。

（3）GeoBase 数据库

GeoBase 数据库是一个跨学科主题的文摘数据库，1966 年起始于 AGI（美国地理学会），涵盖地球科学相关领域的科技文献，包括地质、人类和自然地理学、环境科学、海洋学、地质力学、替代能源等。1980 年至今，GeoBase 数据库已收录 180 多万条记录，收录同行评审期刊、论文集、行业杂志等 2 000 多种。

（4）Referex Engineering 电子图书数据库

Referex Engineering 电子图书数据库收录 1 600 多种优质图书、手册、参考工具书等，内容涵盖六大主题，包括化工 / 石化工程 / 制造工程、电脑工程、电子 / 电工、机械工程与材料、土木 / 环境工程、网络与安全。全文可无限制下载。

（5）NTIS 数据库

NTIS 数据库主要收录美国及其他国家政府机构发布的技术报告（包括美国太空总署、美国能源局、美国国防部、德国研究技术部、英国贸易工业部等），收录自 1899 年以来 200 多万条记录，学科涵盖超过 350 种学科主题。

此外，Engineering Village 平台上还有 EI Patents、Chimica & CBNB、EnCompassLIT & PAT、GeoRef、PaperChem 等其他数据库资源，不同院校、科研院所可以根据自身学科专业特点和预算购买不同的子库。

4.6.2　检索技术

用户对检索语言的熟悉程度直接会影响检索结果的查准率和查全率，因此学习并掌握检索系统的检索语言非常重要。表 4-6 为 Engineering Village 检索语言。

表 4-6　Engineering Village 检索语言

算符名称		算符代号	举例	含义
逻辑检索	逻辑与	AND	color AND TV	两词同时出现在文献中
	逻辑或	OR	bus OR car	两词任意一词出现在文献中或两词同时出现在文献中
	逻辑非	NOT	university NOT college	在文献中出现 university，但排除 college
截词检索		*	comput*/*sorption/h*emoglobin	放置在词首、词尾或其他位置进行截词
		?	wom?n	精确地代替一个字符
位置检索		NEAR	Laser NEAR/3 diode	两词之间可以插入 0～3 个字母 / 词，词序可颠倒；去掉数字 3（保留 NEAR）默认可以插入 0～4 个字母 / 词
		ONEAR	Laser ONEAR/5 diode	两词之间可以插入 0～5 个字母 / 词，词序不可颠倒
精确检索		""/()	"international space station"	优先执行引号和括号里面的内容，精确地检索一个完整的短语

要点提示

（1）特殊字符。除了 a ~ z、A ~ Z、0 ~ 9、?、*、#、( ) 或 { } 等符号外，其他符号均视为特殊符号，检索时会被忽略。除非用引号或括号将其括起，如 {n<7}，此时特殊字符会被一个空格所代替。

（2）停用词。用短语检索时，允许语句中使用停用词（AND、OR、NOT、NEAR），但该语句必须用引号或括号括起，如 {block AND tackle}、"water craft parts AND equipment"。

4.6.3 检索方式

Engineering Village 平台的基本检索方式主要有快速检索（Quick Search）、高级检索（Expert Search）、叙词检索（Thesaurus Search）等方式。除此之外，还支持机构研究概况（Engineering Research Profile）分析、物理与工程文摘数据库分析（Inspec Analytics）等平台扩展的检索分析功能。

1. 快速检索

打开 Engineering Village，界面上方默认为快速检索区，如图 4-42 所示。在进行快速检索时，可以对检索项进行选择。Engineering Village 可检索字段众多，如图 4-43 所示，包括主题 / 标题 / 摘要、摘要、作者、第一作者、作者单位、文章题名、国际标准刊号、EI 标题词、EI 受控词、EI 非受控词、原产国等著录项目，用户可以根据自身对检索内容掌握的程度选择检索字段进行检索。例如，检索字段选择“All fields”，检索框中输入“milk spray drying”，得到 930 条检索结果。

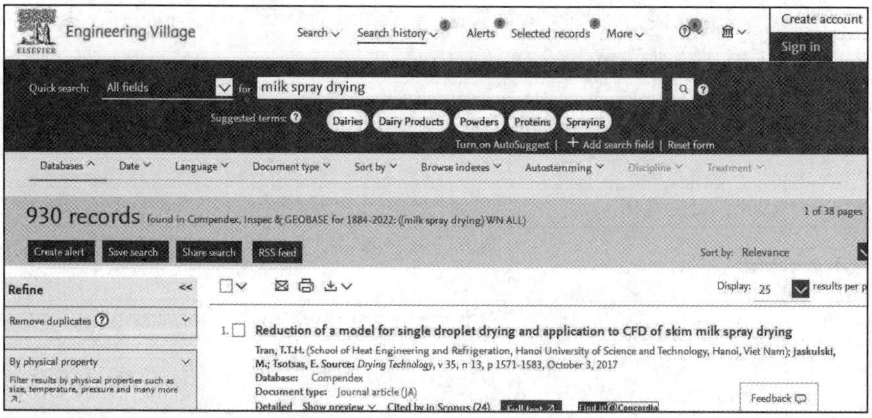

图 4-42 快速检索界面

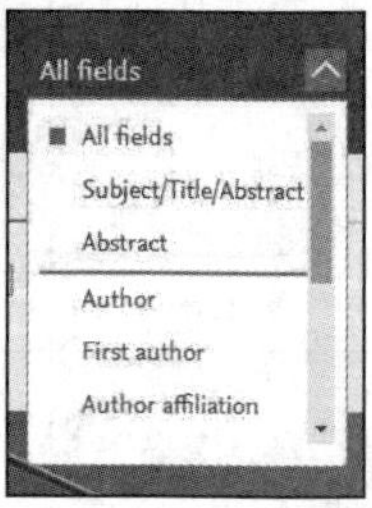

图 4-43 检索字段选择界面

快速检索默认显示 1 行检索框，通过检索框下方“+ Add search field”可以增加最多 10 个检索框，行与行之间的检索词可通过点选布尔运算符（AND、OR、NOT）进行组配检索。如图 4-44 所示，增加 1 行，检索字段选择“Abstract”，检索框中输入“technology”，两行用“AND”组配，得到的检索结果为 93 条。

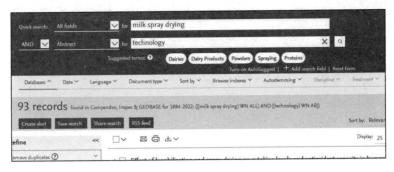

图 4-44　两个检索字段检索界面

要点提示

逻辑组配运算顺序如下。

a AND b OR c 表示 (a AND b) OR c。

a OR b AND c 表示 (a OR b) AND c。

a OR b NOT c 表示 (a OR b) NOT c。

如果 3 个文本框中均有输入，快速检索总是先合并检索前两个文本框中的检索词，再检索第三个文本框中的词。

快速检索还支持限定检索，通过 Date、Language 和 Document type 缩小检索范围，增加检索的精确度。快速检索还支持辅助索引，如图 4-45 所示，单击"Browse indexes"，便可通过作者、作者单位、受控词、标题词等缩小检索范围。

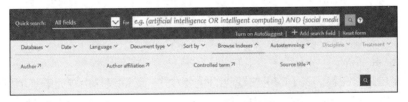

图 4-45　快速检索的 Browse indexes 界面

在快速检索中，系统自动执行词干检索（除作者字段）。例如，输入"management"后，系统会将 managing、manager、manage、managers 等视为检索词。取消该功能，需单击"autostemming off"。

2. 高级检索

高级检索中有一个独立的检索框，快速检索中的规则适用于高级检索。使用高级检索时，应采用"within"命令（wn）和字段码，可以在特定的字段内进行检索，否则，系统默认在全字段检索。

高级检索输入格式为：

"linear induction motors" WN KY

"Bers,D*" WN AU

{X-ray spectrometry} WN ST

以表 4-6 中的检索式为例，在高级检索框中，检索式为 ((milk spray drying) WN ALL) AND ((technology) WN AB)，如图 4-46 所示，项目之间的连接仍然采用布尔运算符。

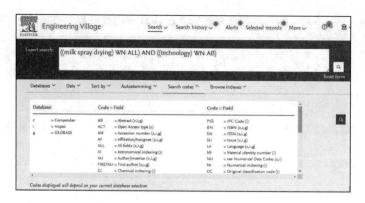

图 4-46　高级检索界面

再如，在检索框中输入 Zhangsan, Lisi WN AU AND PKU WN AF，则检索出由 PKU（AF-作者单位）的 Zhangsan, Lisi（AU- 作者）编写的文献。用户使用的字段代码有严格的界定，检索时需准确使用。

同快速检索一样，高级检索也支持限定检索和辅助索引，检索结果的界面也大致相同，只是高级检索的辅助索引可选项目更多，且高级检索不自动执行词干检索，需要时要做出选择。图 4-47 所示为高级检索的 Browse indexes 界面。

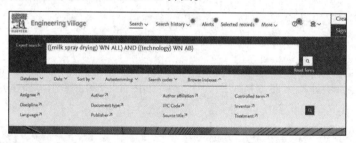

图 4-47　高级检索的 Browse indexes 界面

3.　叙词检索

叙词检索是建立在叙词表上的更加专业的检索方式。叙词表是由专业的规范词组成的，它可以将同一主题不同表述的词按主题内容规范在标准的专业词下，避免由于词汇书写不同造成漏检或词义概念混淆导致错检的问题。利用叙词检索可从主题角度扩展或缩小检索范围，进而提高文献的查准率。

Engineering Village 中有多个子数据库，不同数据库有不同的叙词表，因此，在进行叙词检索时，每次只能选择一个数据库进行单库检索。

如图 4-48 所示，叙词表提供 3 种检索方式：搜索查询（Vocabulary search），可判断被检索词在叙词表中的正确表达方式；精确查询（Exact term），用以判断输入词是否为叙词表中的词；按字顺查询（Browse）。

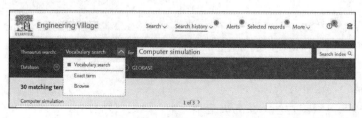

图 4-48　叙词检索的 3 种检索方式

以搜索查询为例,在检索框中输入"Computer simulation",检索系统将该检索词与叙词表进行匹配,检出 30 个与之相关的叙词(见图 4-49)。用户可以根据需要选择要使用的叙词,叙词之间可以通过布尔逻辑符 AND 或 OR 进行组配检索。

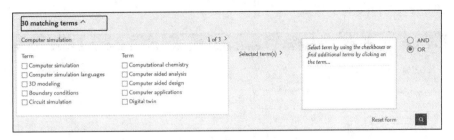

图 4-49 与叙词表匹配得到的叙词

与快速检索和高级检索相比,叙词检索也支持限定检索,但是限定的内容有所区别。在"Language"的限定上,叙词检索支持更多国家,如图 4-50 所示。

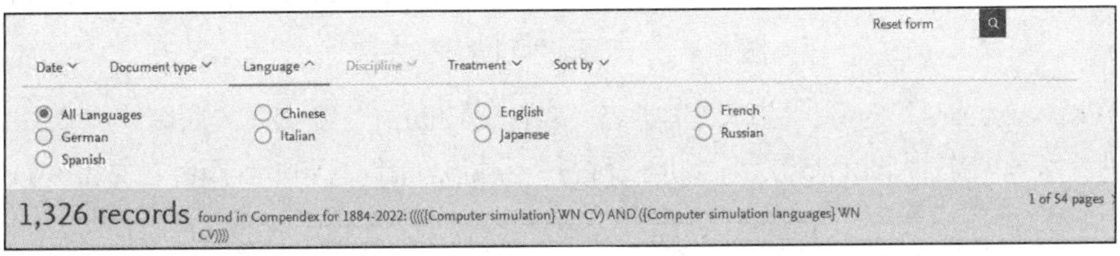

图 4-50 叙词检索中对发文国家的限定

此外,叙词检索还增加了文献类型和处理类型两种限定,如图 4-51 和图 4-52 所示,但是两者的检索结果界面大致相同。

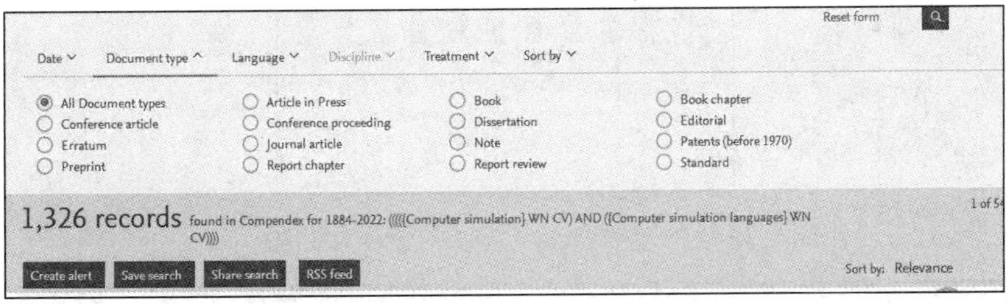

图 4-51 叙词检索中对文献类型的限定

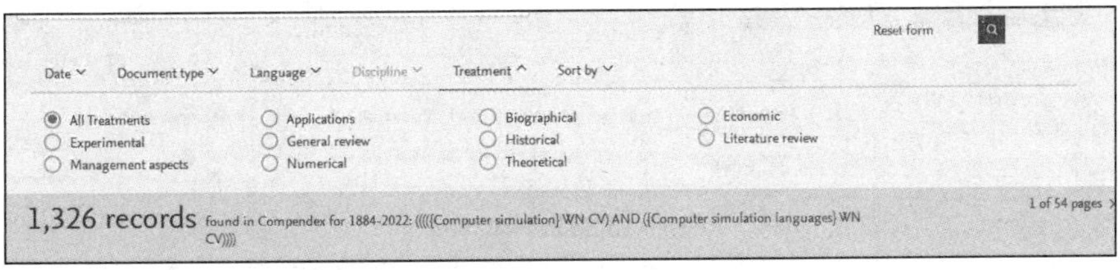

图 4-52 叙词检索中对处理类型的限定

4. 机构研究概况分析

Engineering Village 平台可以支持对某一单位或机构发文情况的统计分析。单击主页 Search → Engineering research profile,即可进入相应的界面,如图 4-53 所示,在左侧的检索框中输入"Tsinghua University"（清华大学），即可以从发文作者、重点研究领域、项目资助者、文章所属学科领域、发文数量趋势、发文期刊等维度对清华大学研究人员发表文章进行统计分析，并以柱状图或饼状图的形式展示（默认展示前十）。检索时可以通过限定时间、学科领域等进行更有针对性的分析。

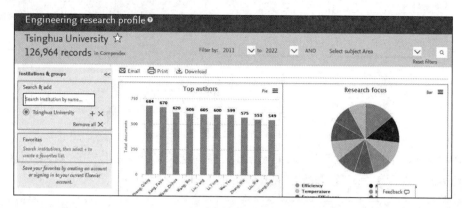

图 4-53　清华大学科学研究概况

以"Top authors"为例，清华大学学者"Zhang.Qiang"发文量位居第一，为 684 篇，如图 4-54 所示。单击柱状图上方数字，即可查看并下载该作者发表的全部论文，如图 4-55 所示。

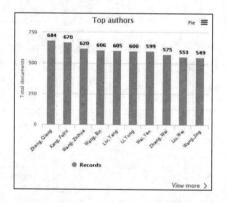

图 4-54　清华大学"Top authors"柱状图

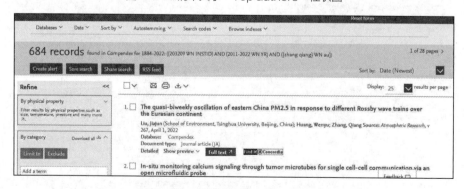

图 4-55　清华大学 Zhang.Qiang 发表的文章

5. 物理与工程文摘数据库分析

Engineering Village 平台还支持 Inspec Analytics 功能，该功能是基于 IET Inspec 物理与工程文摘库近 50 年的科研数据积累，提供工程技术领域科研产出分析、科研机构比较分析等功能。Inspec Analytics 有两种检索方式：一种是在检索框输入机构名称、主题或受控词直接检索，如图 4-56 所示；另一种是分类检索，如图 4-57 所示。

图 4-56 Inspec Analytics 检索框检索

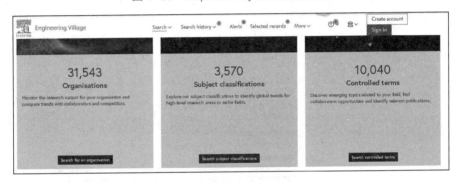

图 4-57 Inspec Analytics 分类检索

通过 IET Inspec Analytics，利用语义链接技术对 IET Inspec 数据库中的 31 540 家机构、10 040 个控制词和 3 570 个学科分类代码进行检索、分析，可以实现机构和研究方向（热词与控制词）可视化，展示机构、作者、论文与基本概念之间的关联，发现研究趋势。检索框中输入"Tsinghua University"（清华大学），即可得到图 4-58 所示的可视化图表。通过该图表可以展示清华大学、发文作者、论文与基本概念之间的关联，并可以发现清华大学未来的研究趋势。

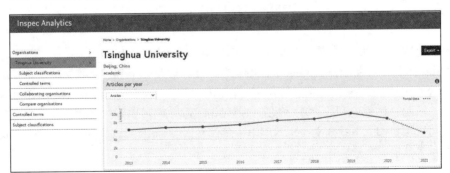

图 4-58 清华大学研究情况可视化图表

4.6.4 检索结果

Engineering Village 平台的 3 种基本检索方法得到的检索结果界面显示格式和内容基本相同，检索结果分为两栏，左侧一栏为"Refine"，如图 4-59 所示，这里的列表选项包括开放获取（Open Access）、文献类型（Document type）、受控词（Controlled vocabulary）等，可以选择"Limit to"（包含）和"Exclude"（排除）来优化检索。

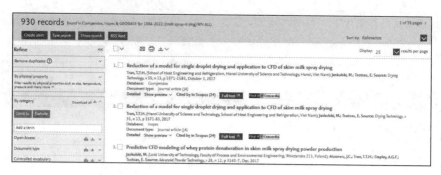

图4-59　Engineering Village 平台检索结果界面

　　Refine 具有强大的功能，它可以对检索结果进行分块，并标注该分块的结果条数，如图4-60所示。

　　Refine 还能对每一个选项形成一个数据分析图，如图4-61所示。用户通过精炼结果，可以了解谁与自己研究同一课题，进展情况如何；通过年代文献量的分析，了解课题所处的生命周期；通过出版项分析，了解论文的质量；通过文献类型了解论文的分布，帮助你获取更多的信息。

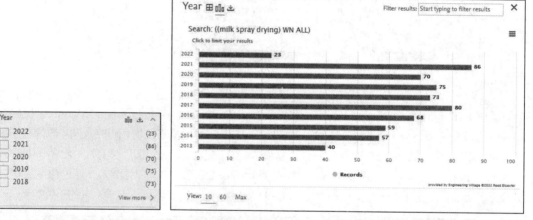

图4-60　发文时间分块　　　　　　　　　　　图4-61　发文时间数据分析图

　　检索结果界面的中间一栏为结果的主栏，如图4-62所示。它以篇为单位，按文章的序号、标题、出处、著者、数据库（Database）、文献类型（Document type）、摘要详情（Detailed）、预览（Preview）、Scopus 数据库中引用该文章的文献（Cited by in Scopus）等内容依次显示，其中，标题、著者、摘要详情、预览、Scopus 数据库中引用该文章的文献为超链接形式。检索结果可直接打印、下载全文，也可用电子邮件发送、导出、保存、编辑检索策略或保存检索策略提示等。

图4-62　检索结果

　　单击 按钮，可以对保存地址、下载格式、输出内容进行个性化选择，如图4-63所示。

图 4-63 检索结果保存界面

4.7 小结

本章重点讲述了 6 个数据库的检索技术、检索方式、检索结果的显示及其处理。这 6 个数据库各具特色，EBSCO 全文数据库、Elsevier 电子期刊数据库、SpringerLink 电子期刊数据库和 Wiley 电子期刊数据库均为综合性全文数据库。其中，EBSCO 数据库以收录文献多著称；Elsevier、SpingerLink 和 Wiley 电子期刊数据库的出版商也都是知名的科技文献出版集团，同时，用户在印刷版期刊出版前，还可以提前看到其电子版，缩短了出版时差。Web of Science 检索平台是一个综合型检索平台，而 Engineering Village 是针对工程、应用科学领域的文献检索平台。虽然这两个平台都只可以检索到文摘信息，但是所收录的都是质量高、权威的文献，同时还有强大的引文功能和文献分析评价功能。

4.8 习题

1. 在 EBSCO*host* 检索平台中的 Academic Search Premier 数据库中，检索"P53 和 P16 两种基因在肺癌中的表达"方面的文献，要求所有的检索词都限定在"标题"字段。

2. 利用 ScienceDirect 全文数据库检索在 *Journal of Banking & Finance* 杂志上 2011 年以来发表的主要关于"银行监督（bank supervision banking supervision）"方面的文献，并把找到的全文全部下载。

3. 在 SpringerLink 数据库检索有关"页岩油（shale oil）形成机制（formation mechanism，forming mechanism，mechanism of formation）"方面的文献。

4. 利用 Wiley 数据库检索"水中（water）爆炸物（exploder，explosive）的分析"方面的文献，并下载找到的全文。

5. 利用 Web of Science 检索平台检索 Web of Science 核心合集中的文献。

（1）检索主要讲述"高校数字图书馆"方面的综述文献。

（2）检索"数字水印（digital watermarking）技术"方面的文献，查看被引频次最高的论文，并对结果从作者、国家/地区、文献类型、出版年几个方面进行分析。

6. 利用 Engineering Village 中的 Compendex 数据库检索关于"地铁火灾数值模拟分析以及安全疏散技术"的文献，并分析清华大学在该方向的主要发文作者和被引频次最高的论文。

05 第5章
综合性数据库检索

文献检索的最终目的是查看原文。虽然网上的英语资源约占90%，但对于国内用户来说，要获取高品质的外文全文并非每个图书馆都能满足，其原因之一是各种高品质的外文全文数据库价格不菲，原因之二是即便为全文数据库，也会受到收录范围、回溯时间等的限制而无法获取。下面主要介绍可在全国范围内进行馆际互借服务的综合性网站。

5.1 CALIS 网站

中国高等教育文献保障系统（China Academic Library & Information System，CALIS）创建于1996年，是经国务院批准的我国高等教育"211工程""九五"和"十五"总体规划中3个公共服务体系之一。

5.1.1 CALIS 简介

CALIS 的服务宗旨是在教育部的领导下，把国家的投资、现代图书馆理念、先进的技术手段、高校丰富的文献资源和人力资源整合起来，建设以中国高等教育数字图书馆为核心的教育文献联合保障体系，实现信息资源共建、共知、共享，以发挥最大的社会效益和经济效益，为中国的高等教育服务。目前，CALIS 设有全国中心、地区中心、省中心3级保障系统。CALIS 管理中心设在北京大学，下设了文理、工程、农学、医学4个全国文献信息服务中心，华东北、华东南、华中、华南、西北、西南、东北7个地区文献信息服务中心和一个东北地区国防文献信息服务中心。CALIS 主页如图5-1所示。

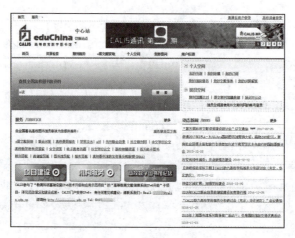

图 5-1　CALIS 主页

5.1.2　CALIS 服务

一、服务内容

CALIS 提供的服务内容主要有两个方面：咨询服务和检索服务。其中，咨询服务包括以下几个方面的内容。

- 期刊导航：按照语种、学科、字顺进行中西文期刊的浏览。
- 数据库导航：按照语种、学科、字顺、类型进行数据库的浏览，同时提供在线查找。
- 图书馆导航：按照项目、地区、类型等浏览国内外图书馆。
- e 得文献获取：基于 CALIS 丰富的资源，通过馆际借书、文献传递等方式，读者能快速获得文献资源。
- 联合问答：专业图书馆员提供人物、事件、名词术语、检索方式等常见学术问题的解答。
- 科技查新：依托教育部部级科技查新工作站，提供各种科技查询服务，根据委托人的要求，针对查新点，查证其新颖性。
- 收录引证：提供涵盖 SCI、SSCI、EI、CPCI、AHCI、CSCD、CSSCI 等数据库的学术论文收录及被引用情况证明服务。
- 课题咨询：依托高校图书馆丰富的信息资源与专业的咨询人员开展课题咨询服务。

检索服务包括以下几个方面的内容。

- 学术搜索引擎（e 读）：通过一站式检索，查找全国 600 余家图书馆的资源。
- 书刊联合目录：提供联合目录书目数据的检索、下载和相关资源导航服务。
- 外文期刊网：收录 3 万多种西文期刊的篇名目次，提供期刊导航服务。
- 中文学位论文：收录国内近百家知名高校的博硕士学位论文。
- 外文学位论文：收录全世界知名学位论文数据库 PQDT 的 25 万篇硕博论文。
- 电子教参书籍：涵盖知名高校教师精选的教参书及出版社推荐的教参书，共计 6 万余种。
- 高校特藏资源：50 多家图书馆建设的近 200 万条特藏资源，涵盖古籍、拓片、民国资源等。
- 百万电子图书：包括古籍、民国图书等在内的百万册电子书。

CALIS 详细的服务导航内容见图 5-2。

图 5-2　CALIS 的服务导航

二、服务程序

（1）用户注册。凡是CALIS高校成员馆的用户，只要拥有一个账号和密码，就可使用CALIS提供的各种文献资源的全文传递服务。用户注册需在本校的馆际互借系统内进行，且经本馆工作人员确认后，才能获得文献传递等服务。

（2）收费标准。一般文献（如期刊论文、会议论文、图书的部分章节等）的文献传递收费＝复制费＋加急费，其中复制费为0.30元/页（包括复印＋扫描＋普通传递），加急费为10.00元/篇；特殊文献（如古籍、民国文献、标准、报告等）遵循收藏馆收费标准。

5.1.3　检索资源与文献传递

CALIS目前提供的检索资源有"e"系列服务、外文期刊网、中外论文纵向服务网站、教学辅助中心网站、特色资源网站、中国高校机构库中心网站等。

一、e读

e读学术搜索引擎整合全国高校纸本资源和电子资源，揭示资源收藏与服务情况，通过一站式检索从海量资源中快速发现与获取有用的信息。文献类型齐全，其包括联合目录、外文期刊网、学位论文、教学参考书、特色库、古籍等9 000余万条数据。目前，e读只提供类似百度的简单搜索功能，如图5-3所示。

图5-3　e读检索界面

e读的检索结果分上、左、右3栏显示。上栏显示检索框，下面为检索结果。左栏又可分别按照显示范围、出版年、语种、类型、学科、收录数据库、收录馆进一步精炼检索结果，右栏为检索出来的文献数量及题录，如图5-4和图5-5所示。

图5-4　e读检索结果界面1

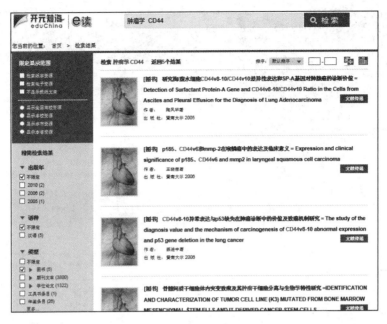

图 5-5　e 读检索结果界面 2

单击文献标题后面的"文献传递"按钮，即可以申请全文。但要求本校图书馆是该系统的成员馆，并且本人事先已经通过本校图书馆申请了馆际互借的账户，这样登录之后就能获取全文。传递方式包括电子邮件、传真、快件或普通邮寄等。

📂 **案例分析**　　　　　　**检索 CD44 基因在肿瘤学研究方面的图书**

　　解析：检索词为肿瘤，CD44。

　　在 CALIS 主页的检索框中（或单击主页中的"资源检索"，进入 e 读检索界面）输入检索词进行检索，出现 5 167 个检索结果，如图 5-4 所示，然后在左栏中"类型"下面勾选"图书"，结果为 5 本图书，如图 5-5 所示。

二、外文期刊网

CALIS 外文期刊网是面向全国高校广大师生的一个外文期刊综合服务平台。它是普通用户获取外文期刊论文的理想途径，也是图书馆馆际互借员文献传递的强大基础数据源，是图书馆馆员进行期刊管理的免费使用平台。本平台收录 10 万余种高校收藏的纸本期刊和电子期刊信息，其中，有 4 万多种期刊的文章篇名信息为周更新，期刊文章篇名目次信息量达 8 000 多万条，且只能在校园网内浏览检索。CALIS 外文期刊网主页如图 5-6 所示。

（1）文章检索。文章检索可以对篇名、作者、刊名、ISSN、全面几个字段进行限制，并允许输入一个检索词或词组。篇目检索分为篇目快速检索和篇目高级检索两种。篇目快速检索只能输入单一词或词组，可按包含、完全匹配和前方一致 3 种方式选择，此外，还有出版时间检索限制选项。篇目高级检索与篇目快速检索的最大区别是，篇目高级检索一次最多可支持 4 个单词或词组的布尔逻辑检索，此外还有收录限定、显示设置等限制选项，如图 5-7 所示。以上两种检索均支持二次检索。

图 5-6　CALIS 外文期刊网主页

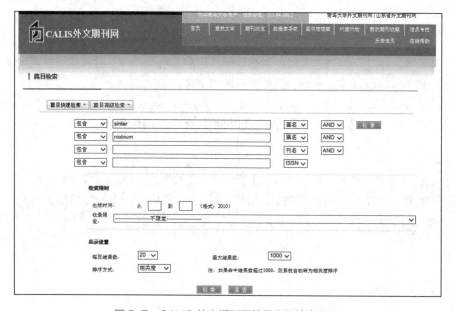

图 5-7　CALIS 外文期刊网篇目高级检索界面

（2）期刊浏览。CALIS 外文期刊网共有约 14 万种期刊，既可按刊名、ISSN、刊名缩写、期刊首字母缩写 4 种形式浏览检索，还可按纸本期刊和电子期刊浏览。此外，还可按期刊导航、字母导航和学科导航 3 种情况进行浏览，其中，期刊导航按文摘数据库字顺排列，如 EI 收录 5 666 种期刊，SCI 收录 7 943 种期刊，SSCI 收录 2 179 种期刊；字母导航按 26 个英文字母和其他的字顺排列；学科导航按教育部学位设置的 12 个大类和其他分类排列。

（3）数据库导航。CALIS 外文期刊网共收录约 195 个数据库，其中，全文库 165 个，文摘库 11 个，既可按数据库起始字母查询，也可按数据库类型查询。

（4）图书馆馆藏。CALIS 外文期刊网共有约 2 168 个高校图书馆，其中，298 个图书馆提供纸本馆藏，512 个图书馆提供电子资源馆藏。图书馆馆藏既可按照期刊拼音首字母导航，也可按地域导航。

案例分析 查找烧结温度对金属铌影响的研究

解析：检索词为烧结 –Sinter，铌 –Niobium。

根据题意，在 CALIS 外文期刊网篇目高级检索界面中，输入图 5-7 所示的检索词，检索结果如图 5-8 所示。单击"全文库链接"显示本馆所购买的收录有该文献的数据库，可直接浏览摘要或全文；单击"文献传递"可申请全文。

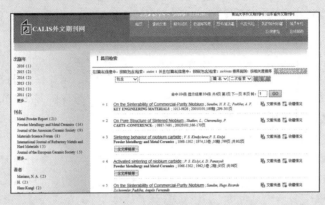

图 5-8 CALIS 外文期刊网检索结果

三、e 得文献获取

e 得（易得）是 CALIS 推出的"e"系列服务之一，是 CALIS 文献对用户提供服务的门户网站。它可以为用户提供的从文献检索到原文获取的一站式服务平台主要有电子原文下载、文献传递、馆际借书、单篇订购、电子书租借等多种原文获取服务。支撑 e 得全文服务的有800 多家 CALIS 高校成员馆，还有以中国国家图书馆、上海图书馆为代表的众多公共图书馆，以国家科技图书文献中心、科学院图书馆为代表的各类科技情报所，以 CASHL、外国教材中心、CADAL 等为代表的教育部资源共享项目，以及以方正阿帕比、中国知网、维普资讯、万方数据等为代表的国内资源数据库商，如图 5-9 所示。高校图书馆可以通过"提交申请"，到自己所在的图书馆登录后申请。

图 5-9 e 得文献获取主页

5.1.4　与其他馆的馆际合作

与 CALIS 具有合作关系的单位或网站有中国国家图书馆、国家科技图书文献中心（National Science and Technology Library，NSTL）、上海图书馆、韩国 KERIS（Korea Education and Research Information Service）文献信息服务、外国教材中心、维普中文科技期刊（单篇订购）等。其中，韩国 KERIS 文献信息服务成立于 1999 年，整合了韩国多媒体教育中心和韩国研究信息中心；外国教材中心提供全国 13 个外国教材中心的外文教参馆藏信息（含书目、书评、封面、收藏馆等），总量达 20 多万册，覆盖了理、工、农、医各科的各类专业。

一、CALIS 与中国国家图书馆的馆际互借服务系统

中国国家图书馆作为国家总书库，是全球最大的中文文献保障基地和国内最大的外文文献收藏机构。截至 2012 年年底，馆藏文献已达 3 119 万册（件），居世界国家图书馆第五位，并以每年近百万册（件）的速度增长。中国国家图书馆还设有名人手稿、革命历史文献、中外学位论文等专藏。CALIS 与中国国家图书馆开展合作以后，高校用户可通过 CALIS 获得中国国家图书馆的馆藏资源，并且可以享受 CALIS 项目提供的费用补贴，CALIS 与中国国家图书馆的馆际互借服务系统，如图 5-10 所示。

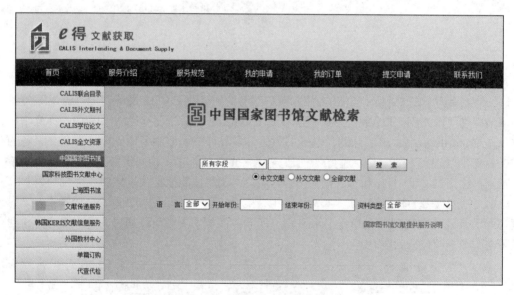

图 5-10　CALIS 与中国国家图书馆的馆际互借服务系统

二、CALIS 与国家科技图书文献中心的馆际互借服务系统

NSTL 是经国务院批准，于 2000 年 6 月 12 日成立的一个基于网络环境的科技信息资源服务机构，拥有丰富的科技类外文文献资源，印本外文文献 26 000 多种，其中外文期刊 17 000 多种，外文会议录等 8 000 多种。CALIS 与 NSTL 于 2012 年 3 月正式开通 "NSTL 文献传递服务（高校版）"，高校用户可通过本校的 CALIS 馆际互借系统，使用本校的图书馆用户账号，同时享用 NSTL 的文献资源和 CALIS 项目经费提供的费用补贴，CALIS 与 NSTL 的馆际互借服务系统如图 5-11 所示。

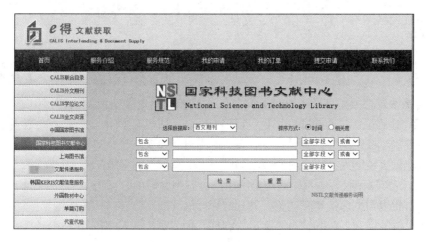

图 5-11　CALIS 与 NSTL 的馆际互借服务系统

三、CALIS 与上海图书馆的馆际互借服务系统

上海图书馆馆藏丰富，门类齐全，拥有图书、报刊和科技资料近 5 200 万册（件），其中外文期刊近 6 000 种，外文图书 160 万册左右。上海图书馆馆际借书服务（ShLib-iLL）是上海图书馆新推出的一项馆与馆之间的文献资源共建共享服务，是图书馆延伸服务的新举措。该服务以上海图书馆的参考外借类图书为文献保障，以上海图书馆馆际互借系统为技术手段，以快递为物流保障，把上海图书馆的参考外借图书服务到全国和世界各地。CALIS 与上海图书馆合作后，高校用户可通过 CALIS 获得上海图书馆的馆藏资源，并且可享受 CALIS 项目提供的费用补贴。CALIS 与上海图书馆的馆际互借服务系统如图 5-12 所示。

图 5-12　CALIS 与上海图书馆的馆际互借服务系统

5.2　CASHL 网站

中国高校人文社会科学文献中心（China Academic Social Sciences and Humanities Library，CASHL），中文称为开世览文，它是目前全国高校系统的人文社会科学外文期刊保

障平台，已成为各图书馆解决馆藏外文文献匮乏的辅助资源。本节简要介绍 CASHL 相关的内容。

5.2.1　CASHL 简介

该项目是教育部根据高校人文社会科学的发展和文献资源建设的需要，引进专项经费于 2004 年 3 月 15 日正式启动的项目，其宗旨是组织若干所具有学科优势、文献资源优势和服务条件优势的高等学校图书馆，有计划、有系统地引进国外人文社会科学期刊，借助现代化的服务手段，为全国高校的人文社会科学教学和科研提供高水平的文献保障。

CASHL 的资源和服务体系由两个全国中心、五个区域中心和十个学科中心构成，其职责是收藏资源并提供数据库检索和浏览、书刊馆际互借与原文传递、相关咨询等多种服务。文献类型包括中外文的期刊、图书、古籍等。CASHL 主页如图 5-13 所示。

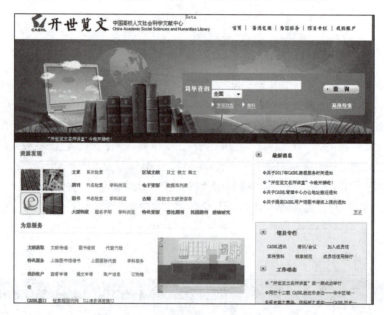

图 5-13　CASHL 主页

5.2.2　CASHL 服务

一、服务内容

CASHL 可为用户提供的服务内容有：图书查询、期刊题录检索、图书借阅、文献传递、全文下载、代查代借、课题咨询、特色资源、留言板等。

二、服务程序

（1）用户注册。凡是 CASHL 高校成员馆的用户，若需要全文传递服务，需要先进行用户注册。注册完成后，用户持注册时填写的有效证件到本校图书馆的馆际互借处进行确认。确认后，即可成为 CASHL 的合法注册用户。

（2）收费标准。一般文献（如期刊论文、会议论文、图书的部分章节等）的文献传递收费 = 复制费 + 加急费，其中，复制费为 0.30 元 / 页（包括复印 + 扫描 + 普通传递），加急费为 10.00 元 / 篇，古籍等特殊文献依据古籍的出版时间、版本等不同，费用也有区别。

5.2.3　资源发现

CASHL 以外文资源为基础，且面向人文社科，涵盖了历史、哲学、法学、社会学、语言学、经济学等多个一级重点人文社会学科。这些文献既可提供目次的分类浏览和检索查询，又可提供基于目次的文献原文传递服务。

CASHL 将文章、期刊、图书、大型特藏、区域文献、电子资源、古籍、学科特色资源、国家哲社期刊、民国期刊、前瞻研究等整合在一个检索平台——"资源发现"中，根据不同文献类型的特点设立了不同的检索界面。下面主要介绍前 3 项，其他资源的检索方法大致相同。

一、文章检索

文章检索通过文章全文、篇名、作者、刊名及 ISSN 号进行检索，获取相关的文献信息。文章检索有文章简单检索和文章高级检索两种。文章简单检索只能输入单一词或词组进行检索，匹配方式可按前方一致、包含和精确匹配 3 种方式选择，另有 20 个学科类别的检索限制。文章高级检索较文章简单检索的最大区别是，文章高级检索一次最多可支持 4 个单词或词组的布尔逻辑（AND、OR、NOT）检索，此外还有出版时间、馆藏地址、期刊类别的检索限制和显示设置，如图 5-14 所示。以上两种检索均支持二次检索。

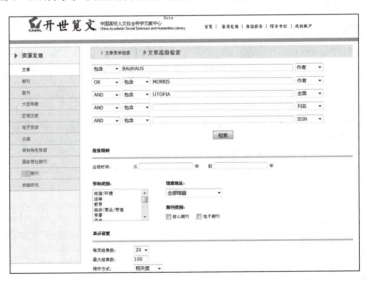

图 5-14　CASHL 篇目高级检索界面

检索结果如图 5-15 所示，每篇文献按篇名、作者（斜体）、期刊类型、刊名、ISSN、出版日期、卷期、页码、文献传递依次显示；在该界面中用户可以发送邮件、导出文献，也可以进行二次检索。单击篇名或"文献传递"按钮还可看到文章详细内容。

📁 **案例分析**　　**查找包豪斯和莫里斯所倡导的乌托邦方面的文献**

　　解析：检索词为包豪斯（BAUHAUS）、莫里斯（MORRIS）、乌托邦（UTOPIA）。根据题意，使用文章的文章高级检索，如图 5-13 所示；命中数为 7 篇，如图 5-15 所示。

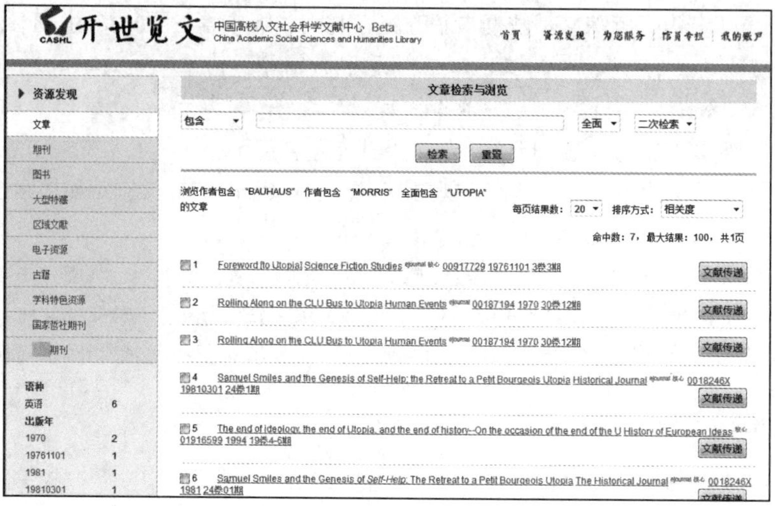

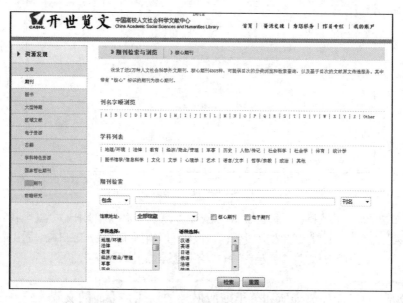

图 5-15　CASHL 文章检索结果界面

二、期刊检索与浏览

CASHL 收录了近 2 万种人文社会科学外文期刊，4 505 种核心期刊，可提供目次的分类浏览和检索查询，以及基于目次的文献原文传递服务。其中，带有"核心"标识的期刊为核心期刊，即被 SSCI 及 AHCI 收录的人文社会科学外文期刊。期刊检索有期刊检索与浏览和核心期刊检索两种。在期刊检索与浏览界面中，如图 5-16 所示，可提供刊名字顺浏览、学科列表和期刊检索。其中，期刊检索按刊名和 ISSN 号进行检索，匹配方式可按前方一致、包含和精确匹配 3 种方式选择，此外还有馆藏地址、核心期刊、电子期刊、学科选择和语种选择的限定选项。

图 5-16　CASHL 期刊检索与浏览界面

三、图书检索与浏览

CASHL 收录了近 112 万种文科专款引进的印本图书和约 34 万种电子图书，提供约 70 所文科专款院校图书馆的人文社科外文图书联合目录查询。用户可按照书名进行检索或按照书名首字母进行排序浏览，还可以按照学科分类进行浏览，如图 5-17 所示。

图 5-17　CASHL 图书检索与浏览界面

5.2.4　为您服务

在"为您服务"中，CASHL 提供了文献传递、图书借阅、代查代检、上海图书馆馆际借书服务、学科服务等服务方式，如图 5-18 左栏所示。下面重点介绍前 3 种服务方式。

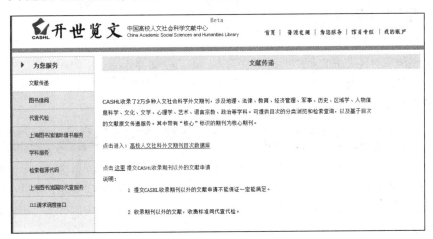

图 5-18　CASHL 文献传递界面

一、文献传递

CASHL 收录了 2 万多种人文社会科学外文期刊，涉及地理、法律、教育、经济管理、军事、历史、区域学、人物信息科学、文化、文学、心理学、艺术、语言宗教、政治等学科。它可提供目次的分类浏览和检索查询，以及基于目次的文献原文传递服务。CASHL 文献传递界面如图 5-18 所示。

二、图书借阅

CASHL 收录了 70 所"教育部文科图书引进专款"项目的受益院校，共计 129 万种人文社会科学外文图书，涉及地理、法律、教育、经济／商业／管理、军事、历史、区域学、人物／传记、社会科学、社会学、体育、统计学、图书馆学／信息科学、文化、文学、心理学、艺术、语言／文字、哲学／宗教、政治等学科，它可提供图书分类浏览和书名、作者、主题、出版者以及 ISBN 号等检索查询。CASHL 图书面向 CASHL 馆际互借成员馆提供馆际互借服务；此外，CASHL 还收录了上海图书馆约 10 万种人文社科外文图书，面向全国 CASHL 成员馆用户提供馆际互借服务。

三、代查代检

为了更好地满足广大高校与科研院所人文社科研究人员的文献需求、弥补 CASHL 目前资源的不足，CASHL 特推出国内外文献代查代检服务。

> **要点提示**
>
> 若用户是从别处获得的请求文献传递信息，则可直接进入 CASHL 馆际互借读者网关系统，但要按文献传递的格式逐一填写。当然，若提交 CASHL 收录期刊以外的文献申请，可能无法保证一定能满足要求，且收费标准同代查代检。

5.3　NSTL 网站

NSTL 是国家科技图书文献中心的英文简称。本节就简要介绍一下集理、工、农、医等各学科及期刊论文、会议论文、专利文献等多种文献类型的 NSTL 科技文献资源网站，以及如何实现从二次文献检索到一次文献获取的一站式对接平台服务。

5.3.1　NSTL 简介

NSTL 作为一个虚拟的科技文献信息服务机构，其成员单位由中国科学院文献情报中心、中国科学技术信息研究所、机械工业信息研究院、冶金工业信息标准研究院、中国化工信息中心、中国农业科学院图书馆、中国医学科学院图书馆及网上共建单位中国标准化研究院和中国计量科学研究院组成。

NSTL 按照"统一采购、规范加工、联合上网、资源共享"的原则，采集、收藏和开发理、工、农、医各学科领域的科技文献资源，以实现资源共享。目前，收藏有中外文期刊、图书、会议文献、科技报告、学位论文、专利文献、标准文献等各种类型和各种载体的科技文献信息资源，其主要任务是面向全国提供馆藏文献的阅读、复印、查询、检索、网络文献全文提供和各项电子信息服务。

NSTL 的资源服务是通过网络服务系统来实现的，它可通过 Internet 向广大用户提供二次文献检索和一次文献服务。任何一个 Internet 的用户都可免费查询该系统提供的二次文献检索服务。注册用户还可方便地要求系统以各种方式（电子邮件、传真、邮寄等）提供所需的一次文献。NSTL 主页如图 5-19 所示。

图 5-19　NSTL 主页

5.3.2　NSTL 服务

NSTL 文献资源系统所提供的服务项目包括：文献检索、期刊浏览、全文文献、引文检索、代查代借、参考咨询等。

一、文献检索

NSTL 可对中外文期刊、学位论文、科技报告、会议文献、专利文献、标准文献等多种类型的文献信息进行免费的二次文献检索服务。

二、期刊浏览

此栏目所列出的期刊是"文献检索"栏目中所收录的外文期刊，即 NSTL 各单位所收藏的各语种期刊。在此栏目中，用户可以通过刊名字顺和分类对相关内容进行浏览。

三、全文文献

此栏目所提供的全文文献包括 NSTL 所订购的外文电子期刊、中文电子图书、开放获取期刊、试用期刊、NSTL 研究报告等。NSTL 提供的全文文献有以下 6 种情况，用户可应需使用。

（1）全国开通现刊数据库

NSTL 订购的国外网络版期刊面向我国学术界用户开放。用户为了科研、教学和学习，可少量下载和临时保存这些网络版期刊文章的书目、文摘或全文数据。但是，符合开通条件的机构用户需要注意必须下载开通申请表，填写完成并按表中要求发送给相关机构后，可免费开通NSTL 订购的全国开通文献。详细情况可参考相关网页链接。

（2）全国开通回溯数据库

NSTL 购买的回溯数据库通过 NSTL 的服务平台，免费为全国非营利学术型用户提供服务。部分回溯数据库也可通过数据库现刊平台访问回溯内容。目前，NSTL 开通了 4 个回溯数据库：施普林格在线回溯数据库（Springer）、牛津期刊过刊回溯库（OUP）、英国物理学会网络版期刊回溯文档数据库（IOP）、Turpion 网络版期刊回溯文档数据库（Turpion）。详细情况可参考相关网页链接。

（3）部分单位开通文献

NSTL 与中国科学院及 CALIS 等单位联合购买国外网络版期刊，面向我国部分学术机构用户开放。此外，NSTL 购买了北大方正中文电子图书，为国内部分机构开通使用。

（4）开放获取期刊

NSTL 组织开发了大量互联网免费获取的全文文献，通过开放获取资源集成检索系统供全国各地用户使用。

（5）试用期刊

NSTL 定期开展一些期刊、数据库的试用，详细情况可参考相关网页链接。

（6）NSTL 研究报告

NSTL 针对一些部门的需求，组织有关单位开展情报调研，形成的研究报告可供全国各地用户使用。

NSTL 提供的以上 6 种全文文献的详细情况，用户可参考 NSTL 相关网页链接使用。

四、引文检索

NSTL 的引文检索分为 3 种检索范围：“文献检索”的检索范围为 NSTL 文献库的所有来源刊的文献；“引文库收录文献检索”和“参考文献检索”的检索范围为国际科学引文数据库中收录的来源期刊。它们均可以通过字段限定和逻辑组配进行检索。

五、代查代借

本栏目面向注册用户提供各类型文献全文的委托传递服务。该服务的具体收费标准可参考 NSTL 代查代借网页链接。

六、参考咨询

参考咨询是 NSTL 为解决用户在查询过程中遇到的问题或疑问而设立的一项服务，用户可通过实时咨询或非实时咨询两种途径提出问题。

5.3.3　检索方式

NSTL 将其各种类型文献整合在同一导航“文献检索”下面，共提供普通检索、高级检索、期刊检索和分类检索 4 种方式。

一、普通检索

单击 NSTL 界面中的“文献检索”，默认的即是普通检索界面。该界面一次最多支持 4 个检索词，运用“与”“或”“非”构造检索表达式，并可选择数据库、设置查询条件进行限定检索，如图 5-20 所示。

要点提示

在选择数据库时，勾选不同文献类型的数据库，在上面字段菜单里会显示不同的字段选项。单库检索与跨库检索时，字段的显示不同。注意只能选择同一语种的数据库，在检索框中输入相应语种的检索词，不能进行跨语种数据库的选择。

图 5-20　NSTL 普通检索界面

二、高级检索

如果要一次检索 4 个以上检索词组成的表达式，则可使用高级检索。高级检索可自由书写检索表达式，并通过在下面的检索框内输入检索词、选择字段和组配关系后，添加到上面的检索框中，如图 5-21 所示。

图 5-21　NSTL 高级检索界面

三、期刊检索

期刊检索可通过刊名、ISSN 号、EISSN 号或期刊代码 4 个字段进行检索。

四、分类检索

分类检索是在普通检索的基础上，增加了分类选择。它设有 21 个大类，用户单击某一个大类后，下方还可显示出其二级类。二级类的选择最多 4 个，超过 4 个即勾选全部，如图 5-22 所示。

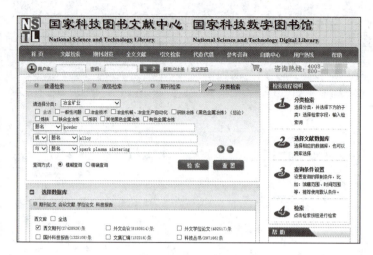

图 5-22　NSTL 分类检索界面

5.3.4　检索结果及文献传递

一、检索结果

NSTL 的检索结果界面如图 5-23 所示，并可在检索结果上方进行二次检索。每篇文章前有选中标记框、序号、标题、作者（下画线处）、刊名、ISSN、年、卷、期及起始页码。单击文章的标题，可浏览该篇文章除全文外的详细信息。

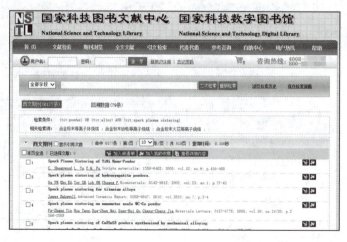

图 5-23　NSTL 检索结果界面

二、原文传递

NSTL 提供文献检索和原文请求两种服务：非注册用户可以免费进行文献检索；注册用户还可以在文献检索的基础上请求文献原文。目前，NSTL 的原文请求服务为 24 小时全天候在系统中完成相关处理（节日长假除外）。如果 NSTL 成员单位馆藏范围内有用户所需要的文献，用户提交申请表后，工作人员将在 2 个工作日内按照用户所请求的方式发送原文。如果需要到国内其他文献信息机构或国外信息机构查找文献，发送原文的时间将视具体情况而定。

单击图 5-23 中的"加入申请单"按钮，按提示操作，就可进行原文请求。

要点提示

要想进行原文传递请求，必须先输入用户名、密码进行登录。若是第一次使用，要进行新用户注册以获取用户名和密码。另外，订购全文还要预先确认好其支付费用的方式，NSTL 有预付款支付和网上支付两种情况。

对于高校用户，最好使用 CALIS 的"e 得文献获取"中"国家科技图书文献中心"请求文献传递，如图 5-10 所示，因为这样还可享受到 CALIS 的相应补贴政策。

案例分析　　查找放电等离子烧结技术在粉末或合金材料中使用方面的文献

解析：此题可分别使用普通检索、高级检索和分类进行，如图 5-20、图 5-21 和图 5-22 所示。使用高级检索的表达式为：(tit:powder) OR (tit:alloy) AND (tit:spark plasma sintering)，普通检索和高级检索均命中文献 6 177 篇，如图 5-23 所示。用户再根据需要请求原文传递。

5.4　小结

本章重点讲述了 CALIS、CASHL 和 NSTL 3 个数据库的检索技术、检索方式、检索结果的显示及其处理。这 3 个数据库是我们国内建立的提供资源共享和馆际互借的服务平台，其本身可以进行题录和文摘信息的免费检索；若有用户需要的全文，用户可在文献检索的基础上请求"文献传递"或"订购全文"服务，但要收取一定的费用；对于高校的注册用户，CALIS 和 CASHL 都有一定的全文传递补贴。这 3 个服务平台可以帮助国内广大科研工作者获取全文，弥补本单位文献订购资源的不足，满足科研和学习的需要。

5.5　习题

1. 在 CALIS 检索服务平台中的"资源检索"检索关于"语音识别"方面的中文图书；另外通过"e 得文献获取"平台，检索一下上海图书馆在这方面图书的收藏情况。要求：检索词限定为"书名"字段。

2. 在 CASHL（开世览文）检索服务平台中的"资源发现"界面检索"高校数字图书馆"方面的英文文章，并查看前两篇文章的馆藏情况。要求：字段均限定在"篇名"字段，并限制在图书馆学科和核心期刊中。

3. 利用 NSTL 网站中的"文献检索"功能检索"语音识别芯片"（speech recognition IC, speech recognition chip）方面的英文期刊论文。要求：检索词限定为关键词字段。

06 第6章 特种文献检索

特种文献是介于图书与期刊之间的一种出版形式比较特殊的科技文献，如会议文献、学位论文、专利文献、标准文献、档案及政府出版物等，其内容广泛新颖、类型复杂多样，且涉及科学技术、生产和生活的各大领域。因此，这些文献一般都是代表相应学科、专业当前高水准的一类信息资源，对高校师生和研究人员具有重要的参考价值。

6.1 学位论文检索

学位论文是由高等学校或研究机构的毕业生为评定各级学位而撰写的论文。目前，大多数国家的学位分为学士、硕士和博士3级，但通常所称的学位论文一般仅指硕士和博士学位论文，如中国优秀博硕士学位论文全文数据库、中国学位论文全文数据库、CALIS高校学位论文数据库及PQDT，这些学位论文数据库均指硕士和博士学位论文。本节只介绍学位论文概述和两个国内外有影响的学位论文数据库。

6.1.1 学位论文概述

学位论文一般可分为两大类：一类是综述型的，该类论文作者主要是以前人有关某一领域的大量翔实参考资料为依据，通过分析、综合、概括和总结，提出本人的独特见解；另一类是研究型的，此类论文作者是在前人提出的论点和结论的基础上，经过大量的实验和研究，提出进一步的新论点和新假说。

学位论文与其他论文相比，一般具有以下几个特点。

（1）系统性

学位论文研究问题系统完整、论证充分，通常对问题的历史、现状和未来均有论述，它是系统了解和学习某一问题的理想文献。

（2）创新性

创新性是对学位论文的本质要求。特别是博士论文，要经过该领域知名学者的严格审查，因此，具有一定的独创性，且专业水准高、参考价值大。研究生教育的性质和任务决定了研究生教育必须是创新教育，这就意味着研究生在接受教育的过程中，并不是要最大限度地增长知识，而是要掌握知识创新和技术创新的本领。创新性是研究生教育的基本特征之一。《中华人民共和国学位条例》第八条规定，硕士学位论文对所研究的课题应当有新的见解，表明作者具有从事科学研究工作或独立担负专门技术工作的能力。

（3）新颖性

新颖性体现在学位论文涉及前人尚未研究或未成熟的学科前沿性问题，是了解国内外科技发展动态的重要信息媒介。

（4）内部刊行

学位论文传播和利用受限，不进行报道，不公开出版，这样影响了这笔宝贵资源的传播与利用。为挖掘学位论文的潜力，一些国家的图书馆将其编成目录、索引，制成缩微胶卷及光盘网络版的学位论文数据库。目前，获取学位论文除了向有关收藏单位借阅或复制外，用户使用最多的是网络版学位论文平台。

6.1.2 中国学位论文全文数据库

一、数据库简介

中国学位论文全文数据库由国家法定学位论文收藏机构中国科技信息研究所提供资源，并委托万方数据加工建设而成，所以也称中国科技信息研究所万方数据库或万方学位论文库。该库涵盖自然科学、数理化、天文、地球、生物、医药、卫生、工业技术、航空、环境、社会科学、人文地理等各学科领域的研究生论文。中国学位论文全文数据库有以下几个特点。

（1）收录国内学位论文数量最多

该库收录的学位论文源于国内多所高校及科研院所，占研究生学位授予单位的 85% 以上，现已收录 376 余万篇论文，每年稳定新增 30 余万篇，并将逐年回溯且月度追加，由于其依托丰富的馆藏，因此可提供 1977 年以来的学位论文全文传递服务。它是我国收录国内学位论文数量最多的学位论文全文库。

（2）注重高品质学位论文的收录

该库包括全国 985 高校和 211 重点高校、中科院、工程院、农科院、医科院、林科院等机构的高品质学位论文。

（3）学位论文级别及类别齐全

该库包括博士、博士后及硕士研究生论文，涵盖了《中华人民共和国学位条例暂行实施办法》规定的 12 个可授予学位的全部学科门类。

（4）收录年限跨度长

该库重点收录年限为恢复高考以后的全部年限，即 1980 年至今。

中国学位论文全文数据库有本地镜像版和远程版两种。本地镜像版的地址会因用户单位不同而各异，而远程版访问主页如图 6-1 所示。

图 6-1 远程版访问主页

中国学位论文全文数据库除了提供下载全文服务外，还对全部用户提供万方数据的网站免费检索服务。凡订购该全文数据库的高校用户既可通过校园网中的相应链接进入，也可直接通过其网址或 IP 地址进行访问。本地镜像版和远程版在文献更新频率上和检索方式上有所不同，使用时需注意。在此仅介绍远程版的使用。

二、检索技术

万方数据知识服务平台是一个集万方各种数据资源于一体的知识服务平台。无论是学位论文还是会议文献、标准、期刊、机构等资源信息，其检索方法基本一致。万方数据知识服务平台的检索语言如表 6-1 所示。

表 6-1　万方数据知识服务平台的检索语言

算符名称		算符标识	含义
逻辑运算	逻辑与	AND	多词同时出现在文献中
	逻辑或	OR	任意一词出现在文献中或多词同时出现在文献中均可
	逻辑非	NOT	在文献中出现算符前面的词，但排除算符后面的词
优先级检索		()	括号里的运算优先执行
PQ 表达式		左（检索字段）：右（检索词）	由冒号分隔符 "："分隔为左、右两个部分，冒号左侧为限定的检索字段，右侧为检索词或短语
精确匹配		精确、""	检索结果完全等同或包含与检索字（词）完全相同的词语
模糊匹配		模糊、默认	检索结果包含检索字（词）或检索词中的词素

三、检索方式

使用万方数据知识服务平台检索时，首先要选择数据资源类型，用户可把鼠标指针放在平台左上方"万方智搜"旁的 ☰ 按钮上，此时会出现万方数据知识服务平台上的各种资源类型，选择"学位"（见图 6-1）就可进入中国学位论文全文数据库的检索界面，然后查会计信息失真方面的学位论文，使用 PQ 表达式构造的检索式如图 6-2 所示。

图 6-2　使用 PQ 表达式构造的检索式

四、检索结果

中国学位论文全文数据库的检索结果分为两栏显示，如图 6-3 所示。最上栏为检索式；次上栏可对检索结果在题名、作者、关键词、专业、学位授予单位、导师等字段进行二次检索；左栏可进一步在学位授予时间、学科分类、授予学位、相关检索词、相关学者中进行限定检索；纵向中栏显示命中结果的题录信息，每篇文献按论文序号、目录链接、论文标题、被引次数、文献类型、作者、专业、授予学位单位、授予学位时间、关键词等信息依次排列；中栏下方有"在线阅读"按钮、"下载"按钮、"引用"按钮。单击图 6-3 和图 6-4 的论文标题，还可显示该篇学位论文更详细的题录信息，如摘要、语种、分类号等，如图 6-5 所示；单击相应链接，均可显示 PDF 格式的全文界面，如图 6-6 所示。

图 6-3 中国学位论文全文数据库检索结果界面 1

图 6-4 中国学位论文全文数据库检索结果界面 2

图 6-5 中国学位论文全文数据库检索详细结果界面

哈尔滨理工大学工学硕士学位论文

第1章 绪论

1.1 研究背景及意义

森林是一种重要的自然资源常被人们比作为"绿色水库"[1]，和人类有密切的关系，提供各种木材和植物。它能够涵养水源保持水土，防止水土流失，吸收二氧化碳、释放氧气供人类呼吸，改善自然环境。它维持着生物群落，保持物种多样性。而森林火灾对森林及其周围的环境极为有害。它不仅会燃烧大量树木降低林分密度，还会引起水涝、干旱、泥石流、滑坡、风沙等自然灾害。森林火灾后，森林生态受到干扰，需要上百年才能恢复。破坏了野生动物的家园，污染空气环境，直接影响国民经济和社会发展。

传统的森林防火的一些方法例如人工检测、或者利用瞭望台无法满足森林火灾检测的实时性、准确性要求。所以随着科技发展，基于传感器和基于图像技术的林火检测方法被广泛应用。基于感光、感温、感烟、气体[2]等类型的传感器能够弥补传统人工检测的不足，而且操作简单、便于安装、价格相对低廉，但是在实际投入使用中传感器受环境影响较大，而监测森林就是要在野外使用传感器、森林中的湿气、灰尘以及风吹震动等影响使得传感器在森林这种复杂背景下不能准确的识别火灾。基于图像技术的检测方式不仅具有价格低廉、操作简单等优势而且抗干扰能力强，能够更直观的检测森林这种复杂背景下的林火图像。随着无人机的兴起，无人机结合遥感技术的方法也被应用于森林火灾检测中，但鉴于无人机价格昂贵，目前还不能够普及使用，所以基于图像技术

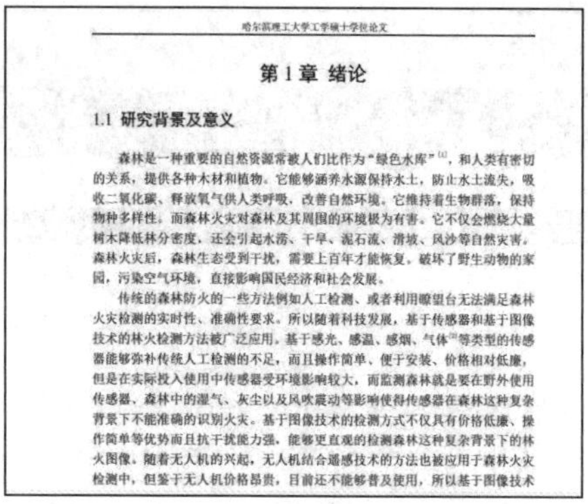

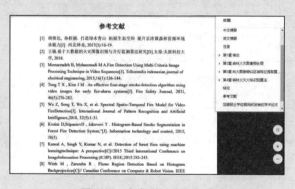

图6-6　PDF格式的全文界面

案例分析 查哈尔滨理工大学和浙江大学在信号与信息处理专业中所授予的学位论文

解析：根据此题的要求，找出2个检索字段、3个检索词，构造专业检索表达式为：专业:(信号与信息处理) AND 学位授予单位:(哈尔滨理工大学 OR 浙江大学)，首次检索命中946篇，经过筛查发现，凡是冠有浙江地区的大学在此专业授予的学位论文均会被检出。为了检索准确，我们使用精确匹配算符，修改检索表达式为：专业:(信号与信息处理) AND 学位授予单位:(哈尔滨理工大学 OR " 浙江大学 ")，检索命中504篇，如图6–4所示。其中一篇学位论文的详细题录信息、PDF全文和参考文献显示界面，分别如图6–5、图6–6和图6–7所示。

微课：查哈尔滨理工大学和浙江大学在信号与信息处理专业中所授予的学位论文

参考文献

[1] 胡俊达、孙桂丽. 打造绿水青山 拓展生态空间 提升京津冀森林资源环境承载力[J]. 河北林业, 2017(3):16-19.
[2] 王敏.基于大数据的火灾图像识别与并行监测算法研究[D].太原:太原科技大学, 2018.
[3] Memarzadeh B, Mohammadi M A.Fire Detection Using Multi Criteria Image Processing Technique in Video Sequences[J]. Telkomnika indonesian journal of electrical engineering, 2015,16(1):136-144.
[4] Tung T X , Kim J M . An effective four-stage smoke-detection algorithm using video images for early fire-alarm systems[J]. Fire Safety Journal, 2011, 46(5):276-282.
[5] Wu Z, Song T, Wu X, et al. Spectral Spatio-Temporal Fire Model for Video FireDetection[J]. International Journal of Pattern Recognition and Artificial Intelligence,2018, 32(5):1-31.
[6] Krstini D,StipanievD , Jakovevi T . Histogram-Based Smoke Segmentation in Forest Fire Detection System,"[J]. Information technology and control, 2015, 38(3).
[7] Kansal A, Singh Y, Kumar N, et al. Detection of forest fires using machine learningtechnique: A perspective[C]//2015 Third International Conference on ImageInformation Processing (ICIIP). IEEE,2015:241-245.
[8] Wirth M , Zaremba R . Flame Region Detection Based on Histogram Backprojection[C]// Canadian Conference on Computer & Robot Vision. IEEE

图6-7　参考文献显示界面

要点提示

（1）由于受到各自数据库出版发行版权等的限制，各个学位论文数据库所收藏的学位论文的年限、内容形式会有差异，如有的单位收录论文年限不全，有的单位收录的论文无法看到全文，只能阅读到论文的文摘。

（2）使用作者专业字段检索时，一定要准确，如有的学校称艺术设计学，而有的学校称设计艺术学。

（3）万方学位论文数据库中的逻辑与可以使用算符，但默认状态下用空一格表示。

6.1.3　PQDT 博硕士论文数据库

一、数据库简介

世界知名博硕士论文数据库（ProQuest Dissertations & Theses，PQDT），原称数字化博硕士论文文摘数据库（ProQuest Digital Dissertations，PQDD），其对应的印刷版刊物有 Dissertation Abstracts International（DAI）、American Doctoral Dissertations、Comprehensive Dissertation Index（CDI）、Masters Abstracts International。PQDT 博硕士论文数据库如图 6-8 所示。

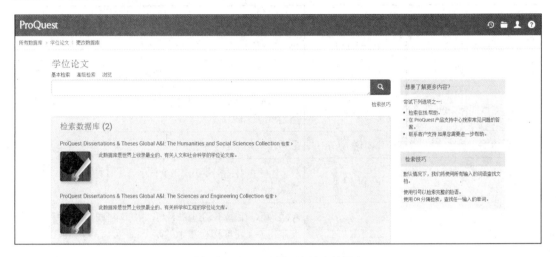

图 6-8　PQDT 博硕士论文数据库

PQDT Open（PQDT 开放学位论文）免费提供部分开放获取的 PQDT 学位论文全文。用户可以简单、迅速地搜索与学科相关的学位论文，并能浏览 PDF 格式全文。

PQDT 博硕士论文数据库的特色如下。

（1）提供国外高质量学位论文

该库主要收录欧美 2 000 余所大学博硕士论文的摘要索引，涵盖了文、理、工、农、医等学科领域。

（2）提供部分全文信息

对于 1997 年以来的论文，该库不仅能查看文摘题录信息，还能查看每篇论文前 24 页的全文信息，同时提供网上全文订购服务。

（3）PQDT 回溯年代长

自 1861 年开始，该库迄今已有 150 多年的数据积累。

（4）提供网上全文订购服务

该库现有 3 种获取途径。一是随着 OA 出版物的出现，PQDT 也应运而生了部分开放学位论文，因此，只订购 PQDT 博硕士论文数据库（文摘库）的单位用户也可以阅读到部分开放获取的 PQDT 学位论文全文。二是北大图书馆与国内其他高校图书馆联合订购了 PQDT 中部分学位论文的全文。PQDT 学位论文全文检索系统开通了 CALIS 本地镜像站、上海交通大学镜像站和中国科学技术信息研究所镜像站，以供购买学位论文全文使用权的单位直接阅读全文。三是出现了一个开放的数据库 PQDT Open，可免费对应 PQDT 中部分全文数据库。以上

3 种获取途径都提供网上全文订购服务。

PQDT 博硕士论文数据库采用 IP 地址控制使用权限；凡 IP 地址属于订购单位范围内的用户具有访问权，其既可通过校园网内的相应链接进入，也可直接输入其网址或 IP 地址进行访问。

二、检索技术及字段代码

（1）检索技术

PQDT 的检索技术各种各样，其中检索语言 1 如表 6-2 所示。

表 6-2　PQDT 的检索语言 1

算符名称		算符代号	示例	含义
逻辑检索	逻辑与	AND	A AND B	A、B 两词必须在文献中同时出现
	逻辑或	OR	A OR B	A、B 两词中的任意一个或两个同时出现在文献中均可
	逻辑非	NOT	A NOT B	NOT 算符前面的 A 词出现在文献中，后面所跟的 B 词不出现在文献中
优先级检索		()	(A OR B) NOT C	括号里的运算优先执行
位置检索		NEAR/n 或 N/n	A N /3 B	A、B 两词相隔不超过 3 个词，A、B 两词前后词序不受限定
		PRE/n、P/n 或 −	A PRE/2 B	A、B 两词相隔不超过 2 个词，A、B 两词前后词序一定；连字符 (−) 可连接检索中的两个词语，等同于 PRE/0 或 P/0
准确检索		EXACT 或 X	SU.EXACT ("A B") SU.X("AB")	在全部内容中查找准确检索词语，主要用于检索特定字段，如"主题"字段
短语检索		" "	"A B"	精确短语检索
限定符（副标题）		LNK 或 −−	MESH(aspirin −−"adverse effects"); IND("dry eye") LNK RG(Canada)	通过在词库窗口选择适当的限定符或通过在基本检索、高级检索或命令行检索中使用 LNK 或 −−，将描述词链接到副标题（限定符）；此外，一起链接两个相关的数据元素，以确保检索的适当、特异性，如将检索限定在加拿大地区治疗干眼症药物的文献

要点提示

　　PQDT 系统在检索过程中将一些连词、介词、冠词、代词、系动词、情态动词等作为禁用词，会自动忽略并用空格取代进行检索。若要将它们用作检索短语的一部分，可用引号引起来，如 "the sound and the fury"。

PQDT 的检索语言 2 如表 6-3 所示。

表 6-3　PQDT 的检索语言 2

算符名称	符号	含义
截词算符	?	精确地代替一个字符。 nurse? 可找到 nurses、nursed，但不是 nurse sm?th 可找到 smith 和 smyth ad??? 可找到 added、adult、adopt
	*	截词字符（＊）– 支持前截词（左侧截词）、后截词（右侧截词）或中截词，每一个截词字符可以返回最多 500 个词的变体，如 nurse* 可找到 nurse、nurses、nursed； 标准截词（＊）– 最多可替换 10 个字符，如 colo*r 可查找 color、colour
	$n 或 [*n]	$n 和 [*n] 是用来表示想截断多少个字符的等效运算符，如 nutr$5 或 nutr[*5] 可找到 nutrition、nutrient、nutrients
数字算符	<、>、<=、>=、–	在出版年份的表示中使用，如 YR(>=2005) 表示大于或等于 2005 年；YR(2006–2008) 表示限定在 2006 年至 2008 年检索范围内

（2）常用字段代码

PQDT 提供的检索字段非常多，如频繁使用的检索字段、检索限制项的字段、高级检索字段代码、图表检索字段代码和命令行检索字段代码，用户可随时查看检索界面上的字段代码、帮助和提示等。在此，只列出一些常用的检索字段以供参考，如表 6-4 所示。

表 6-4　PQDT 常用检索字段

字段名称	字段代码及全称	示例备注
摘要	AB=Abstract	—
作者	AU=Author	—
主题词（所有）	SU=subjects	—
索引短语（关键词）	DISKW	—
文献正文	FT=Document text	—
文献标题	TI=Title	—
文献类型	DTYPE=Document type	DTYPE(literature review)
卷 / 期	DISVOL	—
大学 / 单位	SCH=school	—
导师	ADV=Advisor	—
学位	DG=Degree	—
学位论文 / 毕业论文编号	DISPUB	—
语言	LA=Language	—
出版日期	PD=Publication date	年，月，日： PD(YYYYMMDD) –> PD(19900504) 年和月： PD(nov and 1990) PD(YYYYMM) –> PD(199011) 年：PD(1990)
出版年	YR=Publication year	—

三、检索方式

PQDT 有完整版和分册版。分册版有两个，分别为 A 辑和 B 辑，A 辑主要是人文社科版，

B 辑主要是科学与工程版；完整版即将两个分册版本综合在一起的版本。用户单击图 6-8 左上角的"所有数据库"链接，即可看到图 6-9 所示的完整版界面。无论何种版本，该库均提供基本检索、高级检索和浏览 3 种检索方式。在此，仅以分册版为例加以介绍。

图 6-9　PQDT 完整版界面

（1）基本检索

PQDT 基本检索界面如图 6-8、图 6-9 所示。基本检索既支持单一词检索又支持复杂检索，复杂检索需用户熟练掌握数据库检索技术，灵活使用检索算符和字段代码（见表 6-2、表 6-3、表 6-4）构造检索表达式。图 6-10 所示为 PQDT 分册版基本检索界面。

图 6-10　PQDT 分册版基本检索界面

（2）高级检索

单击 PQDT 界面上的"高级检索"，即可进入高级检索界面，如图 6-11 所示。高级检索中包含高级检索和命令行检索两种形式。高级检索由上、下两个部分构成，上半部分为文本检索框，主要供用户编制检索表达式之用，用户只需点选右栏的字段、左栏的逻辑算符（AND、OR、NOT），并在相应的文本框中输入词检索即可（若文本检索框不够用，可单击"添加行"实现），下半部分为"更多检索选项"，供限定检索之用；在命令行检索中，用户既可参见 PQDT 字段代码表自行构造表达式，也可通过点选"运算符"和"检索字段"中的项目，并单击"添加到表格"按钮来进行输入词检索，如图 6-12 所示。

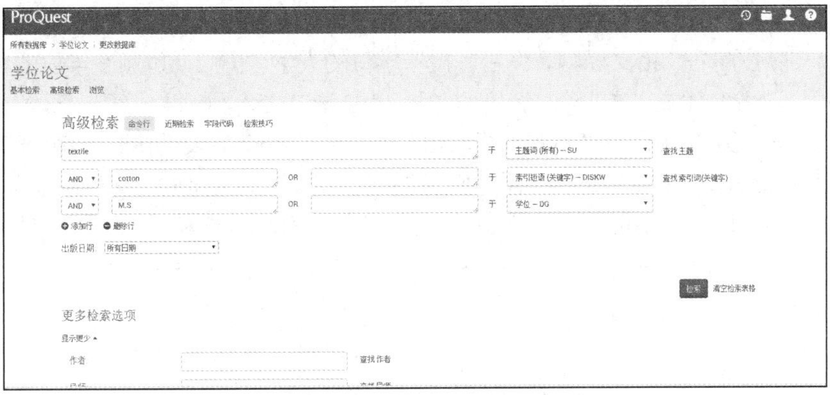

图 6-11　PQDT 分册版高级检索界面

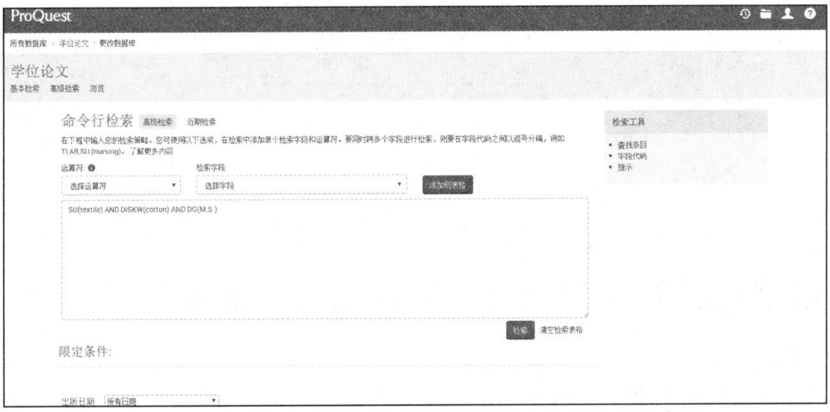

图 6-12　PQDT 分册版命令行检索界面

（3）浏览

PQDT 的浏览界面如图 6-13 所示。用户既可根据主题浏览，也可按地点浏览。

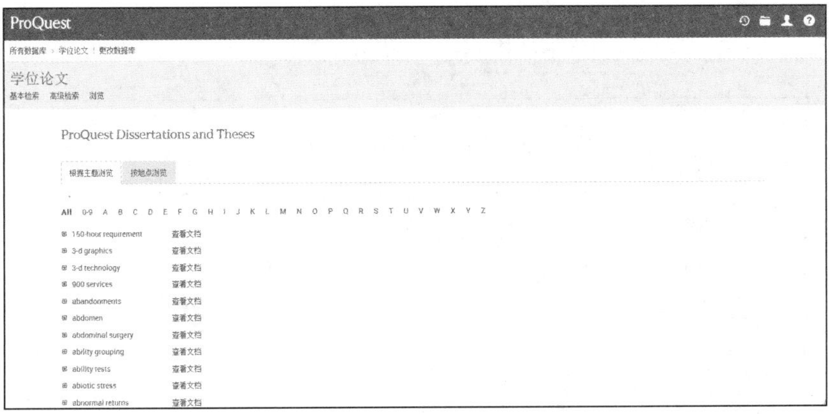

图 6-13　PQDT 分册版浏览界面

四、检索结果

PQDT 的检索结果界面如图 6-14 所示。其上方显示检索表达式、命中文献数量、修改检索、近期检索、保存检索 / 提醒等。若想进一步缩小检索范围，用户可以对左栏的数据库、出版日期、主题、索引短语（关键词）、大学/单位、大学/单位位置、语言等进行限定检索。PQDT库中的每篇文献按序号、论文标题、作者、授予学位的大学、出版商、颁发学位的年份、出版物/订购编号（即学位论文/毕业论文编号）、引用人、参考文献、摘要/索引、预览–PDF格式、CALIS e得文献获取和订购等信息依次显示。图6-15所示为一篇论文的摘要/索引显示界面。由于"此研究生作品已出版并开放阅览"（右栏中间标注），因此该篇论文可直接获取全文（见图6-16）。若要对论文进行后续处理，还可使用右上方的"引用""电子邮件""打印""保存"链接。

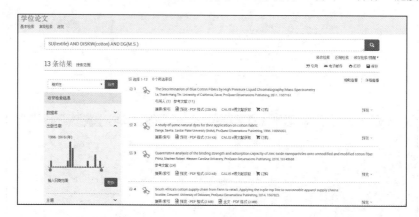

图6-14　PQDT检索结果界面

图6-15　PQDT摘要/索引显示界面

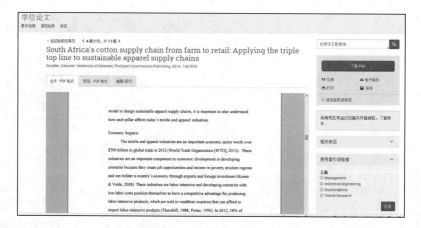

图6-16　PQDT全文显示界面

　　此外，对于大多数非开放的学位论文，可以使用 CALIS e 得文献获取、订购链接获取全文，图 6-17 所示为 CALIS e 得文献获取界面。没有购买 PQDT 的学校用户可以使用免费的数据库 PQDT Open 进行检索，图 6-18、图 6-19 所示分别为 PQDT Open 的检索界面和全文显示界面。

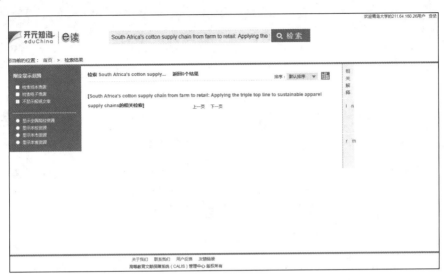

图 6-17　CALIS e 得文献获取界面

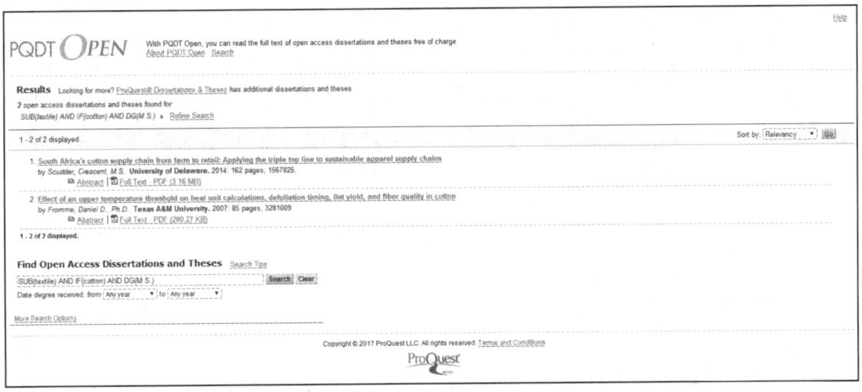

图 6-18　PQDT Open 检索界面

📁 **案例分析**　　**检索内容中同时含有纺织和棉花方面所授予的硕士学位论文**

　　解析：根据此题的要求，把纺织和棉花分别放在主题、索引短语（关键词）字段中。该题既可使用基本检索，又可使用高级检索。使用高级检索的方式如图 6-11 所示。使用命令行检索的表达式为：SU(textile) AND DISKW(cotton) AND DG(M.S.)（见图 6-12）。其检索结果如图 6-14 所示，其中一篇论文的摘要、全文显示界面如图 6-15、图 6-16 所示。使用免费数据库 PQDT Open 的检索表达式为：SUB(textile) AND IF(cotton) AND DG(M.S.)（见图 6-18），其全文显示界面如图 6-19 所示。

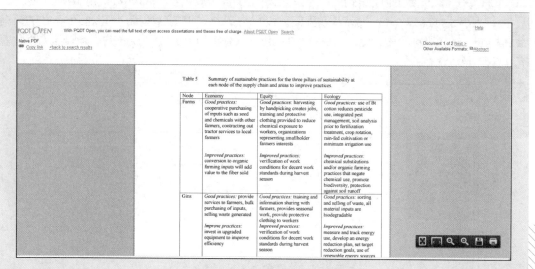

图 6-19　PQDT Open 全文显示界面

要点提示

　　PQDT Open 与 PQDT 两个数据库的检索技术大同小异，主要区别在于以下两方面。

　　逻辑算符不同：一个用 AND NOT；另一个用 NOT。

　　检索字段不同：在主题、索引短语（关键词）字段中，一个用 SUB、IF；另一个用 SU、DISKW。

6.2　会议文献检索

　　会议文献是指在国内外各个科学技术学会、协会及有关主管部门召开的学术会议或专业会议上提交、宣读、讨论或交流等形式所形成的一系列资料及出版物的总称，其包括会议论文、会议决议、会议报告、讨论记录等。其中，会议论文是最主要的会议文献。本节将介绍会议文献概述和两个国内外有影响的会议论文数据库。

6.2.1　会议文献概述

　　会议文献与其他文献相比，具有专业性鲜明、针对性强、内容新颖、学术争鸣、反映水平、出版发行迅速等特点。因此，会议文献往往代表着一门学科或专业的最新研究成果，反映着时代的发展水平或动态，是科研人员了解世界各国科技发展和动向的重要信息媒体之一。会议文献的这些特点，造就了会议文献在出版类型上和出版形式上都与众不同。

一、会议文献的类型

　　会议文献按出版时间的先后顺序，可分为会前、会间和会后 3 种文献类型，如表 6-5 所示。

表 6-5　会议文献的类型

类型	释义
会前文献	会前文献即在会议召开之前预先印发给与会代表的会议论文预印本、会议论文摘要或论文目录。由于一些会议并不出版会议录，因此，预印本将会是会议重要的保留资料
会间文献	会间文献大都是些行政事务性和情况报道性文献，如会议期间的开幕词、贺词、报告、讲演词、闭幕词、讨论记录、会议决议等，一般学术参考价值不大。但有时会议期间请专家做的学术报告还是很值得期待的会议文献
会后文献	会后文献是指会议结束后正式出版的会议论文，它是会议文献中的核心部分。由于会后文献是在会议讨论、争鸣的基础上，又经作者的修改、补充，因此，会后文献比会前文献更加准确和成熟。会后文献形式多样、名称各异，常见的有会议录（Proceeding）、会议论文集（Symposium）、学术讲座论文集（Colloquium Papers）、会议论文汇编（Transactions）、会议记录（Records）、会议报告（Reports）、会议文集（Papers）、会议出版物（Publications）、会议辑要（Digest）等

二、会议文献的出版形式

会议文献的出版形式很多，在此只按传统的出版形式划分，如表 6-6 所示。

表 6-6　会议文献的出版形式

出版形式	释义
图书	以图书形式出版的会议文献，大多称为会议录（Proceeding），会后文献一般采用该种形式出版
期刊	以专刊、特辑的形式发表在期刊上，多数刊载于主办学术会议的学会和协会的会刊中，如美国电气与电子工程师学会（IEEE）、国际商业机器公司（IBM）主办的各种会刊等
科技报告	有些会议文献还会以科技报告的形式出版，如在知名的美国四大科技报告中就有会议文献的踪影
电子产品	光盘版、网络版及会议录音、录像等视听资料

6.2.2　中国学术会议文献数据库

一、数据库简介

中国学术会议文献数据库（China Conference Paper Database，CCPD）是万方数据知识服务平台的系列产品之一，所以有时也称其为万方会议文献数据库。中国学术会议文献数据库有以下几个特点。

（1）同时收录中英文两个版本的会议文献，收录会议级别高

中国学术会议文献数据库由中文全文数据库和西文全文数据库两个部分构成，全国重点会议数量占收录会议总量 90% 以上。其中会议名称包含"国际""中国""多边""双边""全国"等字样；中文版所收会议论文内容是中文，以国家级学会、协会、研究会组织、部委、高校召开的全国性学术会议论文为主；英文版主要收录在中国召开的国际会议论文，论文内容多为西文。

（2）收录会议文献数量最多

该库每年涉及近 4 000 个重要的学术会议，目前会议论文已达 322 万余篇，且每年增加约 20 万篇论文，每月更新。

（3）涵盖学科广

该库涉及人文社会、自然、农林、医药、工程技术等各学科领域，是国内收集学科较全的

会议论文数据库。

（4）收集年代久远

该库收录了 1983 年至今的会议文献，有些机构、专业的会议已形成系列。

中国学术会议文献数据库有本地镜像版和远程版两种，本地镜像版的地址会因单位不同而各异，而远程版访问主页如图 6-20 所示。中国学术会议文献数据库除了提供下载全文服务外，还对全部用户提供万方数据的网站免费检索服务。凡订购全文数据库的高校用户既可通过校园网中的相应链接进入，也可直接通过其网址或 IP 地址进行访问。本地镜像版和远程版在文献更新频率和检索方式上有所不同，使用时需注意。在此仅介绍远程版的使用。

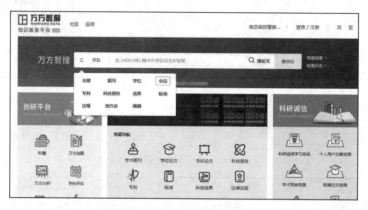

图 6-20　远程版访问主页

二、检索技术

万方数据是一个集万方各种数据资源于一体的知识服务平台，可以检索会议文献、学位论文、标准、期刊、机构等资源信息，各种资源信息检索技术基本一致。万方数据会议检索界面如图 6-21 所示。

图 6-21　万方数据会议检索界面

三、检索方式

中国学术会议文献数据库的检索界面与万方数据知识服务平台上的其他子库界面一样，目前启用了最新的检索方式，将原来的简单检索、高级检索、专业检索和分类检索 4 种检索方式合并为一种检索方式，中国学术会议文献数据库默认状态下给出 7 个限定字段：题名、关键词、摘要、作者、作者单位、会议名称、主办单位。所以用户检索方便、灵活，既可输入单一检索词检索，又可使用 PQ 表达式检索，此外还可以根据需要添加检索字段，使用检索技术进行复杂检索。在此仅介绍最新版检索方式的使用。

使用万方数据知识服务平台检索时，首先要选择数据资源类型，用户可把鼠标指针放在平台左上方"万方智搜"旁的 ☰ 按钮上，此时会显示万方数据知识服务平台上的各种资源类型，选择"会议"（见图 6-20）就可进入中国学术会议文献数据库的检索界面，然后查国务院主办的论文标题中含有安全制度的会议文献，使用 PQ 表达式构造的检索式为：题名:安全制度 主办单位:国务院，如图 6-21 所示。

👁 **阅读材料** **PQ 表达式的基本用法**

PQ 表达式由多个空格分隔的部分组成，每个部分由冒号分隔符":"分隔为左、右两个部分，冒号左侧为限定的检索字段，冒号右侧为要检索的词或短语，即"左（检索字段）:右（检索词）"。

PQ 表达式还支持精确匹配。检索时，用户可以在检索词部分使用引号""或书名号《》括起来，以表示精确匹配。例如，作者:"张凡"，表示作者字段中含有且只含有"张凡"的结果。

PQ 表达式中的空格表示逻辑与，当然也可以使用逻辑与算符。

四、检索结果

万方会议文献数据库的检索结果最多分 3×3 栏显示，如图 6-22 和图 6-23 所示。最上栏为检索式；次上栏可对检索结果在题名、作者、关键词、会议名称等字段进行二次检索；左栏可显示命中文献数量，并可进一步在年份、学科分类等中进行限定检索；纵向中栏显示命中结果的题录信息，每篇文献按论文序号、论文标题、文献类型、作者、会议名称、摘要、关键词等信息依次排列，中栏下方列有"在线阅读"按钮、"下载"按钮、"引用"按钮。单击图 6-22、图 6-23 的论文标题，还可显示该篇会议论文更详细的题录信息，如摘要、作者单位、会议时间、会议地点、主办单位等，如图 6-24 所示；单击图 6-23 或图 6-24 的相应链接，均可显示 PDF 格式的全文显示界面，如图 6-25 所示。此外，可对检索结果按参考文献、NoteExpress、RefWorks、NoteFirst、EndNote、自定义格式和查新 7 种格式导出文献。

图 6-22 检索结果界面1

图 6-23　检索结果界面 2　　　　　　图 6-24　万方会议文献数据库题录信息

📁 **案例分析　查北京大学主办的会议名称中含有 Conference 或 Symposium 的会议文献**

　　解析: 根据此题的要求,检索表达式为: 主办单位:北京大学 会议名称:(Conference or Symposium), 如图 6-23 所示。图 6-24 为题录信息（摘要 / 索引）界面,图 6-25 为 PDF 格式的全文显示界面,图 6-26 所示为按参考文献导出的文献著录格式界面。

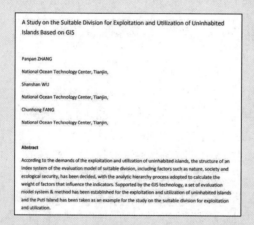

微课：查北京大学
主办的会议名称中
含有 Conference 或
Symposium 的会议
文献

图 6-25　万方会议文献数据库 PDF 格式的全文显示界面

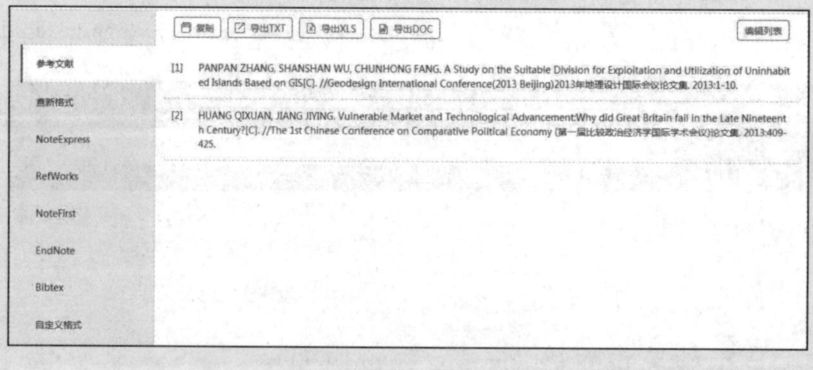

图 6-26　万方会议文献数据库按参考文献导出的文献著录格式界面

要点提示

（1）会议文献数据库既可使用中文检索，也可使用英文检索，还可使用两种文字混合检索。

（2）英文书写的逻辑算符与检索字段和检索词之间要空一格。

（3）系统默认状态下执行的是逻辑与。

6.2.3　CPCI-S 和 CPCI-SSH

一、数据库简介

科学会议录引文索引（Conference Proceedings Citation Index-Science，CPCI-S）和社会科学与人文会议录引文索引（Conference Proceedings Citation Index-Social Science & Humanities，CPCI-SSH）是查找全世界会后文献的检索工具，其曾用名为 ISI Proceedings ISTP & ISSHP。它们最初均由美国科学情报研究所（Institute for Scientific Information，ISI）编辑出版，ISI 是由尤金·加菲尔德博士（Dr. Eugene Garfield）于 1958 年创办的，而后出版了知名的三大引文索引——科学引文索引 SCI、社会科学引文索引 SSCI、艺术与人文引文索引 A&HCI。1992 年，美国科学情报研究所并入加拿大汤姆森公司（The Thomson Corporation）；2008 年 4 月 17 日，加拿大汤姆森公司与英国路透集团（Reuters Group PLC）合并，组成汤森路透（Thomson Reuters），所以 CPCI-S 和 CPCI-SSH 现在的归属机构为汤森路透公司。这两个会议录引文索引库不仅有印刷版、光盘版，还有网络版。目前，该库已收录 1990 年以来超过 6 万个会议的 410 多万条记录，并每年收录 12 000 多个会议，年新增 20 余万条记录，数据每周更新，它是查找国外会议文献的首选数据库之一。CPCI-S、CPCI-SSH 两大会议录索引库有以下几个特色。

（1）收录会议文献水准高

汤森路透集团在 WOS 平台上，将 CPCI-S、CPCI-SSH 两大会议录索引与三大引文索引 SCI、SSCI 和 A&HCI 并驾齐驱，集成在同一平台上检索。它们收录世界范围内权威国际会议提交的论文。

（2）覆盖学科范围广

它们涉及所有科学与技术、社会科学及人文科学等领域。CPCI-S 收录生命科学、医学、材料科学、计算机科学、数学、信息科学、物理与化学科学、农业、生物和环境科学、工程技术和应用科学等学科的会议文献，其中，工程技术与应用科学类文献约占 35%，其他专业学科约占 65%。CPCI-SSH 收录心理学、社会学、公共健康、管理学、经济学、艺术、历史、文学与哲学等学科。

（3）会议文献类型丰富

它们所收录的会议有重要会议、讨论会、研讨会、学术会和大型会议等，其数据库内容的 66% 是以图书形式出版的会议录或丛书，其余源于期刊。

（4）年限跨度长

收录年限为 1990 年至今。

（5）CPCI-S 系列会议录索引库的独特性

WOS 不是世界上收录最多论文的数据库，其本身也不提供全文。那么，什么造就了 WOS 在科学信息获取中独一无二的位置呢？答案是引文索引。

（6）具有文献查询、管理、分析与评价功能

CPCI 系列是一个集会议文献查询、管理、分析与评价等诸多功能于一体的大型数据库平台。其与前面所介绍数据库最大的不同在于，不仅能检索，还能针对会议文献信息进行快速锁定高影响力论文的操作，并能进行深度分析与评价、科学预测和个人文献管理。

CPCI 系列数据库采用 IP 控制使用权限，凡属于其订购单位范围内的用户既可通过校园网内的相应链接进入，也可直接输入 WOS 的网址或 IP 地址进行访问。

二、检索技术

CPCI-S、CPCI-SSH 数据库与三大引文索引 SCI、SSCI 和 A&HCI 同为一个检索平台，故其检索技术基本相同，见表 4-5。

三、检索方式

CPCI 系列与 WOS 平台上的数据库检索方法相似。检索时，用户首先从图 6-27 所示的"选择数据库"下拉菜单中选择"Web of Science 核心合集"，然后在"引文索引"下才会出现 CPCI 和化学索引等数据子库，用户可根据需要在此选择数据子库。CPCI 系列也提供基本检索、作者检索、被引参考文献检索、化学结构检索和高级检索多种检索方式，在此仅介绍基本检索和高级检索两种方式。

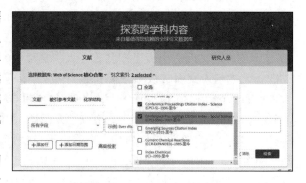

图 6-27　WOS 检索平台

（1）基本检索

WOS 平台上数据库的默认界面就是基本检索界面（见图 6-28）。该界面可供选择的检索字段有主题、标题、作者、作者标识符、团体作者、编者、出版物标题、DOI、出版年、地址、所属机构、会议、语种、文献类型、基金资助机构、授权号、入藏号等，其中，"主题"字段是指同时在"标题""摘要""作者关键词"和"Keywords Plus"字段进行检索。检索框之间的逻辑组配有 AND、OR、NOT。

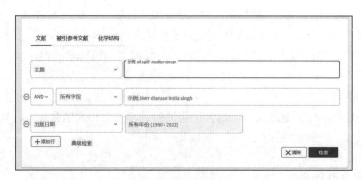

图 6-28　基本检索界面

基本检索在作者、团体作者、出版物标题和所属机构 4 个字段之后设有 **从索引中选择** 检索辅助工具链接，单击该链接可以使用相应的字段索引，从而帮助用户准确地确定该字段，并能将所选标题传输至基本检索界面上的相应字段。图 6-29 和图 6-30 所示为在出版物标题索引中输入 "Intercultural" 进行查找，然后确定 INTERNATIONAL JOURNAL OF INTERCULTURAL RELATIONS 和 LANGUAGE AND INTERCULTURAL COMMUNICATION 两个出版物标题，并将所选出版物标题添加至基本检索界面中"出版物标题"字段的两个过程。

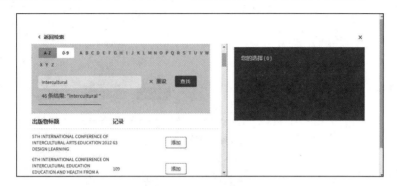

图 6-29　出版物名称检索辅助工具界面

图 6-30　添加所选的出版物标题到基本检索界面

要点提示

（1）姓氏不详的著者可用缩写 anon 进行检索。

（2）会议字段包括会议名称、会议地址、会议组办者及会议日期。通常，为了查找某一特定的会议，用户可用两个词进行 AND 组配检索。

（3）只能在主书名或主刊名中检索，检索不包括丛书名和子刊名。

（2）高级检索

高级检索只设一个文本检索框，它是一种比较适合专业人员使用的复杂检索方式。检索时用户必须使用字段标识、等号、检索技术或检索结果集合号等创建检索表达式，并有检索文种、文献类型的检索限定，如图 6-31 所示。WOS 平台高级检索的部分字段标识如表 6-7 所示。

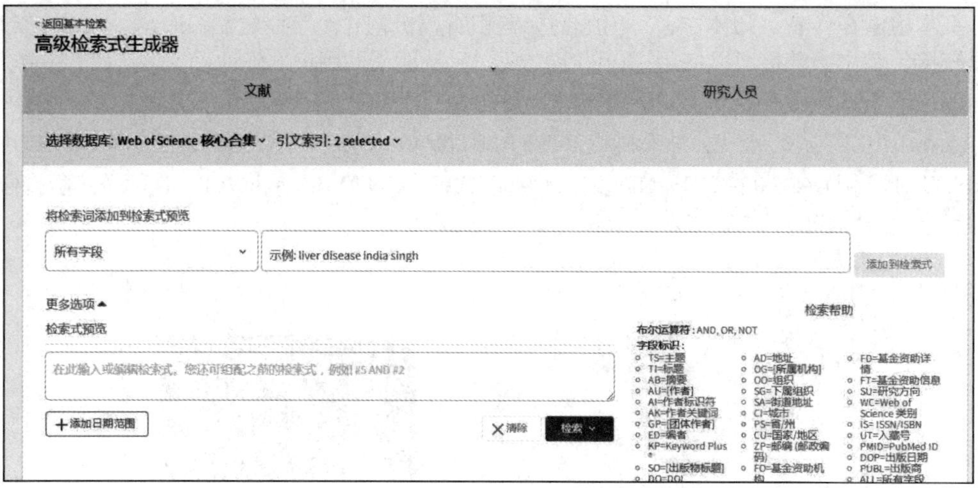

图 6-31　高级检索界面

表 6-7　WOS 平台高级检索的部分字段标识

字段标识	字段标识	字段标识
TS=主题	CF=会议	ZP=邮编（邮政编码）
TI=标题	AD=地址	FO=基金资助机构
AU=作者	OG=所属机构	FG=授权号
AI=作者识别符	OO=组织	FT=基金资助信息
GP=团体作者	SG=下属组织	SU=研究方向
ED=编者	SA=街道地址	WC=Web of Science 类别
SO=出版物标题	CI=城市	IS=ISSN/ISBN
DO=DOI	PS=省/州	UT=入藏号
PY=出版年	CU=国家/地区	PMID=PubMed ID

⚇ 要点提示

　　（1）在高级检索中构造检索式时，同一字段的多个检索词应用小括号将其括起来，如 SO=(Political Behavior OR Political Communication)。

　　（2）高级检索中无论是同一字段还是不同字段，都可用 OR、AND 和 NOT 算符构造表达式来进行检索，但 SAME 只能在同一字段中使用。

　　（3）在高级检索中，同一检索式不能同时使用集合号与字段标识来进行组配检索。

四、检索结果

　　高级检索的检索式会在其界面底部的检索历史中出现，用户在检索历史中还可以使用集合号来组配检索式。集合号就是在检索过程中系统自动生成的检索步骤号，如 #1、#2。可参见图 6-32 中的检索历史，其中每个集合号都可以代表一个完整的检索表达式。单击检索结果链接后，可查看到检索结果，如图 6-33 所示。

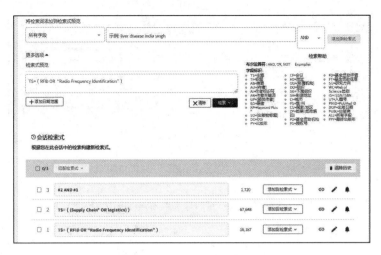

图 6-32 高级检索历史界面

检索结果界面一般为3栏显示，如图6-33所示。上栏分别显示检索表达式、检索命中数量，检索框右侧依次显示"分析检索结果"按钮、"引文报告"按钮、"创建跟踪服务"按钮等；左栏主要用来精炼检索结果，图6-34和图6-35所示为按被引频次（降序）和按 WOS 学科类别排列的精炼检索界面；中栏以"序号、标题、作者、编者、会议名称、会议地点、会议日期、会议赞助商、来源出版物、卷、期、页、出版年、出版商处的全文、查看摘要"等信息进行显示。

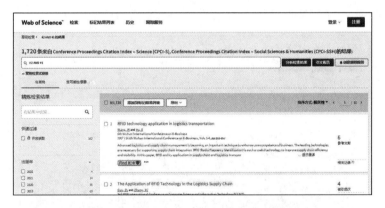

图 6-33 检索结果界面

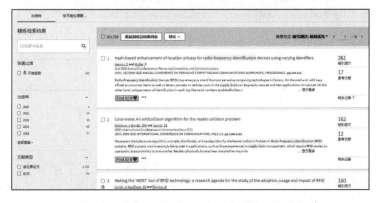

图 6-34 按被引频次（降序）排列的精炼检索界面

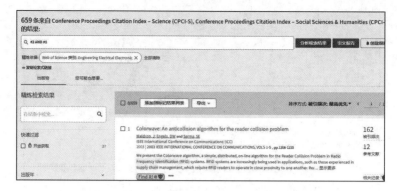

图 6-35　按 WOS 学科类别排列的精炼检索界面

　　CPCI 系列的强大分析功能是通过单击"分析检索结果"按钮来实现的。"分析检索结果"界面中共有 16 个分析字段，在这里仅重点介绍以下几个字段。

　　作者：分析某研究领域的高产出研究人员。

　　会议名称：分析会议名称可了解会议主办机构的情况。

　　国家和地区：分析某研究领域的国家和地区信息，以发现该领域高产出的国家和地区，如图 6-36 所示。

　　机构：分析发现某研究领域高产出的大学及研究机构。

　　出版年：分析了解某研究领域的发展趋势及判断其发展阶段。

　　来源出版物标题：分析关注某研究领域的出版物及投稿情况。

　　WOS 类别：分析了解某研究方向涉及的学科领域和学科排名情况。

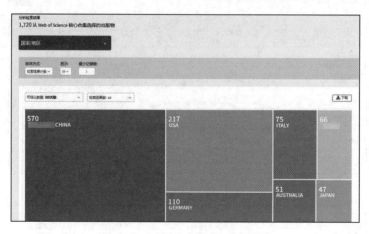

图 6-36　国家和地区分析界面

　　CPCI 系列对检索结果可以进行打印、用电子邮件传递、保存等操作，保存格式有 EndNote Online 等形式。用户面对检出的心仪文献，如何获取全文呢？全文获取途径很多，如下所示。

- 馆际互借、图书馆文献传递、OA 出版物。
- 免费全文网站。
- 提供免费全文的期刊。
- 作者通讯地址、E-mail 或作者主页的电子邮件地址等。

　　CPCI 系列原本为文摘数据库，并不提供全文，但现在也设计了一个"出版商处的全文（NCBI）"链接。能否从这个链接获得全文取决于本馆订购的数据库。

案例分析　　检索无线射频识别在供应链或物流中应用的会议文献

解析：

（1）根据此题的要求，找出检索词，使用的检索表达式为：(RFID OR "Radio Frequency Identification") AND (Supply Chain* OR logistics)。该题既可使用基本检索，又可使用高级检索。

（2）上机检索。在高级检索中，用户既可逐个检索词单独检索也可一次性检索，一次性检索表达式为：TS=(RFID OR "Radio Frequency Identification") AND TS=(Supply Chain* OR logistics)。图 6-32 的高级检索历史界面可呈现出分 3 步检索的表达式，检索结果如图 6-33 所示。

微课：检索无线射频识别在供应链或物流中应用的会议文献

（3）快速锁定高影响力的论文。图 6-33 中检出文献较多——1 720 篇，那么到底有多少有用信息？又如何快速筛选呢？答案是有两种方法可供选择：从"排序方式"中选择"被引频次：最高优先"进行排列检索或用"ESI 高水平论文"进行限定检索。图 6-34 为按"被引频次：最高优先"排列检索的界面，该方法可帮助用户迅速筛选高影响力的论文。

（4）如何从整体上把握该领域的发展方向和趋势呢？一是快速锁定特定学科领域论文，如通过"Web of Science 类别"勾选"Engineering Electrical Electronic"进行精炼检索，如图 6-35 所示；二是快速检索综述性论文，如通过"文献类型"勾选"论文"进行精炼检索，了解学术领军人物的约稿和展望。

（5）文献的深入分析。此外，用户还可通过单击"分析检索结果"按钮实现对检出的 1 720 篇文献进行分析。图 6-36 所示为按国家和地区分析检索结果的界面。

（6）索取原文。CPCI 系列数据库中有"出版商处的全文（NCBI）"链接的用户可直接下载、阅读，图 6-37 所示为一篇来自 IEEE 数据库的全文显示界面；若无全文链接，用户可通过其他途径（如原文传送、利用作者通讯地址等）获取。

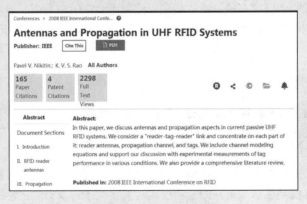

图 6-37　全文显示界面

6.3　专利文献检索

专利文献对科学研究、制定发展规划、市场预测、技术引进、新产品开发等方面具有前瞻性指导作用，它既可避免工作中不必要的重复研究，又可取得事半功倍之效。那么，专利文献与其他论文相比，都有些什么特点呢？

（1）报道内容新颖、快速、实用

专利文献报道具有内容新颖、详尽、可靠、实用性强、图文并茂、技术含量高、报道快速、反映新技术快等特点。世界知识产权组织（WIPO）曾做过这样的统计：在科研工作中，查阅专利文献可以缩短60%的研究时间，节省40%的研究费用，有事半功倍之效。同时经济界认为，专利是衡量公司企业兴衰的"晴雨表"，因此，专利是一种集技术性、法律性、经济性信息于一体的重要信息资源。

（2）应用领域广阔

专利文献对大到宇航飞机、小到日常生活中的纽扣和曲别针都有涉及，其几乎遍布所有的应用领域。

（3）数量庞大、重复出版

全球每年公开的专利说明书在150万件左右，其中一半以上是重复报道的。其主要原因有二：一是专利的地域性；二是实行早期公开延迟审查制的国家对一件专利说明书公布两次。

（4）载体类型丰富、查阅方便

专利文献的载体类型丰富，如印刷型、缩微胶片、光盘、电子文档、网络版等。如今，包括美国、中国在内的60余个国家都建立了专利文献数据库，一些网站可以实现免费查阅和下载，十分方便。

本节将介绍有关专利的一些基本知识和几个国内外有影响的专利文献数据库。

6.3.1 专利概述

一、专利

专利（专利权的简称）是指国家专利机关依据专利法授予发明人或设计人在一定的时间、地域范围内，对其发明创造享有独占性的制造、使用和销售的专有权。专利有3层含义：一是指专利权；二是指取得专利权的发明创造；三是指专利文献。我们通常所说的专利主要是指专利权。

二、专利权的特征

专利的第一层含义是从法律角度出发，其指受专利法保护的权利。专利是知识产权的一种表现形式，它也像知识产权一样，具有以下5个主要特性。

（1）垄断性

垄断性，也称独占性或专有性。它是指国家对同一内容的发明创造只授予一次专利权，被授予专利权的人对其权利独享专有，即专利权人对其发明创造享有独占性的制造、使用、销售和进出口的权利，具有排他性。按照专利法的规定，未经专利权人许可，任何单位和个人不得实施其专利；若有他人实施该专利，必须与专利权人签订许可合同，并支付专利使用费。

（2）地域性

根据巴黎公约规定的专利独立原则，专利权的地域性是指一个国家依照其本国专利法授予的权利，仅在该国法律管辖的范围内有效，对其他国家没有任何约束力，外国对其专利权不承担保护的义务。如果认为有必要在本国以外的地方获得专利保护，那就必须同时向国外申请专利。

（3）时间性

专利权的时间性是指专利权人对其发明创造所拥有法律赋予的专有权只在法律规定的时间

内有效，期限到期后，专利权人对其发明创造就不再享有独自制造、使用、销售等的专有权。到期后，原来受法律保护的发明创造就成了社会的公共财富，任何单位或个人都可以无偿地使用。也就是说，专利权只在专利法规定的一定期限内有效，即专利权的有效期限。

对专利的这一期限，世界各国的规定是不一致的。绝大多数国家都规定为 10 年至 20 年不等。总的来看，工业发达国家保护专利权的有效期限长一些，发展中国家则普遍地短些。

我国专利法从 1985 年 4 月 1 日起正式实施。1993 年 1 月 1 日起施行新的专利法，其规定：发明专利权的期限为二十年，实用新型专利权的期限为十年，外观设计专利权的期限为十五年，均自申请日起计算。

（4）法定性

专利权的法定性是指专利权必须经过国家（地区）专利机关的一系列法定程序后才能被授予。

（5）公开性

专利权的公开性是指任何一项专利权的获得，都必须将专利技术的内容公诸于世。这样才能打破技术封锁，使其技术及早转化为生产力，促进社会的发展。这也是国家实行专利制度的根本目的。

三、专利类型

专利类型是指受专利法保护的发明。若按国家划分，各国（地区）根据其专利内容可划分为不同的类型，例如中国、日本、德国、意大利等国的专利可分为发明专利、实用新型专利及外观设计专利 3 种，而英国专利仅有发明专利一种，美国专利则分为发明专利、植物专利、外观设计专利等 7 种不同专利。若就专利的地域性，同一项发明可向不同国家（地区）申请专利。按其产生专利文献的先后顺序不同，专利又可划分为基本专利、相同专利、同族专利及非法定专利 4 种。

（1）发明专利

发明专利是指具有较高技术水平的发明创造。它一般都经过专利局较严格的"三性"审查。我国专利法指出，发明是指对产品、方法或者其改进所提出的新的技术方案。因此发明专利包括两种情况：一是产品发明，如机器、设备工具等物品以及某些无固定形状的非自然存在的人造物质；二是方法发明，如某种制造工艺、加工方法、测量方法、化验方法、通信方法等。

（2）实用新型专利

实用新型专利是指技术水平较低的小发明，即指机器、设备、装置、用具或器件的产品形状、构造或其结合提出的新方案等。新方案能够在工业上制造具有实用价值或实际用途的产品。

实用新型专利与发明专利相比有两个主要的区别：一是就技术水平而言，实用新型专利略低于发明；二是就各自涉及的范围而言，实用新型比发明专利要窄得多，发明专利不仅包括产品，而且包括各种方法，而实用新型专利仅适用于产品，不适用于工艺方法。

（3）外观设计专利

外观设计专利是指对产品的形状、图案、色彩或其结合作出的富于美感并适于工业上应用的新设计。这种新设计可以是产品的二维平面设计，也可以是产品的三维立体造型。外观设计专利与以上两种专利完全不同，即外观设计专利不是技术方案。因此，申请外观设计专利需要指明该设计用于何种产品。外观设计还必须是只对产品的外表设计。此外，外观设计专利必须是能在工业上批量生产，即是用于工业品，而不是用于艺术品。

实用新型专利与外观设计专利都提到形状，其区别在于，前者主要涉及产品的功能，后者一般只涉及设计产品的外观。

四、专利条件

专利的第二层含义是从技术角度出发，其指受专利法保护的发明，即专利技术。一项发明创造要获得专利权，其一要按照专利法规定，向专利局提出专利申请；其二应属于专利法规定的授予专利权的发明创造范围。除此而外，还应具备新颖性、创造性和实用性，即通常称之为专利的"三性"。它们是授予专利权的实质性审查条件。

（1）新颖性

发明的新颖性是指一项发明是前所未有的，即指一项发明或实用新型在申请日以前，未被公开发表过或未被公知公用。目前，各国专利法都把新颖性作为获得专利权的首要条件。

世界上绝大多数国家以专利申请日或优先权日作为确定新颖性的时间界限，一项发明或实用新型在申请日或优先权日之前没有与其相同的发明创造被公开发表或被公知公用，就认为该发明或实用新型具备新颖性。但少数国家，如美国、加拿大等，以发明日作为确定新颖性的时间界限。

（2）创造性

发明的创造性在有些国家也叫"先进性"或"非显而易见性"。我国专利法第二十二条规定，创造性，是指与现有技术相比，该发明有突出的实质性特点和显著的进步。专利法中所规定的创造性标准很清楚，只有当发明的技术特征与已有技术相比，具有本质上的差异，这种差异对于所属技术领域内的中等水平专业人员来说，是非显而易见性的。

（3）实用性

发明的实用性也称工业实用性或工业再现性。实用性能够在产业上制造或使用，也就是指能在工农业等各种产业中应用；凡不能在产业上应用的发明就不具备实用性。我国专利法第二十二条规定，实用性，是指该发明或者实用新型能够制造或者使用，并且能够产生积极效果。

五、专利说明书组成

专利的第三层含义是从文献角度出发，其指专利文献。从广义上讲，专利文献是指与工业产权有关的所有专利资料，即有关的专利组织在审批专利过程中所产生的各种文件，如申请专利时提交的权利要求书、各种类型的专利说明书，还包括有关部门在处理专利诉讼时的法律性文件以及专利公报、专利索引等出版物。狭义地讲，专利文献就是指专利说明书，它是专利文献的主体。因此，专利文献是一种集技术与法律于一体的实用性很强的文献信息媒体。目前，各国专利说明书的内容已逐渐趋于一致，并形成了固定的格式，一般可由 3 个部分构成：标头部分（著录项目、摘要）、说明书正文部分和权利要求（附图）部分。

（1）标头部分（著录项目、摘要）

专利说明书的著录项目很多，通常都放在专利文献的扉页上，其包含着丰富的情报事项，是区别任何其他文献的显著标志之一。它包括发明的名称、国际专利分类号、申请人、发明人、受让人、申请号、优先权申请号、优先权申请日期、优先权申请国家、PCT 的指定国等项。它在专利文献中均以带有方括号的数字表示，这是按照国际统一格式印刷出版所采用统一的国际标准代码（INID）进行著录的标识，如 [21] 代表申请号、[51] 代表国际专利分类号（即 Int. Cl. 或 IPC）。表 6-8 列出了一些常用的专利文献著录项目名称示例。

表 6-8　常用的专利文献著录项目名称示例

著录项目名称	示例说明
[21] 申请（专利）号	我国专利号沿用申请号，它包括申请年号、申请种类号和申请流水号等部分，如 92228729.5、CN200510028479.0、ZL 200510028479.0
[11] 公开（公告）号	我国的授权公告号沿用专利公开号，均由国别代码、数字和专利法律状态符号等组成，如 CN1050324A、CN1473987B、CN 2475414Y
[81] PCT	专利合作条约。PCT 的宗旨是简化国际间专利申请手续和程序，从而节省时间和开支。申请人只要用一种语言向一个受理局提出一件专利申请，通过一次检索，就能在申请人要求指定的每一个 PCT 成员方都有效，而不必分别到各国（地区）提出申请、检索，如国际专利（WO）指的是按照 PCT 规定提出的专利申请案
[30] 优先权项	优先权项是指任一个缔约方的申请人就同一发明先在一个成员方申请专利，只要时间间隔不超过一定期限（发明与实用新型为 12 个月，外观设计、商标为 6 个月），则后来向其他成员方的申请日期均按最早的那次申请日期算起。它一般包括优先申请号、申请日期和申请国（地区），如 US174431 16 October 1998
[51] Int.Cl. 或 IPC	我国发明、实用新型两种专利也是直接使用 IPC。IPC 共 8 个部，8 个部分别用 A～H 8 个大写字母表示，其分类号由五大部分组成，最多可细分至八级，如查防近视台灯的分类号为 F21V33/00。我国外观设计专利采用的是国际外观设计分类，即洛迦诺分类。该分类表采用大类和小类两级分类制，如 19-07 教学材料

在此重点解释一下国际专利分类号。国际专利分类法（International Patent Classification，简称 IPC 或 Int.Cl.）是专门适用于专利文献的分类法。它采用"混合式分类"原则，即"功能分类和应用分类相结合"的原则。目前，主要工业发达国家除美国、英国外，日本、德国、俄罗斯、法国、意大利等国全部采用国际专利分类法作为本国专利文献的分类体系。我国的发明、实用新型两种专利也是直接使用国际专利分类法。

IPC 以等级的形式将技术内容按部（Section）、分部（Subsection）、类（Class）、小类（Subclass）、主组（Maingroup）、分组（Subgroup）逐级分类，IPC 类号采用字母与数字混合编排方式。

IPC 共 8 个部，部下的分部没有类号标识，共 20 个，如表 6-9 所示。

表 6-9　IPC 的部与分部

部	部名	分部名
A	人类生活必需（农、轻、医）	农业；食品与烟草；保健与娱乐；个人与家用物品
B	作业、运输	分离、混合；成型；印刷；交通运输
C	化学	化学；冶金
D	纺织、造纸	纺织；造纸
E	固定建筑物	建筑；掘井、采矿
F	机械工程	发动机或泵；一般工程；照明；加热；武器、爆破
G	物理	仪器；核子学
H	电学	

IPC 大类有 130 余个，大类类号由所属部的符号加上两位阿拉伯数字组成，如 A21；小类有 600 多个，小类类号由大类类号加上一个大写字母（第一版 IPC 中则用小写英文字母）组成，如 A21B。

IPC 的主组与分组都用数字表示，之间用"/"分隔。主组组号由小类类号加上 1～3 个三位数字，其中斜线"/"加在后两位数字之前，且后两位数字都为 0，如 A21B1/00；分组组号与主组组号相比，斜线"/"后两位数字不同时为 0，如 A21B1/02。分组又可细分出一级分组、二级分组等，IPC 最多可分至八级。分组的等级关系由类目前面的错位及"·"的数量表示。例如：

A	人类生活需要	部
	食品与烟草	分部
A21		大类
A21B		小类
A21B1/00	食品烤炉	主组
A21B1/02	·以加热装置为特征的	一级分组
A21B1/04	··在焙烤前只用火加热的烤炉	二级分组
A21B1/06	··用辐射器加热的烤炉	二级分组
A21B1/08	···用蒸汽加热的辐射器	三级分组

斜线后的数字在分类表中不表示任何进一步细分类的等级关系，即 1/06 并不是 1/04 的细分类，而 1/08 后的 3 个圆点决定了它是 1/06 的细分类，即是离它最近的少一个圆点类号的细分类。

我国外观设计专利采用的是国际外观设计分类，即洛迦诺分类。该分类表依据产品的用途，采用大类和小类两级分类制。大类号和小类号分别用两位阿拉伯数字表示，不足两位数的，在数字 1～9 之前加 0。目前，共分为 31 个大类和 217 个小类，包括 7 000 多个产品系列。此外，还设有第 99 类，将各个大类和小类中未包括的产品划归到第 99 类中。例如：

19 类 文具用品、办公设备、艺术家用材料及教学材料

19-01 书写纸、明信片和通知卡

19-02 办公设备

19-03 年历、日历

19-04 书本及其他与其外观相似物品

19-05 空白

19-06 用于写字、绘图、绘画、雕刻、雕塑及其他工艺技术的材料和器械

19-07 教学材料

19-08 其他印刷品

19-99 其他杂项

专利说明书摘要是对该发明创造的技术内容所进行的简明描述，一般紧接在专利说明书的有关著录项目之后。

（2）说明书正文部分

说明书正文是申请人向专利局申请专利权时必交的文件之一。在说明书中，申请人详尽地叙述了发明创造名称、发明的目的、发明的技术背景、发明的详细内容及发明创造的效果等。

（3）权利要求（附图）部分

权利要求可提供专利申请人请求法律保护的范围，它是专利局判定专利申请人是否侵权的依据。权力要求书必须以说明书的内容为依据，不能超出说明书范围。

附图可更好地阐明发明创造内容，尤其对一些涉及设备电路和具体产品的发明创造，一般都用附图加以补充说明。

六、专利检索依据

一般情况下，所有专利文献著录项目都可以作为专利信息检索依据。专利检索依据主要可归纳为以下 3 种情况，如表 6-10 所示。

表 6-10　专利检索依据

检索路径	含义
主题检索	分类检索（IPC、ECLA、US 分类号等）和关键词检索（发明名称、摘要）
名字检索	申请人（专利权人、专利受让人）、代理人、发明人（设计人）、代理机构
号码检索	申请日、公开（公告）日、公布（批准）日、申请号、专利号、优先权项

6.3.2　国家知识产权局网

一、数据库简介

网上能提供中国专利数据库的网站很多，但大多数网站只能免费阅读到题录文摘信息。在此，我们先介绍中国国家知识产权局网，如图 6-38 所示。网站收录了约 103 个国家、地区和组织的专利数据，以及引文、同族、法律状态等数据信息，其中涵盖了中国、美国、日本、韩国、英国、法国、德国、瑞士、俄罗斯、欧洲专利局和世界知识产权组织等。该网不仅能检索国内外专利，还具有各种分析功能。

中国国家知识产权局网的专利检索入口：主页→政务服务→专利→专利检索→专利检索及分析，如图 6-39 所示。

图 6-38　国家知识产权局主页

图 6-39　专利检索入口

二、检索技术

表 6-11 所示为中国国家知识产权局网的检索语言。

表 6-11　中国国家知识产权局网的检索语言

算符名称	含义
逻辑检索	AND、OR、NOT 分别表示与、或、非。同一字段的多个关键词之间用空格隔开，且使用英文双引号括起来，则执行逻辑 AND 运算，如 " 沈阳 中国石油 "；否则，系统将按照逻辑 OR 算符执行，如沈阳 中国石油，即同一字段的多个关键词之间用空格隔开，系统执行的是逻辑 OR 运算，而不同字段之间检索执行的是逻辑 AND 运算
精确检索	系统使用英文双引号表示
截词符	+ 代表任何长度的字符；# 代表一个强制存在的字符；？代表一个或没有字符
申请号格式	申请国别+申请流水号，如 CN201010109988
公开（公告）号格式	国别+公开（公告）流水号+公布等级，如 CN201033311Y

三、检索方式

中国国家知识产权局网可提供常规检索、高级检索和导航检索等检索方式。

（1）常规检索

常规检索界面是专利检索及分析的默认界面，用户在该界面中可以在自动识别、检索要素、申请号、公开（公告）号、申请（专利权）人、发明人、发明名称 7 个字段中进行检索。其中，自动识别为常规检索的默认字段，用户也可以根据需要选择字段，图 6-40 所示为在申请（专利权）人字段中检索鲁泰纺织申请的专利。检索要素是指同时在标题、摘要、关键词、权利要求和分类号中检索。

图 6-40　常规检索界面

（2）高级检索

单击专利检索及分析界面上的"高级检索"按钮即可进入高级检索界面（见图 6-41）。高级检索界面实为表格检索界面，它共提供了 14 个检索字段输入框，既可进行多词组配检索又可进行单一词检索。高级检索具有检索提示功能，用户检索时，只要把鼠标指针放在某一字段输入框上，就会显示相应的检索提示功能。在高级检索界面下方还有一个检索式编辑区，该区既可单独构造表达式进行检索，也可与上方的表格检索配合进行检索。

 要点提示

（1）所有字符均为半角字符，如截词符、双引号等。

（2）中国国家知识产权局网的说明书为 TIF 或 PDF 格式文件。

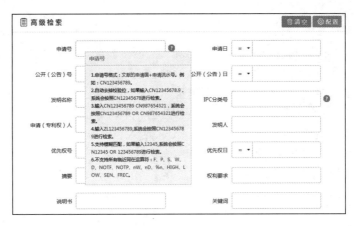

图 6-41 高级检索界面

（3）导航检索

单击"导航检索"按钮进入导航检索界面，使用导航检索应先确定 IPC 的 8 个大部，如选 A 部：人类生活必需，如图 6-42 所示，然后在该部下进一步逐级选择类目层层逼近检索，如选 A41、A41D，如图 6-43 所示。

图 6-42 IPC 分类导航界面 1

图 6-43 IPC 分类导航界面 2

四、检索结果

中国国家知识产权局网的专利检索结果分左、右两栏显示，如图 6-44 所示。左栏为"检索结果统计"，它可对申请人、发明人、技术领域、申请日、公开日进行统计；右栏最上方列出了 4 种显示方式及命中专利数量，系统默认显示方式为搜索式，而最为显著的位置则按篇罗列专利文献，每篇专利以专利名称、公开或授权公告、申请号、申请日、公开（公告）号、公开（公告）日、IPC 分类号、申请（专利权）人、发明人、代理人、代理机构和附图依次显示，另设有详览、法律状态和申请人的链接，用户单击这些链接，可查看到专利文摘等更加详细的信息、法律状态授权日期和申请人的基本信息。图 6-45 所示为一篇专利的详览信息界面。

图 6-44 检索结果界面

图 6-45 专利的详览信息界面

📁 **案例分析** 检索山东大学和青岛大学 2021 年以来在电通信技术领域发明的专利

解析：根据此题的要求，该题最好使用高级检索。在高级检索中，既可使用表格检索也可使用检索式编辑区各自构造表达式检索为：申请（专利权）人=（山东大学 青岛大学）AND IPC 分类号=(H04) AND 申请日 >=2021，检索结果如图 6-44 和图 6-45 所示。

其中，IPC 分类号可通过单击该字段后面的 ❓ 确定。具体方法是首先确定 IPC 的大部：H 部——电学，然后在该部下进一步逐级选择类目 H04 电通信技术并勾选，最后单击右上方的"应用"按钮（见图 6-46），H04 就会自动添加到表格检索中相应的字段下。

微课：检索山东大学和青岛大学 2021 年以来在电通信技术领域发明的专利

图 6-46　IPC 分类号确定界面

6.3.3　中外专利数据库

一、数据库简介

中外专利数据库（Wanfang Patent Database，WFPD）是中国科技信息研究所万方数据的一个子库，所以有时也称其为万方专利库。该库收录了自 1985 年以来的国内外发明、实用新型及外观设计等专利 5 442 余万项，包括 11 国两组织（中国、美国、澳大利亚、加拿大、瑞士、德国、法国、英国、日本、韩国、俄罗斯、欧洲专利局和世界知识产权组织）的专利信息数据，内容涉及自然科学各个学科领域，每年新增约 25 万条专利，国内专利每两周更新一次，国外专利每季度更新一次。

中外专利数据库有本地镜像版和远程版两种，本地镜像版的地址因用户单位不同而各异，远程版的访问界面如图 6-47 所示。中外专利数据库除了提供下载全文服务外，还对全部用户都提供通过万方数据网站的免费检索服务。

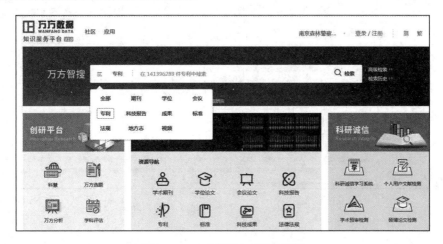

图 6-47　万方数据专利检索界面

二、检索技术

万方数据各资源信息检索技术基本一致。万方数据中外专利数据库检索语言参见表 6-1。

三、检索方式

中外专利数据库远程版的检索界面与万方数据知识服务平台上的其他子库一样，这极大简化了检索界面，且只使用一种全新的检索方式。它使用方便、检索灵活，既支持单一检索词检索，又支持 PQ 表达式检索；另外，用户还可根据需要，使用数据库特有的检索字段，甚至是外文字段来进行复杂检索。

由于万方数据知识服务平台上汇集了各种各样的子库，因此，用户使用该平台检索时首先要选择所用数据资源的类型。在这里，只要把鼠标指针放在平台左上方"万方智搜"旁的 ≡ 按钮上，就会显现万方数据知识服务平台上的各种资源类型，选择"专利"（见图 6-47）就可进入中外专利数据库的检索界面。

四、检索结果

中外专利数据库的检索结果界面如图 6-48 所示。上栏为检索表达式；左栏显示命中文献数量，并可进一步在专利分类、专利类型、国家/地区/组织等分类中进行限定检索。中栏上方可对检索结果在专利名称、申请人/专利权人等字段进行二次检索，中栏下方显示命中结果的题录信息，每篇专利文献按序号、专利标题、专利类型、申请（专利）号、申请（专利权）人、申请日期和摘要等信息依次排列，并列有"在线阅读"按钮、"下载"按钮、"引用"按钮。单击图 6-48 中的论文标题，还可显示该专利文献更详细的题录信息，如摘要、专利类型、申请（专利）号、申请日期、主权项等（见图 6-49）；单击"下载全文"图标、"查看全文"图标，均可显示 PDF 格式的全文界面，如图 6-50 所示。

图 6-48　万方数据专利检索结果界面

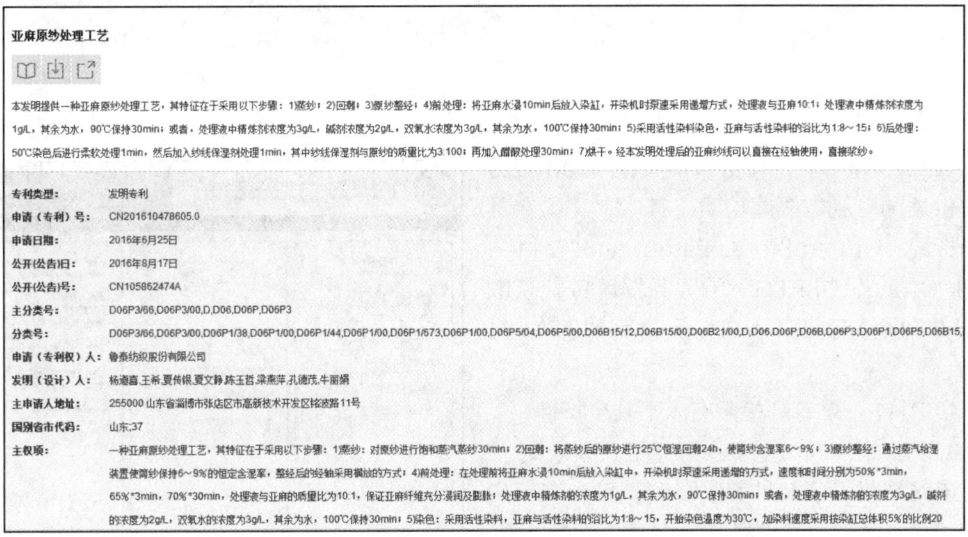

亚麻原纱处理工艺

本发明提供一种亚麻原纱处理工艺，其特征在于采用以下步骤：1)蒸纱；2)回潮；3)原纱整经；4)前处理：将亚麻水浸10min后放入染缸，开染机时泵速采用递增方式，处理液与亚麻10:1；处理液中精炼剂浓度为1g/L，其余为水，90℃保持30min；或者，处理液中精炼剂浓度为3g/L，碱剂浓度为2g/L，双氧水浓度为3g/L，其余为水，100℃保持30min；5)采用活性染料染色，亚麻与活性染料的浴比为1:8～15；6)后处理：50℃染色后进行柔软处理1min，然后加入纱线保湿剂处理1min，其中纱线保湿剂与原纱的质量比为3:100；再加入醋酸处理30min；7)烘干。经本发明处理后的亚麻纱线可以直接在经轴使用，直接浆纱。

专利类型：	发明专利
申请（专利）号：	CN201610478605.0
申请日期：	2016年6月25日
公开(公告)日：	2016年8月17日
公开(公告)号：	CN105862474A
主分类号：	D06P3/66,D06P3/00,D,D06,D06P,D06P3
分类号：	D06P3/66,D06P3/00,D06P1/38,D06P1/00,D06P1/44,D06P1/00,D06P1/673,D06P1/00,D06P5/04,D06P5/00,D06B15/12,D06B15/00,D06B21/00,D,D06,D06P,D06B,D06P3,D06P1,D06P5,D06B15,
申请（专利权）人：	鲁泰纺织股份有限公司
发明（设计）人：	杨道喜,王希,夏传银,夏文静,陈玉哲,梁燕萍,孔德茂,牛丽娟
主申请人地址：	255000 山东省淄博市张店区市高新技术开发区铭波路11号
国别省市代码：	山东;37
主权项：	一种亚麻原纱处理工艺，其特征在于采用以下步骤：1)蒸纱：对原纱进行饱和蒸汽蒸纱30min；2)回潮：将蒸纱后的原纱进行25℃恒湿回潮24h，使筒纱含湿率6～9%；3)原纱整经：通过蒸汽给湿装置使筒纱保持6～9%的恒定含湿率，整经后的经轴采用横放的方式；4)前处理：在处理前将亚麻水浸10min后放入染缸中，开染机时泵速采用递增的方式，速度和时间分别为50%*3min，65%*3min，70%*30min，处理液与亚麻的质量比为10:1，保证亚麻纤维充分浸润及膨胀；处理液中精炼剂的浓度为1g/L，其余为水，90℃保持30min；或者，处理液中精炼剂的浓度为3g/L，碱剂的浓度为2g/L，双氧水的浓度为3g/L，其余为水，100℃保持30min；5)染色：采用活性染料，亚麻与活性染料的浴比为1:8～15，开始染色温度为30℃，加染料速度采用按染缸总体积5%的比例20

图 6-49　万方数据专利检索详细结果界面

CN 105862474 A　　**说　明　书**　　1/3 页

亚麻原纱处理工艺

技术领域

[0001]　本发明提供一种亚麻原纱处理工艺，属于纺织技术领域。

技术背景

[0002]　亚麻纤维是世界上最古老的纺织纤维，其具有吸湿散热，保健抑菌，防污抗静电的优良性能；然而亚麻纤维存在的刚性强、断裂伸长率低，纱线强力不均匀问题，造成亚麻品种在浆纱、织造过程中，断头、打绞现象严重，影响织造效率。

发明内容

[0003]　本发明提供的一种适用于亚麻的经轴染色方法，能够在简化亚麻生产流程的同时，改善其在后续加工中的断头、打绞现象，提高织造效率。其技术方案为：

[0004]　一种亚麻原纱处理工艺，其特征在于采用以下步骤：

[0005]　1)蒸纱：对原纱进行饱和蒸汽蒸纱30min；

[0006]　2)回潮：将蒸纱后的原纱进行25℃恒湿回潮24h，使筒纱含湿率6～9%；

[0007]　3)原纱整经：通过蒸汽给湿装置使筒纱保持6～9%的恒定含湿率，整经后的经轴采用横放的方式；

[0008]　4)前处理：在处理前将亚麻水浸10min后放入染缸中，开染机时泵速采用递增的方式，速度和时间分别为50%*3min；65%*3min，70%*30min，处理液与亚麻的质量比10:1，保证亚麻纤维充分浸润及膨胀；处理液中精炼剂的浓度为1g/L，其余为水，90℃保持30min；或者，处理液中精炼剂的浓度为3g/L，碱剂的浓度为2g/L，双氧水的浓度为3g/L，其余为水，100℃保持30min；

[0009]　5)染色：采用活性染料，亚麻与活性染料的浴比为1:8～15，开始染色温度为30℃，加染料速度采用按染缸总体积5%的比例20分钟等量均匀加入；加染料完毕后，再以1.5℃/

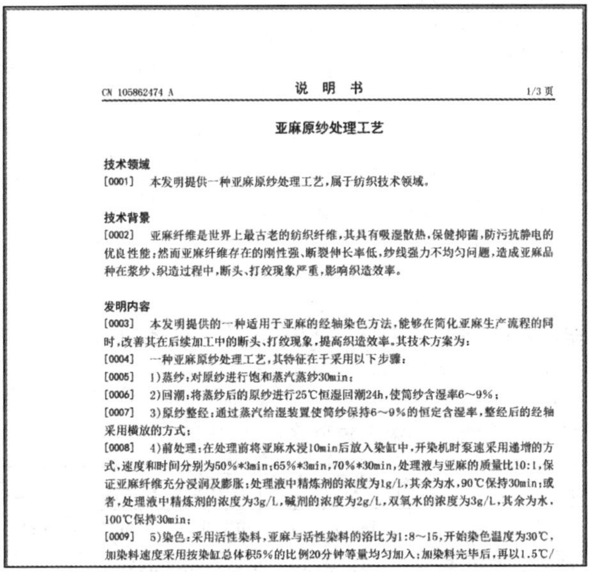

图 6-50　万方数据专利检索全文界面

案例分析　**查鲁泰在纺织和服装领域内发明的专利**

解析：该题的关键是找出纺织和服装所属的 IPC 分类号及检索字段。纺织和服装所属的 IPC 分类号可通过中国国家知识产权局网的导航检索界面确定为 D 和 A41，检索字段可用分类号试试，这样检索表达式为：专利权人:(鲁泰) AND 分类号:("A41 AND D")，如图 6-48 所示。

微课：查鲁泰在纺织和服装领域内发明的专利

6.3.4　美国专利检索

一、USPTO 简介

在 Internet 上，有数家机构的 Web 服务器提供美国专利数据库检索。其中，美国专利与商标局（United States Patent and Trademark Office，USPTO）的服务器可免费获取美国专利全文信息，USPTO 主页如图 6-51 所示。

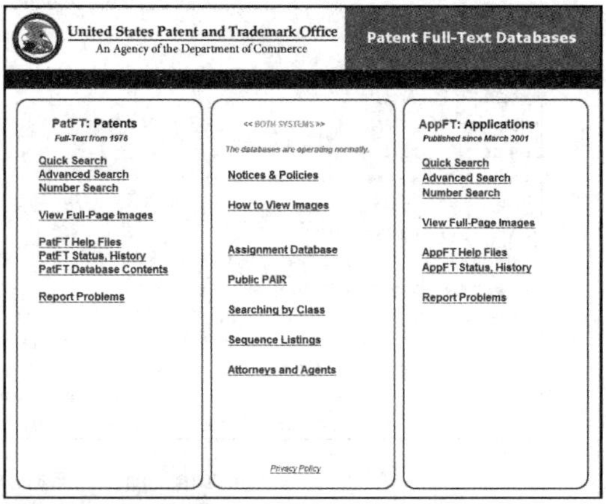

图 6-51　USPTO 主页

USPTO 网站专利检索有以下几个特色。

（1）收录专利类型多且可免费获取全文

该网站收录了 8 种美国专利，且允许用户免费阅读专利的全文信息。

（2）覆盖领域宽泛

该网站涉及科学与技术应用领域，为可授予专利领域较全的网站之一。

（3）数据库更新快

该网站数据库每周更新。

（4）回溯时间长

该网站收录了 1790 年至今的专利。

二、检索技术

检索技术是数据库检索的核心，即通常所说的各种检索算符等。USPTO 的常用检索语言如表 6-12 所示。

表 6-12　USPTO 的常用检索语言

算符名称	算符标识	实例	含义
逻辑与	AND	solar AND energy	两词同时出现在同一记录中
逻辑或	OR	garment OR apparel	两词中任意一词或两词同时出现在文献记录中
逻辑非	AND NOT	energy AND NOT nuclear	energy 出现在文献记录中，但 nuclear 不出现
优先级	()	(chitin or chitosan) and garment	凡加此算符的表达式优先执行
截词符	$	plant$	检索出与 plant 词干相同，而其词尾字母不限的所有词
短语检索	" "	"solar energy"	精确短语检索

三、检索方式

在图 6-51 中，USPTO 专利库主页左栏为已公布（批准）的专利，中栏为通知和政策及帮助事项，右栏为申请专利。该库提供了 3 种检索方式，即 Quick Search（快速检索）、Advanced Search（高级检索）和（Patent）Number Search[（专利）号检索]。

（1）快速检索

以 USPTO 主页左栏为例，单击其中的"Quick Search"链接或单击其他页面中的"Quick"链接都可进入快速检索界面。快速检索界面只提供两个文本输入框，用户可输入检索词，并通过下拉菜单选择检索字段、逻辑算符及检索年代进行检索，如图 6-52 所示。

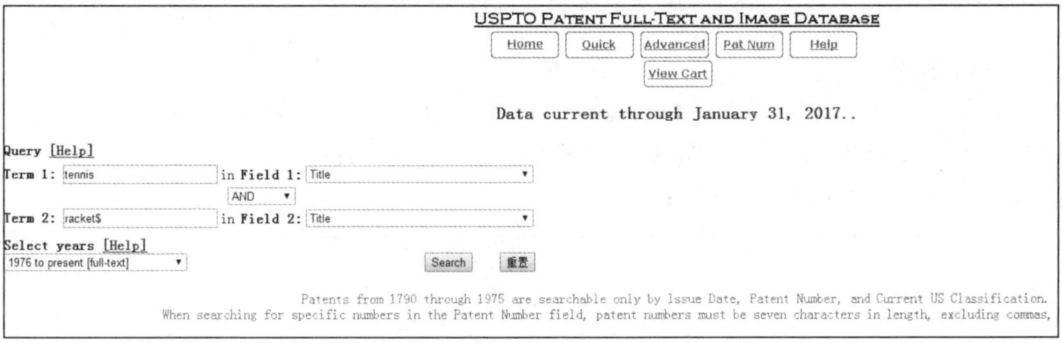

图 6-52　快速检索界面

快速检索界面中可供选择的字段包括 Title（题名）、Abstract（文摘）、Patent Number（专利号）、Inventor Name（发明人名称）等 50 多个字段，参见表 6-13，默认状态下为所有字段。该检索界面简单、直观，易于用户掌握。

表 6-13　USPTO 部分检索字段代码

代码	字段名称	代码	字段名称
PN（专利号）	Patent Number	IN（发明人名称）	Inventor Name
ISD（公布日期）	Issue Date	IC（发明人所在城市）	Inventor City
TTL（题名）	Title	IS（发明人所在州）	Inventor State
ABST（文摘）	Abstract	ICN（发明人所在国家）	Inventor Country
ACLM（权利要求）	Claim(s)	LREP（律师或代理人）	Attorney or Agent
SPEC（说明书）	Description/Specification	AN（专利权人名称）	Assignee Name
CCL（最新美国专利分类号）	Current US Classification	AC（专利权人所在城市）	Assignee City
ICL（国际专利分类号）	International Classification	AS（专利权人所在州）	Assignee State
APN（申请号）	Application Serial Number	ACN（专利权人所在国家）	Assignee Country
APD（申请日期）	Application Date	EXP（主审人）	Primary Examiner
PARN（原始案例信息）	Parent Case Information	EXA（助理审查人）	Assistant Examiner
RLAP（相关US申请日期）	Related US App. Data	REF（引用文献）	Referenced By
REIS（再公告日期）	Reissue Data	FREF（国外参考文献）	Foreign References
PRIR（外国优先权）	Foreign Priority	OREF（其他参考文献）	Other References
PCT（专利合作条约信息）	PCT Information	GOVT（政府股份）	Government Interest
APT（申请类型）	Application Type		

要点提示

　　快速检索界面只适用于两个及两个以下检索词或短语的检索，且每个文本框中只允许输入一个检索词或短语。两个以上检索词或短语的检索必须用高级检索界面进行。

（2）高级检索

　　单击 USPTO 主页中左栏的"Advanced Search"链接或单击其他页面中的"Advanced"链接都可进入高级检索界面，如图 6-53 所示。在高级检索界面中，用户可根据需要，在 Query 框内输入检索表达式进行检索。

图 6-53　高级检索界面

（3）（专利）号检索

　　单击 USPTO 主页中左栏的"Number Search"链接或其他页面中的"Pat Num"链接都可进入专利号检索界面。专利号检索只提供一个文本查询框，用户在此只能对专利号进行检索，如图 6-54 所示。

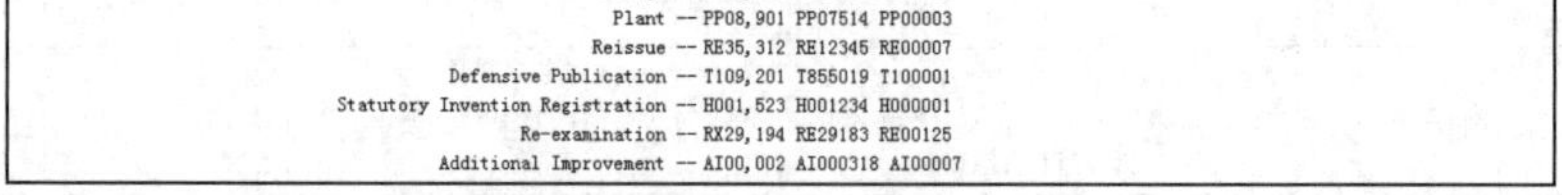

图 6-54　专利号检索界面

　　由于美国专利的种类较多，因此用户在输入专利号时应注意专利的格式。例如，发明专利（Utility）代码为 A，用户输入时可省略它，直接输入专利号；其他 7 种专利，如外观设计专利（Design）代码为 D、植物专利（Plant）代码为 PP、再公告专利（Reissue）代码为 RE、防卫性公告（Defensive Publication）代码为 T、依法登记的发明（Statutory

Invention Registration）代码为 H、再审查专利（Re-examination）代码为 RX、补充专利（Additional Improvement）代码为 AI，用户输入时在检索框中除了输入专利号外，还要在专利号之前冠以这些专利代码。

要点提示

（1）高级检索的分隔符号"/"与字段代码之间不要留空格，否则检索容易出错。

（2）用专利号检索时，输入的内容包括代码在内不能超过 7 位。

四、检索结果

在上述 3 种检索方式中，单击"Search"按钮后，系统执行检索并将匹配的记录输出到屏幕上，其显示内容有检索表达式、命中条数、专利题录等信息，其专利题录包括记录顺序号、专利号和发明名称，显示结果如图 6-55 所示。系统按专利号大小降序排列记录，用户可在"Jump To"按钮旁的输入框中输入记录顺序号来显示该条记录；单击专利号或专利名称，可看到除附图之外专利说明书的所有内容，如各种专利著录项目、摘要、说明书和权利项

图 6-55 检索结果界面

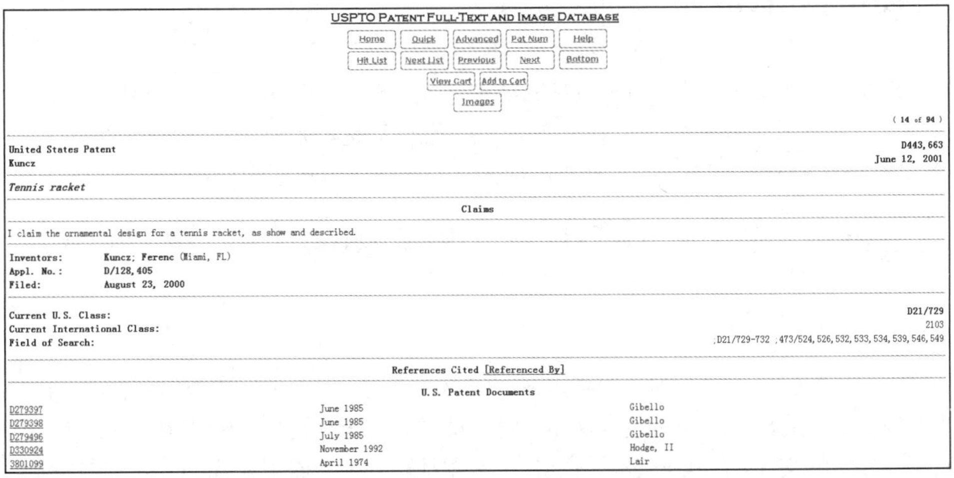

等更详细的信息，如图 6-56 所示。若要浏览专利说明书图形或查看扫描图像的专利全文（见图 6-57），用户可单击图 6-56 界面上部的"Images"按钮。检索结果可以被保存和打印，但一次只能保存或打印一条全记录。

图 6-56 专利全文显示界面

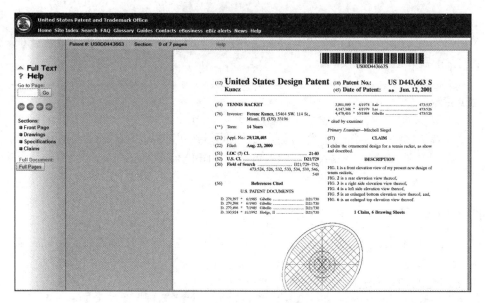

图 6-57　专利扫描图像全文显示界面

 案例分析　　　　　　　　**查找网球拍方面的外观设计专利**

　　解析： 根据此题的要求，该题最好使用高级检索来完成，使用快速检索则要分几步完成。在高级检索中，将网球拍限定在题名字段，外观设计专利可单击高级检索界面中"Field Name"列中的"Application Type"（申请类型）链接，查看 Application Type 来确定外观设计专利字段和其类型的数字代码，最后构造的检索表达式为：ttl/(tennis AND (racquet$ OR racket$)) AND apt/4（见图 6-53），命中 94 件专利，如图 6-55 所示。其中一篇专利 Tennis racket D443,663 的全文显示界面及专利扫描图像全文显示界面分别如图 6-56 和图 6-57 所示。

6.4　标准文献检索

　　标准是在一定地域或行业内统一的技术要求。标准不仅适用于企业，也适用于旅游、金融、科技服务、机关、教育及社会公益事业等行业，因此标准文献应用十分广泛。本节将介绍有关标准文献的一些基础知识和几个国内外有影响的标准文献数据库。

6.4.1　标准文献概述

一、标准文献概念

　　标准文献是指在有关方面的通力合作下，按照规定程序编制并经主管机关批准，以特定形式发布，为在一定的范围内获得良好秩序，对活动或其结果规定共同的和重复使用的规则、导则、定额或要求的文件。标准一般以科学、技术和经验的综合成果为基础，以改进产品、过程和服务的适用性，防止壁垒，促进技术合作，获得理想社会效益为目的。

简而言之，标准文献是在一定地域或行业内统一技术要求的文件。

二、标准文献类型

标准文献类型有很多种，以下是部分标准的类型。

- 按其标准化对象划分，可分为技术标准、管理标准和工作标准。
- 按其内容划分，可分为基础标准、产品标准、检验标准、方法标准和安全标准。
- 按其使用范围划分，可分为国际标准、国家标准、行业标准、地方标准和企业标准。
- 按其成熟度划分，可分为法定标准、推荐标准、试行标准和草案标准。
- 按其法律属性划分，可分为强制性标准、推荐性标准和标准化指导性技术文件。

在此重点介绍按其使用范围和法律属性划分的标准类型及相关的组织。

1. 按其使用范围划分

国际标准是指在世界范围内统一使用的标准。它是由国际标准化组织（ISO）、国际电工委员会（IEC）和国际电信联盟（ITU）以及国际标准化组织确认并公布的近 30 个其他国际组织制定的标准。这些国际组织制定的标准化文献主要有国际标准、国际建议、国际公约、国际公约的技术附录和国际代码，也有经各国政府认可的强制性要求，对国际贸易业务和信息交流具有重要影响。

- 国际标准化组织。国际标准化组织（International Organization for Standardization, ISO）成立于 1947 年 2 月 23 日，总部设在瑞士的日内瓦。国际标准化组织是一个全球性的非政府组织，是国际标准化领域中一个最大的组织。国际标准化组织的任务是促进全球范围内标准化的制定及形成（如制定国际标准，协调世界范围内的标准化工作，与其他国际性组织合作研究有关标准化问题），其宗旨是在世界范围内促进标准化工作的开展，有利于国际物资交流和互助，并扩大知识、科学、技术和经济方面的合作。

- 国际电工委员会。国际电工委员会（International Electrotechnical Commission, IEC）成立于 1906 年，现总部也设在瑞士的日内瓦。它是世界上成立最早的国际性电工标准化机构之一，负责有关电气工程和电子工程领域中的国际标准化工作。IEC 的宗旨是促进电工、电子和相关技术领域有关电工标准化等所有问题（如标准的合格评定）上的国际合作。目前 IEC 的工作领域已由单纯研究电气设备、电机的名词术语和功率等问题扩展到电子、电力、微电子及其应用、通信、视听、机器人、信息技术、新型医疗器械和核仪表等方面。

IEC 标准的权威性是世界公认的。IEC 每年要在世界各地召开一百多次国际标准会议，世界各国的近 10 万名专家在参与 IEC 的标准制定、修订工作。IEC 现在有技术委员会（TC）110 个、分技术委员会（SC）103 个。IEC 标准在迅速增加，1963 年只有 120 个标准，截至 2021 年 12 月底，IEC 已制定了 7 201 个国际标准。

根据《中华人民共和国标准化法》的规定，我国标准分为国家标准、行业标准、地方标准和企业标准 4 类。

（1）国家标准

由国务院标准化行政主管部门制定的、需要在全国范围内统一的技术要求，称为我国国家标准。我国国家标准代号由国家标准汉语拼音字头缩写 GB 开头，它共分为 3 种：GB、GB/T 和 GB/Z。它们分别表示强制性国家标准、推荐性国家标准和国家标准化指导性技术文件。

（2）行业标准

没有国家标准而又需在全国某个行业范围内统一的技术标准，由国务院有关行政主管部门制定并报国务院标准化行政主管部门备案的标准，称为行业标准。行业标准代号一般由两位行业标准汉语拼音字头缩写开头，如机械 –JB、建材 –JC 等。行业标准也用代号后是否加"/T"表示强制性行业标准和推荐性行业标准。

（3）地方标准

没有国家标准和行业标准而又需在省、自治区、直辖市范围内统一的工业产品安全、卫生要求，由省、自治区、直辖市标准化行政主管部门制定并报国务院标准化行政主管部门和国务院有关行业行政主管部门备案的标准，称为地方标准。地方标准也分强制性和推荐性。地方标准代号由地方标准汉语拼音字头缩写 DB 和省、自治区、直辖市行政区划代码前两位数再加斜线开头，例如山东省强制性地方标准为 DB37/ ××××–××。

（4）企业标准

企业生产的产品没有国家标准、行业标准和地方标准，由企业制定的作为组织生产依据的相应标准，或者在企业内制定适用的严于国家标准、行业标准、地方标准的（内控）标准，这些由企业自行组织制定的并按政府规定备案的标准，即称为企业标准。企业标准代号由企业标准汉语拼音字头缩写 Q，加斜线，再加企业代号开头，例如贵州巨星米粉的企业标准号为 Q/JX 001–2002。

我国的这 4 类标准主要是适用范围不同，并非是标准技术水平高低的分级。

2. 按其法律属性划分

（1）强制性标准

依据《中华人民共和国标准化法》的规定，国家标准分为强制性标准、推荐性标准，行业标准、地方标准是推荐性标准。对保障人身健康和生命财产安全、国家安全、生态环境安全以及满足经济社会管理基本需要的技术要求，应当制定强制性国家标准。强制性标准必须执行。不符合强制性标准的产品、服务，不得生产、销售、进口或者提供。

（2）推荐性标准

推荐性标准是指导性标准，即由公认机构批准的，非强制性的，为了通用或反复使用的目的，为产品或相关生产方法提供规则、指南或特性的文件。推荐性标准也可以包括或专门规定用于产品、加工、生产方法的术语、符号、包装标准或标签要求。推荐性标准是自愿性文件，鼓励单位自愿采用，但一经采用就应严格执行，不得随意改动。因此，推荐性标准文献都具有一定的法律属性，使产品生产、工程建设、组织管理等有据可依。

（3）标准化指导性技术文件

标准化指导性技术文件是为适应某些领域标准快速发展和快速变化的需要所提供的指南或信息，供科研、设计、生产、使用和管理等有关人员参考使用而制定的标准文件。例如，1998 年，我国国家标准增加一种国家标准化指导性技术文件作为对国家标准的补充，其代号为 GB/Z，指导性技术文件仅供使用者参考。

三、标准分类

前面第 2 章中的 2.3.2 小节分类语言中，曾介绍过《中国图书馆分类法》，它主要适用于书刊等文献的分类。对于标准文献的分类，不同国家分类法各异，我国使用的是《中国标准文献分类法》（简称 CCS）。CCS 原则上把标准文献细分到二级类目。一级类目共设 24 个大类，用英文大写字母 A～Z（除 I 和 O）表示，见表 6-14；二级类目用两位阿拉伯数字表示。例如，M 通信、广播（一级类目）、M72 音响、电声设备（二级类目）。

表 6-14 《中国标准文献分类法》一级类目分类号及类目名称

分类号	类目名称	分类号	类目名称	分类号	类目名称
A	综合	J	机械	S	铁路
B	农业、林业	K	电工	T	车辆
C	医药、卫生、劳动保护	L	电子元器件与信息技术	U	船舶
D	矿业	M	通信、广播	V	航空、航天
E	石油	N	仪器、仪表	W	纺织
F	能源、核技术	P	工程建设	X	食品
G	化工	Q	建材	Y	轻工、文化与生活用品
H	冶金	R	公路、水路运输	Z	环境保护

ISO 和 IEC 组织则按国际标准分类体系把标准文献划分为 41 个大类，按等级共分为 3 级：第一级由两位数字组成；第一级细分为组，称第二级，由 3 位数字组成；组再细分为次组，称第三级，由两位数字组成。各级之间以"."隔开，国际标准分类号（ICS）如下所示。

13 Environment.Health protection.Safety 环保、保健和安全

13.060 Water quality 水质

13.060.20 Drinking water 饮用水

四、标准文献检索依据

标准文献检索依据很多，它主要是指构成标准文献特征的一些字段。在此，仅介绍经常使用的以下 5 个检索字段。

（1）标准号

标准文献无论是从编写格式、描述内容、遣词用字上还是在审批程序、管理办法以及使用范围等方面都不同于一般的文献，而是别具一格、自成体系。标准文献的一个显著标志就是一个标准对应一个标准号。一个标准即使仅有寥寥数页也须单独成册出版，一般只解决一个问题。标准文献的标准号一般由标准代号加顺序号和年份代号组成。例如：

ISO 898-1:1999（分别表示为国际标准化组织代号、标准序号、分序号和年份）；

IEC 60456-3-2(1987-04)（分别表示为国际电工委员会标准代号、标准序号、部号、分部号和出版年月）；

GB 25199—2015（分别表示为我国国家强制性标准代号、标准序号和年份）；

FZ/T 30003—2000（分别表示为我国纺织行业推荐性标准代号、标准序号和年份）；

DB 33/T 915—2014（分别表示为我国浙江省推荐性地方标准代号、标准序号和年份）。

ISO 和 IEC 在标准化的工作领域和范围方面有所不同，但两者也有合作。IEC 负责有关电工、电子领域的国际标准化工作；ISO 负责除电工、电子领域和军工、石油、船舶制造之外的很多重要领域的标准化活动。

（2）分类号

用户如果想了解某一专业或某一学科都有什么样的标准，根据分类检索应为首选方式。用户按分类检索必须熟悉各种分类体系。中国标准文献分类法见表 6-14。

（3）关键词

在实际应用中，用户经常是不知所查标准的标准号，也不知所查标准的分类号，但知要查某一具体标准的一些描述词，如某用户想弄明白商品包装袋上条码的含义，就可借助关键词"条码"检索。关键词检索就是检索在标准标题或关键词字段中出现的主要词。用户所输入的词必须与数据库标准标题或关键词字段中的词匹配才会被检出，因此，关键词检索只是字面匹配而非内容匹配。

（4）采用关系

采用关系是我国采用国际标准的一项重要技术政策，它是指我国标准采用国际标准或国外先进标准的程度。为此，国家质量监督检验检疫总局发布了《采用国际标准管理办法》，规定了采用原则、采用程度、表示方法和有关措施。

采用国际标准的表示方法可分为等同采用、修改采用和非等效采用 3 种。等同采用（用缩写字母 idt 或 IDT 表示）指技术内容和文本结构均与国际标准完全相同，没有或仅有编辑性修改，编写方法完全相对应；修改采用（用缩写字母 mod 或 MOD 表示）指主要技术内容相同，技术上只有很小差异，编写方法不完全相对应；非等效采用（用缩写字母 neq 或 NEQ 表示）指技术内容有重大差异。对于等同、修改采用国际标准（包括即将制定完成的国际标准）和国外先进标准（不包括国外先进企业标准）编制的我国标准，在标准封面上必须注明采用标准和采用程度；在标准前言中，写明被采用标准的组织、国别、编号、名称、采用的程度和简要说明我国标准同被采用标准的主要差别。非等效采用编制的我国标准则不需在封面上标注，也不算是采标。但在前言中应说明"本标准与 ISO××××:×××× 标准的一致性程度为非等效"。

（5）被代替标准

标准实施后，根据科技发展和经济建设需要，由标准的主管部门组织有关单位适时进行复审，复审周期一般不超过 5 年。复审的结果可按以下 3 种情况进行处理：不需修改的标准确认继续有效，这种标准不改顺序号和年号，当标准重版时，在标准封面上、编号下注明"××××年确认有效"字样；需修改的标准列入修订计划，修订的标准顺序号不变，只是把年号改为修订的年号；对已无存在必要的标准予以废止。

因此，被代替标准是指需修改的标准，即非现行的标准。由此看出，一个标准不论修订多少次，标准号中的顺序号一般不变。除非修订中包括了原有若干个标准，则用其中为主标准的顺序号，而年号数字仍随修订后批准发布的年份而改变。例如，GB/T 7714—1987、GB/T 7714—2005、GB/T 7714—2015 表示一个标准经过 3 次修订。GB/T 7714—2015 是一项专门供著者和编辑编撰文后参考文献使用的国家标准，非等效采用 ISO 690《文献工作文后参考文献内容、形式与结构》和 ISO 690-2《信息与文献参考文献　第 2 部分：电子文献部分》两项国际标准。GB/T 7714—2015 在著录项目的设置、著录格式的确定、参考文献的著录以及参考文献表的组织等方面尽可能与国际标准保持一致，以达到共享文献信息资源的目的。

6.4.2　中国标准服务网

一、数据库简介

中国标准服务网是国家级标准信息服务门户，是世界标准服务网的中国站点。该网站主要依托于国家标准化管理委员会、中国标准化研究院标准馆及院属科研部门、地方标准化研究院（所）及国内外相关标准化机构，其中，中国标准化研究院标准馆负责网站的标准信息维护、网员管理和技术支撑。中国标准化研究院标准馆现已收藏有 60 多个国家、70 多个国际和区域性标准化组织、450 多个专业学（协）会的标准以及全部中国国家标准和行业标准共计 60 多万个。其中，国内包括国家标准库、行业标准库、建设标准库等；国外包括国际标准化组织标准（ISO）、德国标准（DIN）、法国标准（NF）、日本工业标准（JIS）、美国各种专业标准。此外，该网站收集了 160 多种国内外标准化期刊和 7 000 多册标准化专著，与 30 多个国家及国际标准化机构建立了长期、稳固的标准资料交换关系，还作为一些国外标准出版机构的代理，从事国外和国际标准的营销工作。每年投入大量经费和技术人员，对标准文献信息进行收集、加工并进行数据库和信息系统的建设、维护与相关研究。另外，中国标准服务网还免费提供强制性国家标准阅览服务，但用户必须要事先注册，且要下载并安装 ActiveX 插件。

二、检索方式

中国标准服务网主页如图 6-58 所示，该网站可提供简单检索、高级检索、专业检索和分类检索 4 种检索方式。

图 6-58　中国标准服务网主页

（1）简单检索

简单检索位于主页上或隐含在高级检索中，只能按标准号和关键词字段进行单一词检索，此处单一词检索的含义是系统本身支持截词检索（前后截词），但不支持位置算符检索。

（2）高级检索

单击主页上的"高级检索"链接即可进入高级检索界面。高级检索界面提供的检索项较多，如关键词、标准号、国际标准分类（选择）、中国标准分类（选择）、采用关系、标准品种（选择）、年代号、标准状态（见图 6-59）。高级检索既支持单一词检索又支持逻辑与运算，较适合目的性强的用户检索。

（3）专业检索

专业检索（见图 6-60）提供中英文标题、中英文主题词、代替标准、被代替标准、引用标准等（18 个）检索字段，支持逻辑与、逻辑或检索，并支持精确和模糊匹配，此外还支持对标准发布单位进行筛选，因此，专业检索界面比高级检索界面更有利于用户进行复杂的检索。

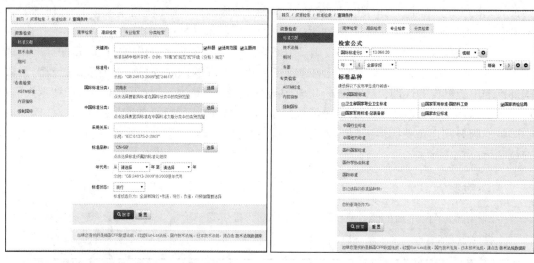

图 6-59　中国标准服务网高级检索界面　　　　　图 6-60　中国标准服务网专业检索界面

（4）分类检索

标准分类检索分为"国际标准分类"（ICS 分类）和"中国标准分类"（CCS 分类）。ICS 分类共设 41 个大类（见图 6-61），按等级共分为 3 级；CCS 分类共设 24 个一级类目，原则上把标准文献细分到二级类目。无论是何种分类法，单击相应类别后面的文件夹链接，就会显示当前类别下的明细分类，直到显示该类下的所有标准。图 6-62 为选择"13.060.20 饮用水"三级类目的界面，单击"确定"按钮后即可对该类目进行检索。

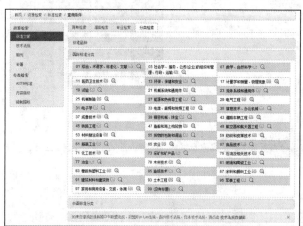

图 6-61　中国标准服务网 ICS 分类检索界面　　　　图 6-62　中国标准服务网 CCS 分类检索界面

三、检索结果

用户从检索结果界面中不仅可看到该标准的标准号、中英文标准题名，还可看到其基本信息、适用范围、关联标准、标准分类号及浏览过的文献，并可提供标准全文收费服务，如图 6-63 和图 6-64 所示。

图 6-63　检索结果界面 1　　　　　　　　图 6-64　检索结果界面 2

 案例分析　　　　　　　**查有关饮用水方面的强制性国家标准**

　　解析：此题的关键是确定"饮用水"的检索入口词，若只使用关键词字段，查准率欠佳。而国际标准分类表中正好设有饮用水的分类号——13.060.20，所以首选使用 ICS 分类检索既全又准，见图 6-61、图 6-62。其次选用中国标准服务网主页右侧的"强制性国家标准阅读"图标进行高级检索，在此再使用"国际标准分类"字段右侧的"选择"按钮来确定分类号——13.060.20 对应的检索词"饮用水"（见图 6-65），检索结果如图 6-66 所示，其中一篇标准的全文如图 6-67 所示。

微课：查有关饮用水方面的强制性国家标准

　　此题如果只检索饮用水方面的国家标准，可用高级检索或专业检索（见图 6-59 和图 6-60），其检索结果如图 6-63 和图 6-64 所示。

图 6-65　中国标准服务网强制性国家标准高级检索界面

图 6-66　中国标准服务网强制性国家标准检索结果界面　图 6-67　中国标准服务网强制性国家标准全文界面

6.4.3 中外标准数据库

一、数据库简介

中外标准数据库收录了中国国家标准（GB）、中国行业标准（HB）及中外标准题录摘要数据共计200余万条记录。其中，中国国家标准全文数据内容源于中国质检出版社；中国行业标准全文数据收录了机械、建材、地震、通信标准及由中国质检出版社授权的部分行业标准。

中外标准数据库有本地镜像版和远程版两种，本地镜像版的地址会因用户单位不同而各异，而远程版的访问界面如图6-68所示。中外标准数据库除了下载全文服务外，对全部用户都提供通过万方数据网站的免费检索服务。

图6-68　万方数据标准检索界面

二、检索技术

万方数据各资源信息检索技术基本一致。万方数据中外标准数据库检索语言如表6-15所示。

表6-15　万方数据中外标准数据库检索语言

算符名称		算符标识	含义
逻辑运算	逻辑与	AND、*	多词同时出现在文献中
	逻辑或	OR、+	任意一词出现在文献中
	逻辑非	NOT、^	在文献中出现算符前面的词，但排除算符后面的词
优先级检索		()	括号里的运算优先执行
PQ 表达式		左（检索字段）：右（检索词）	由冒号分隔符 ":" 分隔为左、右两个部分，冒号左侧为限定的检索字段，冒号右侧为检索词或短语
精确匹配		精确、""	检索结果完全等同或包含与检索字（词）完全相同的词语
模糊匹配		模糊、默认	检索结果包含检索字（词）或检索词中的词素

三、检索方式

中外标准数据库和万方数据知识服务平台上的其他子库一样，为了与时俱进，其检索界面不断修改，将原来的 4 种检索方式合并成只有 1 种检索方式，用户使用起来得心应手、灵活便利。用户不仅可输入单一检索词、PQ 表达式检索，还可根据数据库功能，自己增加检索字段，运用检索技术进行复杂检索。

由于万方数据知识服务平台将各种子库隐藏在"万方智搜"旁的☰按钮中，因此使用中外标准数据库检索时，首要任务是从其平台中找出数据资源类型。在这里，用户只要把鼠标指针放在平台左上方的☰按钮上，此时会显示该平台上的各种资源类型，选择"标准"（见图 6-68）就可进入中外标准数据库的检索界面。例如，图 6-69 所示为使用 PQ 表达式构造的"纺织品抗菌"方面的标准文献检索式。

图 6-69　"纺织品抗菌"方面的标准文献检索式

四、检索结果

中外标准数据库的检索结果界面如图 6-70 所示。上栏为检索表达式；左栏显示命中标准文献数量，并可进一步在中标分类、标准类型、发布时间等中进行限定检索。中栏上方可对检索结果在标题名称、关键词、年份等字段进行二次检索，中栏下方显示命中结果的题录信息，每篇标准文献按序号、标准名称、标准号、数据库类型、标准来源、发布日期、标准状态、摘要、关键词等信息依次排列，每篇标准文献下方列有"在线阅读"按钮、"下载"按钮、"引用"按钮。单击图 6-70 的标准标题，还可显示该篇标准文献更详细的题录信息，如摘要、中国标准分类号、国际标准分类号等，如图 6-71 所示。

图 6-70　万方数据标准检索结果界面

图 6-71　万方数据标准检索详细结果界面

案例分析　　　　　　**查纺织品抗菌方面的标准**

　　解析： 根据此题的要求，找出两个检索词，使用 PQ 表达式为：题名：纺织品 题名：抗菌（见图 6-69）。其检索结果如图 6-70 所示。

微课：查纺织品抗菌
方面的标准

6.4.4　食品伙伴网

一、数据库简介

　　食品伙伴网创立于 2001 年，目前其已经发展成为国内食品技术领域的领航网站。该网站根据食品技术人员的需求，开设了各种栏目，如资讯、法规、生产、质量、检验、仪器、标准、资料、文库、图库、视频、百科、专利、数据库、学习、考试、培训、翻译、商务、公司、招商、供应、求购、行情、会展、会议等栏目，为食品技术人员提供全方位的服务。

　　食品伙伴网不仅可免费下载与食品相关的国家标准、行业标准、地方标准，甚至可下载一些国外标准全文，且可下载一些与食品无关的国内外标准全文。

二、检索方式

　　食品伙伴网的检索方式有一般关键词检索、高级搜索、分类检索和按标准字母检索 4 种，如图 6-73 所示。该网搜索的关键词力求简洁，最好使用单一检索词或词组；该网不支持多个关键词同时查询，只支持精确检索。对于标准号检索，用户只输入标准序号即可（标准的组织代码或标准的年代都不要输入）。图 6-72 所示为食品伙伴网标准的高级搜索界面。

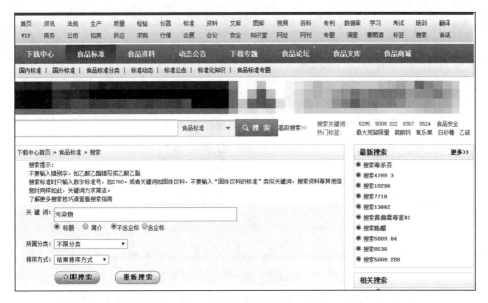

图 6-72　食品伙伴网标准的高级搜索界面

三、检索结果

食品伙伴网的检索结果界面分 3 个部分显示（见图 6-73）。最下面的部分显示按标准字母检索；中间部分显示命中结果的数量；最上面的部分为命中结果的题录信息，每个标准按标准号、标准名称、上传日期、标准简介等信息依次排列，对国外标准还同时显示中文标题。单击标准号、标准名称，在打开的界面中可看到下载该标准的 3 种按钮："电信下载"按钮、"网通下载"按钮和"备用下载"按钮（见图 6-74）；单击图 6-74 中的某一下载按钮，则可下载和显示该标准的全文，且可打印、保存全文（见图 6-75）。

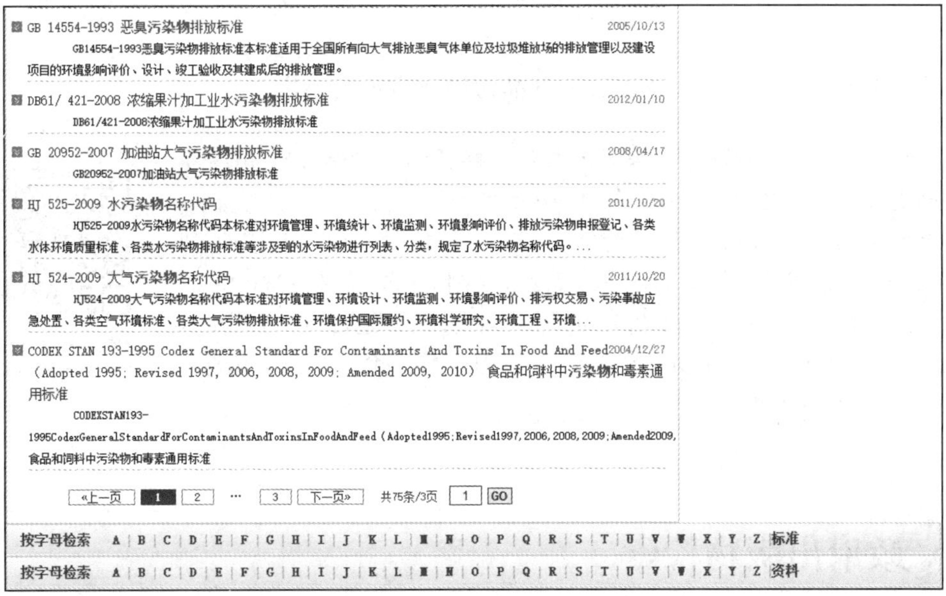

图 6-73　食品伙伴网标准检索结果界面

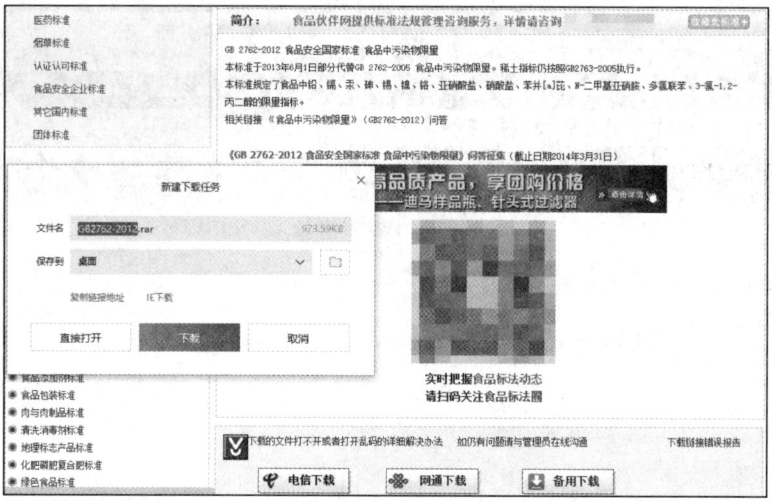

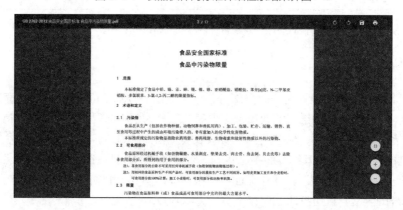

图 6-74　食品伙伴网标准详细检索结果界面

图 6-75　食品伙伴网标准全文显示界面

 案例分析　　　　**查找有关食品污染物方面的标准**

　　网上时有媒体报道食品中某种污染物超标的信息，请用有关的国家标准确认一下食品中的污染物限量标准应该是多少。

　　解析： 由于食品伙伴网只支持单一关键词或词组查询，且不支持模糊匹配，因此用户根据题意，直接使用"食品污染物"这一关键词进行检索，没有查到结果；此时只好将其拆分为两个检索词，分别进行检索。图 6-74 为高级搜索下输入"污染物"的检索界面，图 6-75 为命中 75 个各国标准文献的检索结果界面。

微课：查找有关食品污染物方面的标准

6.5　政府出版物检索

　　政府出版物是指由各国政府及其所属机构发表和出版，并由政府设立或指定的专门机构印刷的文献。政府出版物包含的信息体量大、可靠性高，它对人们了解一个国家的科学技术状况、经济状况、社会各方面的情况及政策都具有较高的参考价值。本节将介绍有关政府出版物的一些知识及国内比较重要的政府网站。

6.5.1　政府出版物概述

政府出版物又称"官方出版物"，它包括图书、期刊、小册子、影片、磁带以及其他声像资料等。政府出版物分为行政性文献和科技性文献两大类：前者包括政府报告、政府法令、方针政策、规章制度、会议纪录、条约、决议指示、调查统计资料等；后者包括科研报告、科普资料、科技政策、技术法规等。其中科技性文献约占 30% ～ 40%。

政府出版物反映了政府机构的活动、官方的意志和观点，其大部分是政府在决策和工作过程中产生的文献，是一种完成任务的报告，或者是研究某一地区、某一国家、某一问题的成果，也是宣传政策、报道科研进展、普及知识的工具。具体来说，它具有以下的特点。

1．信息量大

政府部门是信息资源的最大拥有者，它掌握着社会信息资源中大约 80% 的有价值信息。政府出版物从基础科学、应用科学到人文社会科学，涉及面广，几乎各个学科都可以从中找到可利用的信息资源。

2．可靠性高

政府出版物是官方文献，其内容或信息具有较高的准确性、可靠性和时效性。相较于其他公共网站而言，政府网站中的信息具有无可比拟的可信度。用户通过对它进行认真研究与分析，可以从中发现各种有价值的信息。

3．参考价值大

参考价值大是政府出版物最突出的特点。它集中反映了某国政府及其各个部门对其相关工作的观点、方针、政策，对了解该国各方面的发展情况及政策都具有较高的参考价值。同时，它还提供一些学科领域的原始资料，特别是某些统计资料，这些资料是从其他任何途径都难以获取的。因此，在历史、社会科学、教育、人事管理以及自然科学、生物学、医学研究方面，它更具有突出的参考价值。

进入 21 世纪后，随着信息技术的发展与互联网的拓展，世界各国都着手进行电子政府建设，如各国的主要政府机构纷纷在互联网上建设自己的站点，通过这一"窗口"介绍自己的职能、人员、机构、政策、法规、成果以及出版物信息等，从而形成了丰富的政府出版物文献资源。据统计，截至 2020 年 12 月，我国共有政府网站约 14 444 个，其中，中国政府网 1 个，国务院部门及其内设、垂直管理机构共有政府网站约 894 个，省级及以下行政单位共有政府网站约 13 549 个。

6.5.2　中国政报公报期刊文献总库

1．数据库简介

中国政报公报期刊文献总库（CJFZ）是 CNKI 系列数据库之一，是中央与地方政策法规、各级政府"红头文件"一站式检索工具。该库全面收录全国有立法权的各级政府、法院、检察院以及各行业和团体主办的各类政报、公报、公告和文告类期刊，其中比较重要的公报包括中华人民共和国全国人民代表大会常务委员会公报、中华人民共和国国务院公报、最高人民检察院公报等。该库对国家和地方法律法规、各级政府和部门文件、经济与贸易政策、政务文件等进行了分类汇编，为各类机构和全社会提供完整的政治、经济、文化、教育、卫生等相关信息查询服务。目前该库收录文献种数达到215种，文献量达到505 968篇。

2. 检索方式

中国政报公报期刊文献总库主页如图6-76所示，该库的检索方式主要有简单检索、标准检索和分类检索3种。

（1）简单检索

简单检索入口位于主页的右上角或者隐含在标准检索中，它只能按照主题、篇名、全文、刊名、发文字号等字段中的一个进行单一检索。例如，用户选择"主题"，并在检索框中输入"中国经济"进行检索，可以得到326条与"中国经济"这个主题相关的结果（见图6-77）。

图6-76　中国政报公报期刊文献总库主页　　　　图6-77　简单检索结果界面

（2）标准检索

单击主页右上方的"检索"按钮就可以进入标准检索界面（见图6-78）。标准检索界面提供的检索项较多，内容检索条件可以设置的检索项有发文日期、实施日期、文献类型、地域、发布机关等，检索控制条件可以设置主题、篇名、全文、刊名、发文字号等，并可通过"并且包含""或者包含""不包含"再次加以限定。标准检索既支持单一词检索又支持"并且包含"检索，适合检索目标较为精确的用户使用。

图6-78　标准检索界面

（3）分类检索

该数据库的分类检索共有4级检索，其中有"文献知识导航""发布机关导航""文献类型导航""地域导航""期刊导航"5个一级类目。"文献知识导航"下设"政治""法律""军事国防""经济综合""农村管理与农业"等（17个）二级类目；"发布机关导航"下设"国家""地方"两个二级类目;"文献类型导航"下设"领导讲话"
"机关团体动态""人大法律""行政法规""司法
解释"等(31个)二级类目;"地域导航"下设"全
国""地方""世界其他国家与地区"3个二级类目;
"期刊导航"包括数据库中收录的所有期刊。分类
检索可以单独进行检索(适合检索目标比较明确的
检索者使用),也可以与标准检索结合在一起使用,
提高检索结果的查全率和查准率。数据库分类检索
类目位于网页左侧,图6-79所示为"文献知识导航"
下的检索界面。

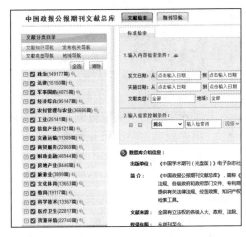

图 6-79 "文献知识导航"下的检索界面

3. 检索结果

在检索结果中,用户不仅可以看到公报的篇名、
刊名和年/日期(见图6-80),单击某一公报的篇
名还可以看到公报的发布机构、摘要、文献出处以及分类号等信息,如图6-81所示。

图 6-80 检索结果界面

图 6-81 详细检索结果界面

6.5.3 国家统计局

国家统计局是国务院直属机构,其主管全国统计和国民经济核算工作,拟定统计工作法规、
统计改革和统计现代化建设规划以及国家统计调查计划,组织领导和监督检查各地区、各部门
的统计和国民经济核算工作,监督检查统计法律法规的实施。国家统计局的网站是发布各地区、
各部门基本统计资料及国民经济、科技进步和社会发展等统计数据的平台。广大师生、科研工
作者在进行论文写作、科学研究过程中需要查找统计信息、文献资料时,国家统计局网站有其
他信息源和检索工具不可比拟的优势。

国家统计局官方网站提供了4种查询数据方式。

1. "最新发布"栏目——获取最新统计数据的首选

国家统计局网站是国家统计局发布统计信息的主要渠道之一。每逢月、季、年度等统计信
息发布日,该网站"最新发布"栏目中都会发布新闻稿。它与国家统计信息发布日程表一致,
是用户获取最新统计数据的首选

2. 国家统计局数据库——快速查询统计指标及系列数据的渠道

国家统计局数据库包括各个地区、不同部门数据及历年月度数据、季度数据、年度数据等。
该数据库的检索方式分为两种,分别是快速搜索和分类查询。

(1)快速搜索

快速搜索,即通过检索框和"搜索"按钮实现快速查找所需信息,如在检索框中输入"2020""青

岛""GDP"等关键词，即可得到2020年青岛GDP的准确数据，如图6-82所示。用户通过"筛选栏目"下拉列表还可以选择查看2020年的月度、季度数据。

（2）分类查询

分类查询分为"简单查询"和"高级查询"。用户根据需要选择分类查询的方式，可以方便、快捷地查询到历年、分地区、分专业的数据。以简单查询为例，用户在主页中选择"月度数据"，再选择"简单查询"，

图6-82　国家统计局数据库快速搜索界面

网页左侧即出现"价格指数""工业""能源""固定资产投资（不含农户）"等（14个）指标以供选择查询，这里选择"价值指数"→"居民消费价格分类指数（上年同月=100）"→"全国居民消费价格分类指数（上年同月=100）（-2015）"，如图6-83所示，在检索界面右侧即可出现检索结果。高级查询与简单查询类似，两者的区别在于，简单查询一次只能查询一个指标数据，高级查询可以根据用户需求同时查询多个指标数据。图6-84所示为高级查询后的检索结果界面。

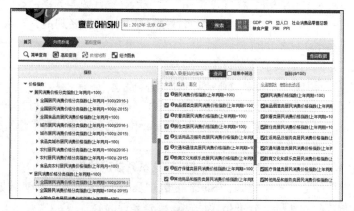

图6-83　简单查询后的检索结果界面

图6-84　高级查询后的检索结果界面

检索结果不仅可以以文字、数据等显示查询指标当年各个月份的数值，还可以以报表、柱线图、条形图、饼图（见图6-85）等形式展示。

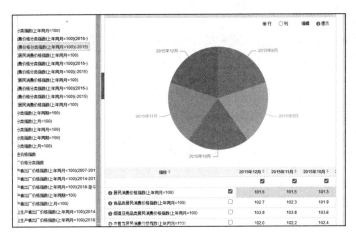

图 6-85 检索结果以饼图展示

为了便于更好地理解检索结果中涉及的专业指标术语，该数据库还提供在线指标解释功能。用户单击检索结果中指标前面的蓝色图标（见图 6-86），即可出现该指标的名词解释，如图 6-87 所示。

图 6-86 检索结果中指标前面的蓝色图标

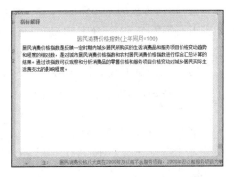

图 6-87 指标解释界面

3."统计出版物"栏目——网上查询年鉴等类书籍

"统计出版物"栏目（见图 6-88）提供了"中国统计年鉴""统计公报""国际统计年鉴""金砖国家联合统计手册"4 类书籍的电子版。除统计出版物外，用户在该网站上还可以查询统计制度、统计标准、统计公报等其他政府出版物。它们都可以作为广大用户在科研、学习过程中所需数据的可靠来源。

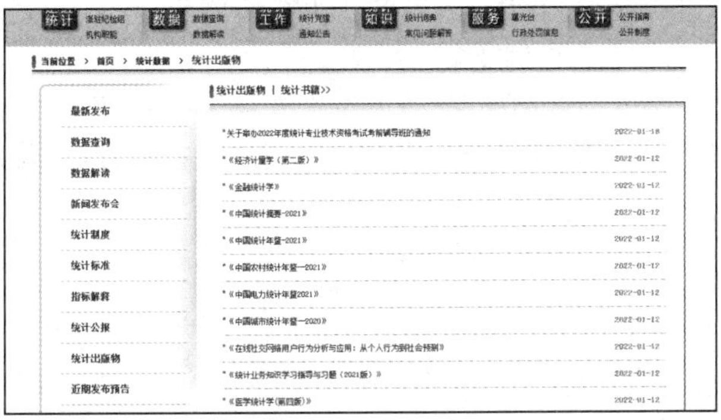

图 6-88 统计出版物查询界面

4．关键词检索

在国家统计局主页上，用户通过输入关键词和单击"检索"按钮，可以查看历年的新闻稿件。

6.6　小结

本章内容涉猎广泛，主要介绍了会议论文、学位论文、专利文献、标准和政府出版物的检索，并重点介绍了特种文献的特点及检索方式和方法。

6.7　习题

1．用中国学位论文库查任两所大学在本专业授予的学位论文，要求写出检索方式、表达式及命中篇数。

2．使用 PQDT 博硕论文库或 PQDT Open 库查有关评论法国作家福楼拜所写的《包法利夫人》小说的学位论文。

3．检索本校最近两年被中国学术会议文献数据库收录的论文情况。

4．使用 WOS 平台中的 CPCI-S、CPCI-SSH 查找你自己感兴趣的会议篇章，要求写出检索题目、检索方式、表达式及命中篇数。

5．用 CPCI 系列会议录判断以下写法是否正确。

① TS=quark* OR TS=lepton*

② TS=(quark* OR lepton*)

③ TS=(quark* SAME polariz*)

④ TS=addict* AND AU=Poser

⑤ TS=addict* SAME AU=Poser

⑥ surface AND interface analysis

⑦ #5 AND TI=computer

⑧ (#1 OR #2) NOT #3

6．查找本专业领域中的优先权项是中国的美国专利，要求写出网址、检索方式、检索入口词及命中篇数。

7．查许重宁和张悉妮各自发明的专利，要求写出网址、检索方式、检索入口词和专利名称。

8．查与 ISO 颁布的题名中含有质量管理或环境管理方面内容的等同的中国国家标准，要求写出网址、检索方式、检索入口词及命中篇数。

9．利用 GB/T 21732—2008 标准查找苯甲酸在乳制品中的使用指标量。

10．下载一篇有关化妆品微生物标准检验方法方面的强制性国家标准文献，要求写出网址、检索方式、检索入口词及命中篇数。

11．截至本章，请读者归纳一下本书都讲过哪些分类法。

07 第7章 网络信息检索

前面章节介绍的信息检索基础知识、中外文数据库及特种文献数据库侧重于学术研究方面的信息资料检索，内容比较准确、可靠，这些数据库是从事科学研究和论文写作用户的重要检索源。但有关大学公开课、精品课程、考研、求职应聘、医学科普知识、学术讨论等的文献信息在以上各种数据库中很难见到。那么，我们如何来收集这类信息呢？

7.1 Internet 应用基础

Internet 就是收集各类信息的那张"网"。那么，这张"网"到底是怎样运作的呢？在这张"网"上所呈现的文字、图像、视频等是谁提供的，又是如何传输到用户的计算机中的呢？在这一节中，我们将给用户介绍相关的知识。

7.1.1 Internet 概述

Internet 是一个连通全世界的超级计算机互联网络，是全球信息中心。Internet 最早起源于美国国防部的军事研究项目 ARPANET。后来随着大学、科研机构的加入，ARPANET 从技术到规模都得到了快速发展。到 20 世纪 90 年代初期，ARPANET 基本发展成了覆盖全球范围的超大计算机网络。Internet 的快速发展和运行，得益于 TCP/IP 的应用。TCP/IP 是数以亿计的网页信息在网上传送的保障。

1. TCP/IP

TCP/IP 实际上是一个协议集合，它由许多协议组成，是信息在 Internet 中的计算机之间准确无误地传送和接收的保障。在这个协议集里，最重要的两个协议就是 TCP（Transmission Control Protocol）和 IP（Internet Protocol）。

TCP 保证了数据能够顺利到达目的地，用户发送数据时，TCP 负责将用户数据分解成数据包，在数据包头部加入发送和接收节点的名称及其他信息。用户接收数据时，TCP 负责将收到的数据包还原成一个文件，从而保证了发送者和接收者所看到的内容是一样的。

IP 即"网络之间互连的协议"，也就是为计算机网络相互连接进行通信而设计的协议，其主要完成两项任务：一是提供相邻节点之间的数据传送；二是为数据的传送提供路径选择。根据 IP，计算机在接入 Internet 时都有一个 IP 地址，IP 地址是一台计算机在 Internet 上的唯一身份标识。有些计算机是有固定不变的身份标识的，例如，网上众多的网页服务器，而大部分终端用户的计算机都是动态的身份标识，这个动态是在一定范围内变化的，如一个用户的局域网 IP 地址段是 218.242.178.11 ～ 218.242.178.50，那么该用户在上网的时候，Internet 上的其他用户看到该用户的 IP 地址是在这 40 个地址当中变化的。

2. IPv4 和 IPv6

IP 分为 IPv4 和 IPv6 两种，随着 IPv4 资源的短缺形势越来越严峻，向 IPv6 过渡已经是大势所趋。使用 Windows 操作系统的用户在配置、更改宽带连接属性时会发现，在属性配置栏里有两个版本的 Internet 协议，如图 7-1 所示。用户在申请 Internet 服务时要弄清服务商提供的 IP 到底是哪种类型的。

图 7-1　Internet 协议版本

（1）IPv4

目前，我国大部分上网用户使用的都是 IPv4 地址。IPv4 使用 32 位地址，因此，最多可能有 4 294 967 296（$=2^{32}$）个地址。IPv4 地址的长度为 32 位，分为 4 段，每段 8 位，用十进制数字表示，每段数字范围为 0 ~ 255，一般的书写法为 4 个用小数点分开的十进制数，例如 159.226.1.1。IP 地址由两个部分组成：一部分为网络地址；另一部分为主机地址。其中，一些特别的 IP 地址段讲解如下。

- 127.x.x.x：给本机地址使用。
- 224.x.x.x：为多播地址段。
- 255.255.255.255：为通用的广播地址。
- 10.x.x.x、172.16.x.x 和 192.168.x.x：供本地网使用。这些网络连到 Internet 上需要对这些本地网地址进行转换。

（2）IPv6

IPv6 是 IETF（Internet Engineering Task Force，互联网工程任务组）设计的用于替代现行 IPv4 的下一代 Internet 协议。IPv6 正处在不断发展和完善的过程中，它极有可能取代目前被广泛使用的 IPv4。IPv6 不仅可以使每一台计算机都连入 Internet，也可以使家用电器、传感器、远程照相机、汽车等加入 Internet 中。

单从数字上来说，IPv6 所拥有的地址容量是 IPv4 的约 8×10^{28} 倍，IPv6 支持 2^{128}（约 3.4×10^{38}）个网络地址，这样既解决了网络地址资源数量的问题，同时也为除计算机外的设备连入 Internet 在数量限制上扫清了障碍。如果说 IPv4 实现的只是人机对话，而 IPv6 则扩展到任意事物之间的对话，它不仅可以为人类服务，还将服务于众多硬件设备，将构成无时不在、无处不在的深入社会每个角落的真正"万物互联"。

IPv6 地址的表达形式一般采用 32 个十六进制数，IPv6 地址由两个逻辑部分组成：一个 64 位的网络前缀和一个 64 位的主机地址，主机地址通常根据物理地址自动生成。

目前，IPv6 技术已经开始在我国应用，第 2 代中国教育和科研计算机网，是中国下一代 Internet 示范工程（CNGI）最大的核心网和唯一的全国性学术网，也是目前世界上规模最大的纯 IPv6 网络。南开大学、南京林业大学、重庆大学、上海理工大学等都已经将网络升级到 IPv6。

7.1.2　网络信息资源的特点

网络信息资源也称虚拟信息资源、数字化信息、电子资源，它是以数字化形式记录、以多媒体形式表达，存储在网络计算机磁介质、光介质以及各类通信介质上，并通过计算机网络通信方式进行传递的信息内容集合。简而言之，网络信息资源就是通过计算机网络可以利用的各种信息资源的总和。目前，网络信息资源以 Internet 信息资源为主，同时也包括其他没有在 Internet 上呈现，但是可以通过 Internet 传输的信息资源，如 FTP、电子邮件等。

网络信息资源经过十几年的发展，主要有以下几个特点。

（1）以数字化形式存储，占用空间少

信息资源由纸张上的文字转变为数字化信息存储在磁介质或者光介质上，使信息的存储、传递和查询更加方便，而且所存储的信息密度高、容量大，可以无损耗地被重复使用。以数字化形式存在的信息，既可以在计算机内高速处理，又可以通过信息网络进行远距离传送。

（2）信息种类多样

传统信息资源主要是以文字或数字形式表现出来的信息。而网络信息资源则可以是以文本、图像、音频、视频、软件、数据库等多种形式存在的，涉及领域从经济、科研、教育、艺术到生活中的方方面面，包含的文献类型从电子报刊、电子工具书、新闻报道、书目数据库、文献信息索引到统计数据、图表、电子地图等。

（3）数量巨大，增长迅速

互联网是一个集各种信息资源为一体的资源网。由于政府、机构、企业、个人随时都可以在网上发布信息，因此，网络资源增长迅速，成为无所不有的庞杂信息源，并具有跨区域、分布广、多语种、高度共享的特点。

（4）传播方式的动态性

网络环境下，信息的传递和反馈快速灵敏，具有动态性和实时性等特点。信息在网络中的流动非常迅速，电子流取代了纸张和邮政的物流，加上无线电和卫星通信技术的充分运用，上传到网上的任何信息资源，都只需要短短的数秒就能传递到世界各地的每一个角落。

（5）信息源复杂

由于 Internet 是开放的、共享共建的，所以人人都可以在 Internet 上存取信息。尤其是 Web 2.0 技术的推广，提供了很多的网络出版平台，使网络出版与网上创作更加容易，但由于没有质量控制和管理机制，有些信息没有经过严格编辑和整理，各种不良和无用的信息大量充斥在网络上，给用户选择和利用网络信息带来了障碍。健全网络综合治理体系，推动形成良好网络生态，是推动网信事业高质量发展的现实需要。

根据网络信息资源的这些特点，我们在使用网络资源的时候，对于有明确的出版人或发布人的网站信息，如一些电子资源提供商网站、政府企业、媒体等提供的信息，可以认为是可用的无须再求证其准确性的信息；而对一些由网民自由发布的信息，使用前一定要验证是否准确，以免使用了错误的信息。

7.1.3 网络信息资源的服务形式

1. 免费内容服务

Internet 上的信息资源大部分是免费的，有网站直接发布的，也有网民在各种发布平台上个人上传的信息。网上可利用的免费学术资源可以分为以下几种类型。

（1）按内容加工的深度，可分为：一次出版信息，如网上图书、期刊、报纸、专利、政府出版物、会议资料等；二次出版信息，如文摘索引数据库、搜索引擎、网站导航等；三次出版信息，如百科全书、手册指南等参考型网站。

（2）按交流方式，可分为：正式出版的电子图书、电子期刊、数据库、计算机软件、图书馆公共查询目录等；非正式出版的电子邮件、电子公告板（BBS）、论坛、博客（Blog）等。

（3）按开放获取方式，可分为：开放获取期刊、收藏库。

2. 有偿内容服务

有偿内容服务主要是指由电子资源提供商提供的一些大型文献数据库。其一般都是正式出版的图书、期刊、文摘索引工具、参考工具书、会议录和学位论文等文献的网络版，前面章节中介绍的中文数据库、外文数据库都是 Internet 有偿服务的常见内容。

目前，网上有偿内容的服务方式主要分两种：一是机构购买后提供给下辖的所有人员使用，这类服务的提供方式基本靠 IP 地址范围控制，如某大学购买了 ScienceDirect 的使用权，其所属的学生和所有的教职工都可在校园网上访问或通过代理服务器远程访问；二是个人用户购买检索卡或设立预付费账户，获取某些电子资源网站提供的文献，如中国知网，用户注册成为其会员后，按照网站提供方式充值，就可以在任何能上网的地方下载该数据库的学术论文，极大地方便了用户。

7.2　网络搜索引擎

Internet 诞生不久，随着连入的计算机数量增加，网上的信息量也在不断增加，信息的增加也意味着查询越来越困难，于是，就有了 Internet 初期的查询工具 Archie（为 FTP 站点建立的索引）、WAIS（广域网信息服务）和 Gopher（一个被称为地鼠的菜单式检索系统），而真正具有搜索引擎意义的检索工具则是随着万维网（World Wide Web）的出现而诞生并迅速发展起来的，从 1994 年到 2009 年搜索引擎经历了飞跃性的发展。

7.2.1　搜索引擎

搜索引擎就是根据用户需求与一定算法，运用特定策略从互联网检索出特定信息反馈给用户的一门检索技术。搜索引擎依托于多种技术，如网络爬虫技术、检索排序技术、网页处理技术、大数据处理技术、自然语言处理技术等，为信息检索用户提供快速、高相关性的信息服务。搜索引擎技术的核心模块一般包括爬虫、索引、检索和排序等，同时可添加其他一系列辅助模块，为用户创造更好的网络使用环境。

搜索引擎的整个工作过程可视为 3 个部分：一是在互联网上抓取网页信息，并存入原始网页数据库；二是对原始网页数据库中的信息进行提取和组织，并建立索引库；三是根据用户输入的关键词，快速找到相关文档，并对找到的结果进行排序，且将查询结果返回给用户。

搜索引擎的发展可以分为以下 3 代。

第一代基于万维网的搜索引擎 Web-Crawler 于 1994 年在美国诞生，初期搜索引擎主要是通过匹配和排序文档内容信息的方式进行搜索，其中典型的模型包括布尔模型、模糊集合模型、向量空间模型以及概率检索模型。1994 年年底，Yahoo 以及 Excite、AltaVista、Search 等公司的兴起引领了第一代搜索引擎的快速发展。

第二代搜索引擎于 1998 年随着 Google 的出现而诞生。第一代搜索引擎中的巨头 Yahoo 也于 2004 年推出了 YISO。国内的百度取代了新浪、搜狐等传统的门户巨头成为了国内第二代搜索引擎中的领先者。第二代搜索引擎主要基于网络爬虫机器人的数据自动抓取、建立超链接分析，在网页获取以及网页更新及时反馈的效率有了大幅度提高，很大幅度上提高了搜索引擎的查全率以及检索速度。第二代搜索引擎之后，又出现了以互动搜索、多模搜索、移动搜索等为中心的新的发展高潮。多模搜索是指搜索引擎应用到更加广泛的领域内，如图片、视频等多媒体的搜索以及返回结果格式的多样化。例如，百度的以图搜图功能，用户可以通过上传图片或者输入图片的 URL 地址，从而搜索到互联网上与这张图片相似的其他图片资源，同时也能找到这张图片相关的信息。移动搜索随着移动客户端对于搜索引擎的需求应运而生，它给用户提供了更好的体验，用户可以更加便捷地进行信息检索。

2012 年，Google 首先提出了以知识图谱（Knowledge Graph）为基础的新一代搜索引擎，即第三代搜索引擎，引领了一波新的发展高潮。这类搜索引擎的主要思想是：抓取网络数据进行知识碎片的抽取，经过知识碎片的融合形成能够代表实体的知识，实体与实体之间的语义关系构成了知识网络，该类型的搜索引擎建立在知识网络之上。

搜索引擎由于极大缩小了用户查找信息的范围，随着网络信息的爆炸式增长，日益成为人们遨游信息海洋不可或缺的工具。但是，传统搜索引擎的工作方式表明，它只是机械地比对查询词和网页之间的匹配关系，并没有真正理解用户要查询的到底是什么，远远不够"聪明"，难免经常会被用户嫌弃。而知识图谱则会将"泰山"理解为一个"实体"（Entity），也就是一个现实世界中的事物。这样，搜索引擎会在搜索结果的右侧显示它的基本资料，例如地理位置、海拔高度、别名，以及百科链接等，此外甚至还会告诉用户一些相关的"实体"，如嵩山、华山、衡山和恒山等。当然，用户输入的查询词并不见得只对应一个实体，例如当在谷歌中查询"apple"（苹果）时，谷歌不止展示 IT 巨头"Apple-Corporation"（苹果公司）的相关信息，还会在其下方列出"apple-plant"（苹果 - 植物）的信息。

随着自然语言处理技术的发展，搜索引擎可以更好地理解用户的需求。知识图谱能够为用户提供更具条理的信息，甚至顺着知识图谱可以探索更深入、广泛和完整的知识体系，让用户发现他们意想不到的知识。

7.2.2　百度

百度搜索引擎是目前全球最大的中文搜索引擎。它使用可定制、具有高扩展性的调度算法，使搜索器能在极短的时间内收集到大量的互联网信息。百度在中国各地和美国均设有服务器，搜索范围涵盖了中国以及北美、欧洲的部分站点。百度搜索引擎拥有庞大的中文信息库，其总量已超过 20 亿页，并且还在以每天几十万页的速度快速增长。百度采用的超链分析技术是通过分析链接网站的多少来评价被链接的网站质量，这样就保证了用户在百度搜索时，越受用户欢迎的内容，排名越靠前。

百度所提供服务的内容涉及工作、生活中的方方面面，主要有搜索服务、社区服务、导航服务、游戏服务、移动服务、站长与开发者服务、软件工具等（近 30 种）服务内容，而且还在不断增加。

1.　百度提供的检索方式

百度提供简单检索和高级检索两种检索方式。百度的默认主页就是简单检索界面，如图 7-2 所示。百度提供的简单检索方式又包括新闻、hao123、地图、视频、贴吧等多种检索界面，每种检索界面各有特点。我们可以在检索框中直接输入检索词，也可以在框中输入组合好的带有字段限定名称和算符代码的检索式进行检索。单击"更多产品"按钮，可列出所有百度服务产品。

图 7-2　百度主页

单击百度主页的"设置"链接，选择"高级检索"即可进入高级检索界面，如图 7-3 所示。

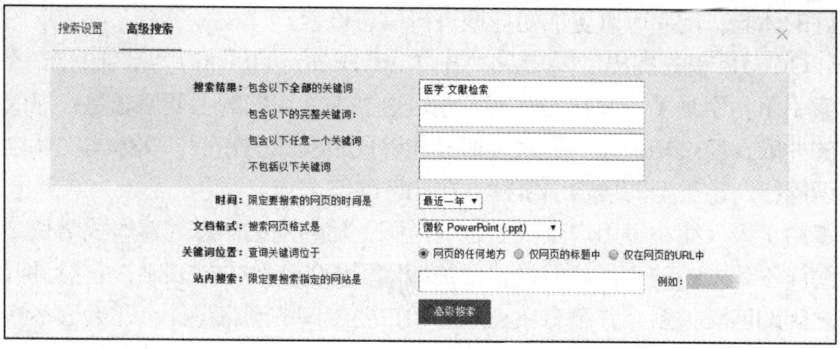

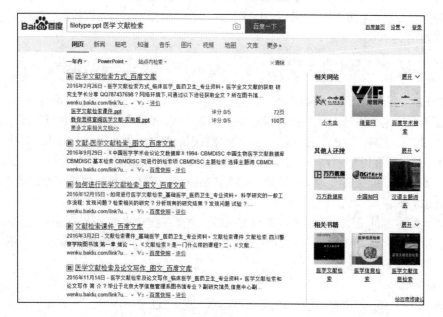

图 7-3　百度高级检索界面

百度高级检索界面提供了关键词的布尔逻辑、时间、文档格式、关键词位置和站内搜索等选项。在这里特别要指出的是文档格式限定，用户可以通过此项限定来准确地查找到网上特定类型的文件，如 .doc、.ppt、.pdf 等格式的文件。用户如果想要检索关于"医学文献检索"的课件作为参考，可以在高级检索界面中进行检索词输入与检索限定（见图 7-3），单击"高级搜索"按钮，执行检索后得到满意的检索结果如图 7-4 所示。

微课：检索"医学文献检索"的课件

图 7-4　百度检索结果界面

另外，百度高级检索界面还可以对搜索的网站进行限制，如要搜索"中国教育和科研计算机网（edu.cn）"上所有包含"金庸"的页面，用户可以在"站点内检索"框中输入"edu.cn"并单击"确认"按钮。此外，用户也可以把搜索结果限于某个具体网站或者网站频道，如"sina.com.cn""edu.sina.com.cn"等。

2. 基本检索技术

（1）"与"运算

"与"运算用来缩小搜索范围，其运算符为"空格"或"+"。使用时，用户可以将两个检索词（或检索式）用一个空格隔开以表示进行与运算，也可以使用"+"将两个检索式连接起来进行运算。但需要注意的是，用"+"时，其前、后必须各留出一个半角空格，否则检索程序在运行检索式时会将"+"作为检索词来处理。

（2）"非"运算

"非"运算用来去除特定的、不需要的资料，其运算符为"－"。"－"前、后也必须各留一个半角空格，语法是 A － B。有时候，排除含有某些词语的资料有利于缩小查询范围。例如，要搜寻关于"武侠小说"，但不含"古龙"的资料，用户可使用如下检索式查询：武侠小说 － 古龙。

（3）"或"运算

"或"运算可用来进行并列搜索，其运算符为"|"。使用"A | B"来搜索得到的检索结果为或者包含关键词 A，或者包含关键词 B，或者包含 A 和 B 的网页。例如，用户想要查询与"图片"或"写真"相关的资料，无须分两次查询，只要输入"图片 | 写真"搜索即可。百度会提供跟"|"前、后任何关键词相关的网站和资料。

（4）使用双引号或书名号进行精确搜索

双引号必须是英文半角状态下的双引号，它尤其适合输入关键词中包含空格的情况，如"古龙"，由于网站收录作品时会在其名字中加上一个汉字的空格，百度就会认为这是两个关键词，导致"内蒙古龙首山大峡谷别有天地""对付古墓 2 代恶龙的绝招"等的信息都会出现在结果中。为了避免这种结果，用户不妨用英文半角状态下的双引号将其括起来，即""古龙""，告诉搜索引擎这是一个词，则结果会更加准确。用双引号可以进行整句话的精确搜索，如用户想在网上查一下"什么是搜索引擎"，检索程序就会把关键词确定为"搜索引擎"，那么得到的结果将包括搜索引擎的各类信息都检索出来，其数量达到 592 万篇。但是，如果用""什么是搜索引擎""，结果不仅少了很多，而且更准确。

在百度检索中，中文书名号是作为检索词被查询的。用户注意加上书名号的查询词有两层特殊功能：一是书名号会出现在搜索结果中；二是被书名号括起来的内容不会被拆分。书名号在某些情况下特别有效，例如，查名字很通俗和常用的那些小说或者电影（查小说《办公室主任》、电影《手机》等）时，检索词前、后用不用书名号的结果就大不一样。

3. 广告和虚假信息甄别和筛选

我们通过百度进行检索，可以轻易地获得大量的信息，但同时也更难获得真正符合自己需求的信息。网络信息呈爆炸式增长，出现了信息超载和信息垃圾等信息污染问题，这时就需要我们对检索到的信息进行甄别和筛选。

（1）广告的甄别和筛选

通过百度检索到的硬广告比较容易辨认，它一般会显示出"推广""广告"字样。如图 7-5 所示，用户在百度检索框中输入"医美"，在检索结果列表中标注有"广告"字样的即为购买了百度竞价排名的产品。

在进行搜索时，用户利用百度高级搜索界面中的"不包括关键词"功能，就可以消除绝大部分的广告和推广（因为百度收入大部分来自竞价排名，所以无法消除全部广告，但这样并不妨碍这个指令的重要性，在其他

图 7-5　百度检索硬广告

搜索引擎中该方法也是有一定效果的）。例如，我们在百度高级检索界面中的"包含全部关键

词"右侧输入"医美"、在"不包括关键词"右侧输入"广告"进行检索（见图7-6），就可以去掉大部分广告，如图7-7所示。

图 7-6　利用百度高级检索过滤广告　　　　图 7-7　筛选过的检索结果

（2）虚假信息的甄别和筛选

虚假信息的辨别可以从信息内容和信息源来综合判断。如果某一商品的评论一边倒表示质量、服务、功效好到毫无瑕疵，那么很大可能性是虚假评论，或是发帖的 ID 是最近注册且对其他事物并无评论，却仅对此商品好评、给别家商户差评，那么此信息也基本可以认定为虚假信息。

在判断信息真假时，用户一方面要有最基本的常识，另一方面还可以对信息来源进行判断。一般正规网站都有 ICP 备案信息，用户要确认网站信息是否属实可以登录 ICP，输入 IP 地址，用域名信息备案管理系统进行查询。通常域名为 .gov 与 .edu 的网站所发布的信息比较可靠、准确。

选择正确获取信息的方式也可以对虚假信息进行有效的筛选。获得有效信息之前，用户首先要确定搜索信息的类别、性质。目标信息的性质决定获得方式，划分程度越细，就会获得越多有效的反馈。

- 对于天气预报、乘车路线、度量衡换算方法、节假日安排、单词释义等答案唯一性较强的信息，基本搜索就可以得到解决（见图7-8）。搜索引擎一般会从知名网站导入最新信息，并自动显示在排名靠前的位置，准确度较高。

- 招聘、餐饮、娱乐等不确定性较强的生活服务信息，就需要仔细甄别了。商家广告纯属自卖自夸，网友评论建议主观性、随意性大，参考价值不高。

图 7-8　火车票检索结果界面

建议多找几家网站进行综合比较，也不要过度相信搜索结果。当然，优良商家也会做网络推广，有时候这些推广反而会帮你更快找到所需。

- 在搜寻学术类、专业类信息时，建议用户优先考虑专业学术文献数据库，或者先通过搜索引擎找到专业网站（见图7-9），再对搜索结果进行评定。

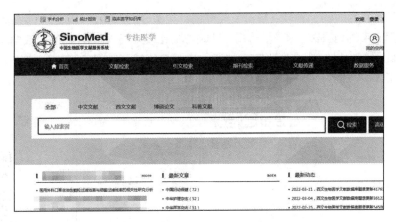

图 7-9　中国生物医学文献服务系统

- 如果是涉及生命、财产安全的信息，如法律、医疗、金融理财等，在此基础上还应更侧重对实地进行考察。

7.2.3　百度学术

百度学术搜索是百度旗下的提供海量中英文文献检索的学术资源搜索平台，于 2014 年 6 月初上线。它可检索到收费和免费的中英文期刊、会议和学位论文等学术文献，内容涵盖自然科学、人文科学、社会科学等多种学科，可以同时检索中国知网、万方数据、维普期刊、SpringerLink、ScienceDirect、Wiley Online Library 等多个中文、外文数据库。

1. 检索方式

百度学术搜索提供的检索方式也有基本检索和高级检索两种。基本检索界面如图 7-10 所示，高级检索界面如图 7-11 所示。高级检索界面可以以"包含全部检索词""包含至少一个检索词""不包含检索词"的组配，以及对作者、出版物、发表时间、语言检索范围的限制进行检索。

图 7-10　百度学术基本检索界面

2. 检索结果

利用高级检索查找 2012 年以来有关"膳食纤维制备"方面的文献，并将"出现检索词的位置"限定在"位于文章标题"（见图 7-11），检索结果如图 7-12 所示。检索结果分左、右两栏显示。左栏为时间、领域、核心、关键词、类型等的限制，可以进一步缩小检索范围；右栏显示检索出来的结果数量和题录信息（其中被引量是源于国内外的多个数据库和网站的统计结果，借此用户可以知道文章影响力情况；来源是集结了收录有该文献的多个数据库或网站），文献可以按照相关性、被引用频次以及发表时间等进行排序。

微课：检索查找
2012年以来的有关
"膳食纤维制备"
方面的文献

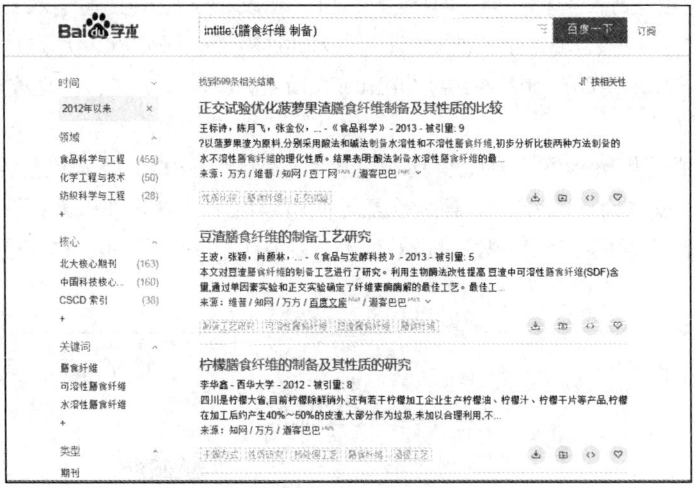

图7-11　百度学术高级检索界面

图7-12　百度学术检索结果界面

单击文献的标题，可显示文献的标题、作者、摘要、出版源、被引量、网站或数据库来源、相似文献、参考文献、引证文献等信息（见图7-13）。通过来源网站，用户可以了解该篇文献是否免费。如果学校订购了收录该文献的数据库，直接单击相关链接，即可打开该文章所在数据库的索引界面，

图7-13　百度学术详细显示检索结果界面

下载、浏览全文。该文献的右面还有其年度引用统计图和研究点分析。

7.2.4　新一代知识搜索引擎——WolframAlpha

WolframAlpha（简称 WA）知识搜索引擎的诞生，颠覆了传统的对搜索引擎的客观定义。与传统搜索引擎相比，它能够根据问题直接给出答案，而不是返回一大堆网页链接。它是基于 Wolfram 早期旗舰产品 Mathematica——一款囊括了计算机代数、符号和数值计算、可视化和统计功能的计算平台及工具包而开发的。其数据来源包括学术网站和出版物、商业网站和公司、科学机构等，例如康奈尔大学图书馆出版物 *All About Birds* 和 *Chambers Biographical Dictionary*、道琼斯公司、CrunchBase、百思买、美国联邦航空管理局、美国地质调查局等。

用户通过 WolframAlpha（见图 7-14）检索，输入的搜索词可以不是语法上完整的句子或词组，即只需要包含关键词，WolframAlpha 可做自动联想以实现模糊语义识别，例如搜索北京到上海的距离，不需要在搜索框中输入"北京到上海的距离"，只需要输入"距离 北京 上海"3 个关键词。WolframAlpha 可以快速、精确地解答数学题，如图 7-15 所示，在检索框中输入题目，就可以得到图 7-16 所示的结果和计算过程。

图 7-14　WolframAlpha 主页

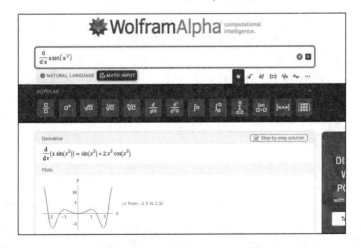

图 7-15　WolframAlpha 检索界面

除此之外，WolframAlpha 还有一些让人脑洞大开的应用。如图 7-17 所示，用户在检索框中输入"Einstein curve"，爱因斯坦的头像就被画出来了。

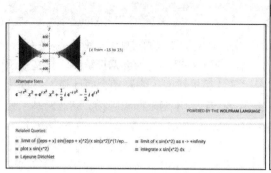

图 7-16　WolframAlpha 检索结果界面 1　　　　图 7-17　WolframAlpha 检索结果界面 2

7.3　常用网站介绍

虽然搜索引擎满足了我们查找信息的基本需求，但有时检索出来结果数量太多，真实性也需要进一步核实。此外，还有更多的网站是专门针对某方面内容或某种特殊目的而建立的，其内容可靠、信息详细且全面。下面就介绍几种与学习、生活密切相关的专业网站。

7.3.1　教育类网站

教育网站是专门提供教学、招生、学校宣传、教材、教学资源共享等的网站。各大学校和教育部门或机构都有自己的网站。

一般情况下教育网站的后缀域名为 edu，其代表教育的意思，也有部分域名以 com、cn、net 作为域名后缀。

1. 中华人民共和国教育部

中华人民共和国教育部是主管教育事业和语言文字工作的国务院组成部门，其肩负着拟订教育改革与发展的方针政策和规划、各级各类教育的统筹规划和协调管理、推进义务教育均衡发展和促进教育公平、指导全国的教育督导工作等多项职责。

2. 中国教育在线

中国教育在线作为中国最大的综合教育门户网站，秉承"全面关注中国教育，切实做好教育服务"的使命，以满足各类教育需求为主，发布各类招考、就业、辅导等教育信息。中国教育在线囊括高考频道、考研频道、教师招聘频道等众多频道，贯穿从中小学到继续教育的所有教育需求，用户覆盖终身教育人群。

3. 国家智慧教育公共服务平台

2022 年 3 月 28 日，国家智慧教育公共服务平台正式上线启动。国家智慧教育平台是国家教育公共服务的一个综合集成平台，聚合了国家中小学智慧教育平台、国家职业教育智慧教育平台、国家高等教育智慧教育平台、国家 24365 大学生就业服务平台等，具有学生学习、教师教学、学校治理、教育创新等功能。其中，国家职业教育智慧教育平台由"专业与课程服务中心""教材资源中心""虚拟仿真实训中心""教师服务中心"四个板块组成，通过一站式搜索模块和监测运行分析模块，既满足"教师系统教、学生系统学"数字资源需要，又服务职业院校专业建设、教学改革。国家高等教育智慧教育平台主要实现两大核心功能，一是面向高校师生和社会学习者，提供我国各类优质课程资源和教学服务，二是面向教育行政部门和高校管理者，提供师生线上教与学大数据监测和分析、课程监管等服务。

4. 世界教育信息网

世界教育信息网是中国国际教育信息资源平台，拥有在国内的国际教育资源优势，面向全国各地教育行政部门及各级各类学校，为提高我国教育国际化水平、开展教育国际化理论与实践研究提供信息和技术服务，为国际教育交流与合作提供项目服务，为各级各类学校及学生提供教育国际化的产品和服务。

5. 中国大学 MOOC

中国大学 MOOC（即"爱课程"网）是教育部、财政部在"十二五"期间启动且实施的"高等学校本科教学质量与教学改革工程"支持建设的高等教育课程资源共享平台。该网站集中展示"中国大学视频公开课"和"中国大学资源共享课"，并对课程资源进行运行、更新、维护和管理。此外，该网站利用现代信息技术和网络技术，面向高校师生和社会大众提供优质教育资源共享和个性化教学资源服务，具有资源浏览、搜索、重组、评价、课程包的导入与导出、发布、互动参与和"教""学"兼备等功能。

该网站是高等教育优质教学资源的汇聚平台、优质资源服务的网络平台、教学资源可持续建设和运营平台。它致力于推动优质课程资源的广泛传播和共享，深化本科教育教学改革，提高高等教育质量，推动高等教育开放，并从一定程度上满足人民群众日趋强烈的学习需求、促进学习型社会建设。

MOOC（慕课）的含义：第一个字母"M"代表 Massive（大规模），与传统课程只有几十个或几百个学生不同，一门 MOOC 课程动辄上万人，最多达 16 万人；第二个字母"O"代表 Open（开放），以兴趣为导向，凡是想学习的人都可以进来学，不分国籍，且只需一个邮箱就可注册、参与；第三个字母"O"代表 Online（在线），学习在网上完成，不受时空限制；第四个字母"C"代表 Course（课程）。

7.3.2　求职招聘类网站

求职招聘类网站是指运用互联网及相关技术，帮助雇主和求职者依次完成招聘和求职的网络站点。此类网站包括针对雇主的服务（如招聘信息发布、简历下载、定制招聘专区）和针对求职者的服务（如求职简历生成、职位搜索、薪酬查询等）。

1. 应届生求职网

应届生求职网是我国专门面向大学生及在校生的求职招聘网站。该网站以大学生需求为导向，注重给大学生提供满意的网上求职服务体验，用可靠、高效的专业服务做好大学生与社会的对接，提供应届大学毕业生校园招聘信息、兼职实习信息以及校园宣讲会和校园招聘会信息，服务覆盖上海、北京、广州等全国多个城市。

2. 前程无忧

前程无忧是国内第一个集多种媒介资源优势为一体的专业人力资源服务机构，其已成为占有重要地位的专业招聘网站。该网站目标有两大部分：致力于为积极进取的白领阶层和专业人士提供更好的职业发展机会和致力于为企业搜寻、招募到优秀的人才。它提供报纸招聘、网络招聘、招聘猎头、培训测评和人事外包等在内的人力资源服务。

3. 智联招聘

智联招聘面向大型公司和快速发展的小、中型企业提供一站式专业人力资源服务，主要服务包括报纸招聘、网络招聘、校园招聘、猎头服务、招聘外包、企业培训以及人才测评等。该网站在中国首创了人力资源高端杂志《首席人才官》，它是拥有政府颁发的人才服务许可证和劳务派遣许可证的专业服务机构。

4. 其他

求职招聘类网站还有很多，如中国招聘求职网、招才猫招聘网、博天人才网、搜狐招聘、免费简历点评网、银行招聘网等，求职者在需要的时候关注可获取更多求职信息和机会。

7.3.3　医学健康类网站

医学健康类网站可以为公众免费提供健康类信息和医疗就诊等咨询服务，同时也是医疗机构、医药企业吸引公众及提供健康服务的互动平台。医学健康类网站将传统的健康知识普及与现代信息技术相结合，推出诸如在线咨询、在线就诊、在线挂号等服务，能够更好地满足人们对健康知识的需求，因此该类网站已成为当今公众最主要的健康信息来源。

1. 39 健康网

39 健康网于 2000 年 3 月 9 日正式开通，它是中国历史较久、规模较大、内容丰富、用户较多的健康门户。39 健康网致力于以互联网为平台，整合优质的健康信息，传播全新的健康理念，在健康新闻、名医专栏、就医用药信息查询、医生在线咨询等方面提供优质的服务。

2. 寻医问药网

寻医问药网成立于 2004 年，隶属于闻康集团股份有限公司，它是目前国内较大的医药医疗健康服务网站。该网站秉承"为全民健康导航"的经营理念，为广大网民提供实用、便捷的健康服务。

3. 好大夫在线

好大夫在线创立于 2006 年，它是中国知名的医疗信息和医患互动平台。该网站提供就医经验分享、就医向导系统、医院门诊信息查询、预约等特色服务。

4. 其他

其他网站如 99 健康网、人民网健康卫生频道、平安健康网、家庭医生在线、放心医苑等也是不错的健康医疗咨询网站。

7.3.4　其他网站

目前，网站种类繁多，数量巨大，而且网站上的信息每天都在不断更新。其他一些类型的网站还有以下几个。

- 财经类网站：财经网、和讯网、新浪（财经）网、金融街网、全球商人网等。
- 工程类网站：筑龙网、建易网、土木工程网、中国工程网等。
- 经济类网站：中国经济信息网、商务基地网、中国财富网等。
- 新闻类网站：中国新闻网、新华网、新浪新闻网、腾讯（新闻）网等。

此外，各个学科都有自己本学科的专业网站，还有与生活密切相关的购物类网站、社交类网站、小说 / 游戏 / 体育类网站等，举不胜举。

7.4　学术论坛介绍

网络论坛是一种丰富的信息资源和信息交流方式，主要形式是 BBS（Bulletin Board System），即电子公告板或电子公告栏系统。它是一种交互性强、内容丰富的电子信息服务系统，用户在这里可以享受各种信息服务和发布信息、讨论、聊天等。其依托网络强大的技术支持成为参与者更广泛、互动性更强、讨论更自由的新型交流空间，也是网络舆论形成的主要平台。目前，网络论坛呈现出多元化和专题化的趋势，不同专业、不同需求的用户都可以找到自己感兴趣的论坛。下面主要介绍几个学术论坛。

7.4.1　小木虫论坛

小木虫论坛创建于 2001 年，它是中国目前有影响力的学术站点之一，是科研工作者进行学术资源、经验交流的平台。该论坛会员主要来自国内各大院校、科研院所的硕 / 博士研究生、企业研发人员，所涵盖的内容有材料、化学化工、生物医药等学科，还有出国留学、文献求助等实用内容。

7.4.2　经管之家

经管之家是经济、管理、金融、统计类的在线教育和咨询网站，是国内活跃且影响力强的经济类网站之一。经管之家访问群体遍布国内高校、行政机关和企事业单位，论坛专业版块有将近 200 个，内容涵盖经管资源分享、学术交流、提问学习、发布项目、考研考博等经管类学习的必备资源。同时，论坛还开展了 Python、MapReduce、Mahout、SAS、SPSS 等几乎所有数据分析、大数据和统计软件的面授及远程培训，并建立了金融培训学院、量化投资学院、在线商学院，其他开设的还有经管考研培训、学术培训等。

7.4.3　其他

除上述几个学术论坛之外，还有很多优秀、实用的学术论坛，如星荧学术资源、学术科研论坛、博研论坛、网上读书园地论坛、诺贝尔学术资源网、生物谷、食品论坛、发酵人论坛等，用户可以根据需要收藏并注册几个，以期通过与同行等的交流来扩展信息获取途径和增长专业知识。

7.5　开放存取资源

开放存取（Open Access，OA）是 20 世纪 90 年代在国外发展起来的一种出版模式，其旨在促进学术交流，扫除学术障碍。它依托网络技术，采用"发表付费，阅读免费"的形式，通过自归文档和开放存取期刊两种途径实现开放期刊、开放图书、开放课件和学习对象仓储等内容的知识共享。用户引用开放存取作品而生成新的学术成果，必须注明其来源。这部分资源的获取不受校园网限制，用户在可上网的地方就可以获取。开放存取提供的资源是一种对科研、学习、教学等都非常有帮助的资源。

7.5.1　开放存取资源概述

1．开放存取的定义

按照布达佩斯开放存取先导计划（Budapest Open Access Initiative，BOAI）中的定义，开放存取是指某文献在 Internet 公共领域里可以被免费获取，允许任何用户阅读、下载、复制、传递、打印、检索、超级链接该文献，并为之建立索引用作软件的输入数据或其他任何合法用途。用户在使用该文献时不受财力、法律或技术的限制，而只需在存取时保持文献的完整性。这一点是对其复制和传递的唯一限制，或者说版权的唯一作用应是使作者有权控制其作品的完整性及作品被准确接受和引用。

"开放存取"是在基于订阅的传统出版模式以外的另一种选择，是一种新的学术信息交流方法。作者提交作品不期望得到直接的金钱回报，而是提供这些作品使公众可以在公共网络上利用。通过数字技术和网络化通信，任何人都可以及时、免费、不受任何限制地通过网络获取各类文献，如经过同行评审过的期刊文章、参考文献、技术报告、学位论文等全文信息，以用于科研教育及其他活动。该项运动的目的是促进科学信息的广泛传播、学术信息的交流与出版，提升科学研究的共享和利用程度，保障科学信息的长期保存。

2．开放存取资源类别

（1）开放存取期刊

开放存取期刊是一种免费的网络期刊，旨在使所有用户都可以通过 Internet 无限制地访问期刊论文全文。此种期刊一般采用作者付费出版、用户免费获得、无限制使用的运作模式，论文版权由作者保留。在论文质量控制方面，开放存取期刊与传统期刊类似，采用严格的同行评审制度。

（2）开放存取存储

开放存取存储也称为开放存取仓储或开放存取知识库，它包括基于学科的存储和基于机构的存储。学科开放存取存储最早出现在物理、计算机、天文等自然科学领域，多采取预印本的形式在网上进行免费的存取和检索，以供同行交流、学习。预印本（Preprint）是指科研工作者的研究成果还未在正式出版物上发表，而出于和同行交流目的自愿先在学术会议上或通过互联网发布的科研论文、科技报告等文章。基于机构的存储是指一些学术组织开始自发地收集这些可共享的学术信息，将其整理后存放于服务器中，供用户免费访问和使用。

7.5.2　国内开放存取资源简介

1．中国科技论文在线

中国科技论文在线是经教育部批准，由教育部科技发展中心主办的科技论文网站。该网站提供国内优秀学者论文、在线发表论文、各种科技期刊论文（各种大学学报和科技期刊）全文，还提供国外免费数据库的链接。

2．中国预印本服务系统

中国预印本服务系统提供国内科研工作者自由提交的科技文章，一般只限于学术性文章。系统的收录范围按学科分为五大类：自然科学、农业科学、医药科学、工程与技术科学、人文与社会科学。目前，该系统已经并入 NSTL 网络服务系统中，作者要提交或者管理个人论文，需先在 NSTL 系统中进行登录，再访问该系统。同时，新用户的注册也要到 NSTL 主页完成。

3．开放阅读期刊联盟

本网站所列资源由国内几十家期刊出版后，提供全文免费阅读，或者应用户要求，在 3 个工作日之内免费提供各自期刊发表过的论文全文（一般为 PDF 格式）。用户可以登录各会员期刊的网站，免费阅读或索取论文全文。

4．中国科学院科学数据库

中国科学院科学数据库的内容涵盖了化学、生物、天文、材料、腐蚀、光学机械、自然资源、能源、生态环境、湖泊、湿地、冰川、大气、古气候、动物、水生生物、遥感等多种学科，20 多个数据库，由中国科学院各学科领域几十个研究所的科研人员参加建设。它是中国科学院在长期的科学研究实践中，把积累的大量具有重要科学价值和实用意义的科学数据及资料通过网上科技信息服务体系进行发布，为国内外用户提供服务。

5. 生物信息科学数据共享平台

生物信息科学数据共享平台（Science Data Sharing Platform Bioinformation, SDSPB）为上海生物信息技术研究中心的核心部门。SDSPB 以 2006 年 12 月成立的上海生命科学数据中心为基础，目前已经逐步发展成为国内重要的生物信息科学数据共享平台和生物信息技术公共服务平台的实际载体。SDSPB 主要聚焦生命科学领域中高通量组学、系统生物学、药物研发、公共卫生、生物医药产业信息等学科的进展，定期采编和整合相关领域的最新研究进展、研究方法、数据资源以及科研新闻，从而为生命科学领域的研究人员提供全面的技术服务。

6. 国家法律法规数据库

国家法律法规数据库是国家基础数据库建设的重要组成部分，是全国人大常委会联合有关国家机关共同组建运行的一项重要国家政务信息化建设工程。该数据库于 2021 年 2 月 24 日正式开通，收录了宪法和现行有效法律 275 件，法律解释 25 件，有关法律问题和重大问题的决定 147 件，行政法规 609 件，地方性法规、自治条例和单行条例、经济特区法规 16 000 余件，司法解释 637 件，涵盖了中国特色社会主义法律体系最主要的内容，为社会公众提供了看得见、找得着、用得上的公共产品，让法治服务及时方便"飞入寻常百姓家"。

7. 中华古籍资源库

"中华古籍资源库"数据库是列入"中华古籍保护计划"的"中华古籍数字资源库"项目的重要成果，将发布国家图书馆所藏善本古籍影像，本着边建设边服务的原则，陆续提供服务。国家图书馆古籍善本直接继承了南宋缉熙殿、元翰林国史院、明文渊阁、清内阁大库等皇家珍藏，更广泛地继承了明清以来许多私人藏书家的毕生所聚。宋元旧椠、明清精刻琳琅满目；名刊名抄、名家校跋异彩纷呈；古代戏曲小说、方志家谱丰富而有特色。该数据库以保护古籍、传承文明为宗旨，使珍本秘籍为广大读者和研究者所利用，让中国传统文化精粹得到共享。

8. 其他

- 中国知识产权网。
- 中国微生物信息网络。
- 国家标本资源共享平台。
- 中国科技史数字图书馆资料库。
- 中国共产党思想理论资源数据库。
- 数据堂 – 科研数据共享平台。

7.5.3　国外开放存取资源简介

1. DOAJ

DOAJ（Directory of Open Access Journals，开放存取期刊目录）是一个重要的开放平台，目前其已经收录约 8 842 种期刊超过 10 万篇论文，其中有 691 种期刊可以直接检索全文，并且期刊的品种仍在不断增加。

2. HighWire Press

HighWire Press（海威出版社）是提供免费全文的学术文献出版商，它于 1995 年由美国斯坦福大学图书馆创立，目前已收录电子期刊 710 多种，文章总数已达 230 多万篇，其中超过 77 万篇文章提供免费全文。该平台所收录期刊包括生命科学、医学、物理学、社会科学等学科，并可以检索 Medline 数据库收录的期刊，且可以浏览文摘题录。

3. Find Academies Press

Find Academies Press（论文搜索网）提供多种顶级刊物的论文，涵盖艺术与娱乐、汽车、商业与金融、计算机与技术、健康与健身、新闻与社会、科学教育、体育等各方面的内容。

4．arXiv

arXiv（预印本库）是由美国国家科学基金会和美国能源部资助，于1991年8月由美国洛斯阿拉莫斯（Los Alamos）国家实验室建立的电子预印本文献库。其建设目的在于促进科研成果的交流与共享，帮助科研人员追踪本学科最新研究进展，避免研究工作重复等。它目前包含物理学、数学、非线性科学、计算机科学等学科，共计50多万篇预印本文献。

5．The Online Books Page

The Online Books Page（在线图书）是由美国宾州大学教授约翰·马克·奥克布鲁姆（John Mark Ockerbloom）主持的免费网站，其最早从1993年开始在网上免费提供电子图书，目前拥有超过3万本在线图书。其选书标准严格，只有免费的、内容完整的、浏览方便的电子书才会被添加。

7.6　小结

在本章中，我们总括了网络资源的特点及其服务形式：在介绍搜索引擎的部分，先概括了搜索引擎的定义、组成及其发展历程，并以百度为例介绍综合型搜索引擎的使用以及如何甄别、筛选广告和虚假信息，又以百度学术为例介绍学术搜索引擎的使用，然后以WolframAlpha为例介绍新一代知识搜索引擎的使用；接下来，简单介绍教育类、招聘类和医学健康类网站的情况，以小木虫和经管之家论坛为例介绍综合型学术论坛的使用；最后介绍开放存取资源的概念和国内外开放存取资源。这一章对有关内容仅仅是进行了简单介绍，读者还是需要对本专业的网站、论坛及开放获取的期刊多做积累，这也是以后进行学习交流和文献获取的一种比较重要的途径。

7.7　习题

1．利用百度搜索引擎查找最近1年以来发布的"信息检索"的课件，但不包括医学信息检索的课件。

2．利用百度学术查找"大豆膳食纤维提取和制备工艺"方面的论文。

3．简述网络信息资源的特点和服务方式。

4．练习在小木虫论坛注册一个用户名，并在其考研版块中查找"2022年经济学考研"的话题。

5．简述什么是开放存取，并列举几个中外文开放存取的网站名称。

08 第8章 信息的综合利用

获取学术信息的最终目的是用户通过对所得信息的整理、分析、归纳和总结，根据自己学习、研究过程中的需要，将各种信息进行重组，创造出新的知识和信息，从而实现信息激活和增值。本章将分别讲解信息收集与获取、文献管理工具——EndNote X9 的使用、信息调研与分析、科研的选题、科研论文的写作和知识产权相关法律法规。

8.1 信息的收集与获取

文献收集是指利用各种不同的渠道、方法收集特定信息的过程。在科学研究活动中，从科研选题到科学实验以及科研成果的鉴定都离不开对信息知识的收集和利用。文献信息的收集作为一项基础性的工作，是科学研究的重要环节。快速、准确、全面地收集相关信息，并通过对信息的综合、分析，从中选出自己所需要的信息，从而支撑自己的日常工作、科学研究以及论文写作，是科学研究工作者应该具备的一项基本技能。

8.1.1 信息收集的方法

1. 科研信息的收集原则

（1）针对性

信息的收集必须以用户及其特定的信息需求为基础，要针对研究课题和信息分析的目标进行有计划的搜集和整理，如政府的规划、计划、决策，科研机构的课题攻关、课题研究、成果评价、科研管理，企业的产品研制、技术开发、项目评估，甚至是个人的学习、生活规划等。

（2）新颖性

信息的利用价值取决于该信息能否及时获取，只有新颖、及时的信息才有助于准确把握科学研究的方向。因此，用户要以课题为中心，及时搜集和选择能够反映科学研究领域中最新研究成果的资料，以确保所收集的信息能够反映学科的研究现状和发展水平。

（3）系统性

只有系统、全面地搜集信息，才能完整地反映科学研究活动的全貌，为决策的科学性提供保障，也是能否顺利进行课题研究，得出正确研究结论的一个重要保证。所以获取资料应尽可能做到系统、全面，切忌片面、零散，否则会得出错误的结论，影响信息分析成果的质量和水平。

（4）准确性

准确性是对信息收集工作的最基本要求。在信息收集中，要充分考虑文献信息的真实性、准确性和权威性，以保证研究建立在比较客观、正确的基础上。因此，在注重收集的文献信息系统和全面的同时，用户要注意信息收集对象的权威性和真实性，如提供信息的机构性质及数据库、网站权威性等，对收集到的信息要反复核实、不断检验，力求把误差降到最低限度。

2．信息收集方式

科技信息的收集可通过非文献资料形式和文献资料的形式获取，即非正式渠道的信息收集和正式渠道的信息收集。

（1）非正式渠道的信息收集

非正式渠道的信息收集，即非文献形式的信息直接收集过程。常见的方法有同行间实地调查和交流、参加学术会议、实物解剖等形式。同行间实地调查包括实地了解研究进展、参观生产试验装置等，也可以通过信函或交流形式进行。参加学术会议非常有助于了解课题已经取得的成果、发展前景及存在的问题。实物解剖是指对实物进行解剖和分析，从中获取有关信息。

（2）正式渠道的信息收集

正式渠道的信息收集，即通过专门的工具和途径从浩瀚的文献信息中系统地检索相关文献信息的方法，它是科研信息收集的主要途径。然而，依据信息收集的内容、性质及目的的不同，所采取信息收集的工具和方法也会不同。例如，以了解具体事件、数值和知识等为目的的信息收集，应该首先选择利用具有参考工具书性质的三次文献，如百科全书、年鉴、设计手册、学术机构指南、名人录等工具来实现；若要快速了解特定学科领域的研究动态，则应以综述性文献为主要检索对象；而对于一个科研课题，则应根据课题研究的目标要求，以一次文献为主要的检索目标，利用二次文献或者全文数据库，尽可能全面地检索相关文献。

除此之外，还可以根据信息收集的具体内容和要求，采用更具针对性的技术和方法。例如，技术攻关性质的课题，文献收集的重点通常是科技报告、专利、会议文献和期刊论文；仿制性质的课题，收集文献的重点首先是同类的产品说明书、专利说明书和标准资料，其次是科技报告和期刊等；综述性质的课题，文献收集的重点通常是近期发表的一次文献和三次文献；对于科研成果水平鉴定及专利信息检索，应以相关的科技成果公报类期刊、专业期刊、专利和专业会议文献为收集重点。信息收集的同时要对检索文献进行分析，找出与课题相关的核心分类号、主题词、重要的具有领先性质的专家、重要的期刊或会议等，利用这些线索再次进行检索或复查，以求尽可能全面地获得相关信息。此外，还要注意收集相关公司企业的信息，必要时直接向他们索取产品样本、说明书等。

3．信息收集过程中需要注意的问题

（1）文献信息的收集兼顾国内外

收集文献时对国内、国外资料同样重视，不能偏废，尤其注意那些具有独创性的文献。国际资料有助于了解国际研究动态，开拓思路，但用户首先要注意了解国内本专业研究动态。如果不了解国情，盲目性地模仿国外的做法，必然会走弯路。

（2）系统检索与最新文献信息相结合

运用系统的检索工具可以较全面地收集到所需文献。在检索工具的选择中，应根据实际需要，利用多种数据库进行检索，以避免单一检索系统报道文献的局限性，提高查全率。此外，还要注意与课题相关的最新文献信息的收集。对于那些尚未收录到检索工具的最新文献，应随时浏览最新几期的期刊目次。

（3）重视核心期刊

期刊是重要的信息源。核心期刊是在专业范围内刊载文献数量最多，引文率、文摘率、利用率较高，文献寿命长，专家学者推崇的期刊。在日常工作中，应精心选择几种中外文核心期刊，及时浏览和阅读。科研人员如果能结合自己专业的特点精选和熟悉本专业的核心期刊，可以在最少的时间和精力范围内掌握最重要和最新的信息。

（4）研究论文与综述文献相结合

研究论文，特别是具有先进性、新颖性、独创性的论文，是科学研究有所发展的标志。但我们同样不能忽视综述评论性文献的收集，这类文献往往能反映学科发展的概况和动态，对专题发展的历史、争论的焦点、研究课题之间内在的科学关系等问题进行了综合性评述，具有较高的参考价值。

（5）重视非文献形式信息的收集

非文献形式信息也称非正式交流的信息，如口头交流、报告、讲座、参观同行实验室、展览等，用户都可从中获得重要的信息。此外，应学会利用各类网络论坛（BBS）、聊天工具及电子邮件等与同行专家对一些研究工作中出现的问题随时进行探讨研究、交流信息。用户也可以利用 Internet 上专业的搜索引擎、相关网址中的 News、Newsgroup、What's New、Today's News、Latest News、Hot Topics 等来获取最新和热点信息。

8.1.2　文献信息的阅读

阅读文献是科研工作者的基本功。科研工作者明确阅读目的、掌握科学的阅读方法有助于提高阅读效率，达到事半功倍的效果。

阅读文献的目的多种多样，一般可归纳为：科研选题、科研课题设计和课题总结；解决教学、科研中具体的疑难问题；系统掌握、扩充专业知识；分析和研究某些文献资料；其他一些特殊目的。

科学阅读文献的方法比较可行的有以下几种。

（1）先浏览，后粗读，再精读

在短时间内以较快的速度阅读查到的文献及专著的大致内容（即为浏览），其方法是一看题目，二看关键词，三看摘要，四看前言，五看结论。阅读文献时，往往要浏览、粗读、精读互相配合，做到粗中有细、精中有粗、区别情况、恰当应用。

（2）先国内后国外

对查到的中、外文文献，要按文献涉及的内容，先读主题内容相同的中文文献，后读外文文献。中文文献没有语言障碍，有助于理解文章的内容，从而可以提高阅读外文文献的速度。另外，国内文献后面所附的参考文献中许多是国外资料，可进一步扩大查阅外文文献的线索。

（3）先近后远

对于检索到的文献，应首先阅读最新发表的，再追溯阅读较早年代发表的，这样可以迅速掌握当前有关专业或学科的最新研究成果及其发展动态、趋势。若已满足研究需要，可停止阅读既往年代的文献，节约阅读时间。

（4）先文摘、后原文

根据文摘提供的信息，决定是否需要阅读原始文献，减少阅读全文的时间。

（5）先三次文献，后一次文献

若收集的文献包括综述和科研论文等一次文献，应先阅读综述，以便对有关课题的现状、发展趋势有一个全面的了解；在此基础上，根据需要阅读有关期刊论文、会议资料等。

（6）重点阅读

有说服力的数据、启发性的观点、严谨的推理，应作为重点内容来阅读。

8.1.3　信息获取的方法

如果检索到的信息不是全文，仅仅是文献线索——题录或文摘，那么就需要根据文献线索索取原文。索取原始文献时要掌握就近索取、方便、快捷的原则。以下介绍一些常用的方法。

（1）利用本单位或本地图书馆馆藏目录和全文数据库

根据检索工具提供的期刊刊名或图书的书名等线索，利用图书馆的馆藏目录来查找一次文献（原文）。

（2）利用联合目录

联合目录是提供多个图书馆图书或期刊收藏情况的目录。目前联合目录有两种形式：一是印刷型的联合目录；二是网络版联合目录。根据联合目录提供的原文收藏地点，利用可行的方法去索取，如利用信件、电子邮件联系收藏地点的工作人员或通过当地的同学、朋友帮助复印。

（3）与著作者直接联系

有的二次文献中提供了著者联系方式，如通信地址、电子邮件地址等，用户可以据此直接与著者联系，获取原始文献。

（4）图书馆之间的馆际互借服务

馆际互借（Interlibrary Loan）是现代图书馆最重要和最发达的一项服务职能。世界上任何图书馆都不能做到大而全，为了满足用户的需要，图书馆不仅要依靠本馆资源，更要依靠国内或国际其他馆的文献资源。文献资源的互借利用，在图书馆之间已达成共识。

（5）Internet 上的原文搜寻

Internet 上含有大量的科技文献信息，其中也不乏原始文献，如图书、期刊论文、专利文献、学位论文、会议论文等。现在网络上的免费资源越来越多，Internet 上的原文搜寻也确实是一种行之有效的方法。

8.2　文献管理工具——EndNote X9 的使用

在科研工作中，科研人员经常需要阅读和下载大量文献，如果仅靠手工管理个人参考文献，可能会出现文献管理混乱、修改论文时参考文献需要反复修改等诸多问题。而专业化文献管理工具可以很好地帮助科研人员高效管理文献。

目前常用的文献管理工具包括 EndNote、NoteExpress、Zotero、Mendeley 等。EndNote由 Thomson Corporation 下属的 Thomson ResearchSoft 开发而成，专门用于管理参考文献，也是现在有名的、历史悠久的文献管理软件之一。它能够很好地与 WOK 平台上的数据库相关联，通过 Internet 将 PubMed 检索结果直接保存到数据库中或者读入各种格式的 Medline 检索结果。通过插件方便地在 Word 中插入所引用的文献，并能生成指定格式的参考书目列表。此外，EndNote 还有一个专门的网页版，即 EndNote Web。EndNote Web 是由 Thomson Reuters 收购 EndNote 后于 2007 年开发的，是一款在线形式的文献管理软件；它可以与EndNote 相关联，同步文献库，方便用户随时随地登录访问文献库，并可以实现文献信息的分享和协同管理。

NoteExpress 由北京爱琴海软件公司开发，最早版本于 2005 年 4 月 15 日发布，它是国内知名的文献管理软件之一，其特色是对中文文献信息及几大常用中文数据库的良好支持。同时，NoteExpres 也提供了如文献信息统计分析及标签、笔记、附件的添加等功能，便于科研人员对科技文献进行深入的分析和使用。

Zotero 由美国乔治梅森大学的历史和新媒体中心于 2006 年开始研发，并受到美国博物馆与图书馆服务协会等机构赞助，它是一款免费的、开源的文献管理软件。Zotero 以 Firefox 扩展插件的形式存在，可以帮助用户收集和整理网络浏览器页面中的文献信息，并可以加上标签、批注、笔记、附件等内容。同时，它也实现了文献信息的共享和引文插入、参考文献列表生成等多种功能。

Mendeley 由 Mendeley 小组研发。该小组于 2007 年 11 月在伦敦成立，是由来自各个学术机构和高校的研究人员、开源软件开发者等组成的，并于 2008 年 8 月发布了 Mendeley 第一个公开测试版。Mendeley 是一款基于 Qt 平台开发的跨平台文献管理软件，它包含桌面版和在线版客户端，以及 iOS 系统的移动设备客户端（iPhone、iPad）。它不仅实现了较好的网页文献信息抓取和 PDF 文献信息抓取功能，还提供了一个学术社交平台，可以让科研人员进行更广泛、更便捷的学术交流。

所有文献整理工具的功能大致相同，主要包括以下几点。

- 检索：支持数以百计的全球图书馆书库和电子数据库，如万方、维普、中国知网、Elsevier ScienceDirect、ACS、OCLC、美国国会图书馆等。一次检索，永久保存。

- 管理：可以分门别类管理百万级的电子文献题录和全文，独创的虚拟文件夹功能更适合多学科交叉的现代科研。

- 分析：对检索结果进行多种统计分析，使研究者更快速地了解某领域里的重要专家、研究机构、研究热点等。

- 发现：与文献相互关联的笔记能随时记录用户阅读文献时的思考，方便以后查看和引用。检索结果可以长期保存，并自动推送符合特定条件的相关文献，对于长期跟踪某一专业的研究动态提供了极大方便。

- 写作：支持 Word 和 LaTex，用户在论文写作时可以随时引用保存的文献题录，并自动生成符合要求的参考文献索引。软件内置 3 000 种国内外期刊和学位论文的格式定义。首创的多国语言模板功能可以自动根据所引用参考文献语言不同进行差异化输出。

下面主要以 EndNote X9 版为例来介绍如何对文献进行有效管理。

8.2.1　文献库创建

打开 EndNote X9，单击"文件"→"新建"，在打开的对话框（见图 8-1）中选择一个地址，并修改文件名，单击"保存"按钮，即可新建文献库。

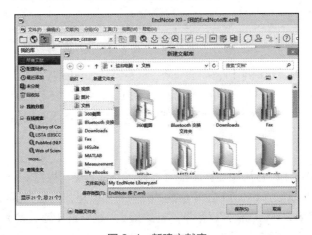

图 8-1　新建文献库

新建之后的效果如图8-2所示。

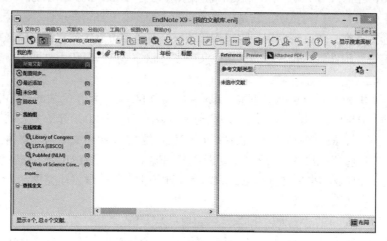

图8-2　新建之后的效果

8.2.2　文献收集

收集文献信息的方法包括手动输入、联网检索、数据库导入、PDF导入等方法。

1. 手动输入

如图8-3所示，单击工具栏中的"新建文献"按钮（或按Ctrl+N组合键），然后手动输入参考文献，打开新建参考文献界面。

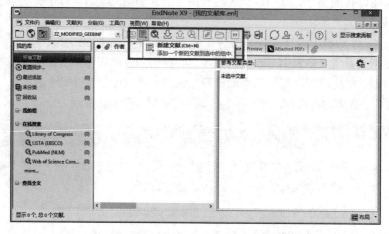

图8-3　EndNote新建参考文献界面

EndNote管理的内容包括期刊、专利、书籍、图表等，因此用户首先需要输入参考文献类型，这里选择通常的期刊论文——Journal Article，然后在下面输入参考文献信息（需要注意的是，输入作者（Author）时，一行即是一个作者，如图8-4所示）。输入必要信息后，关闭当前窗口，此时会提示是否保存，保存即可添加。

2. 联网检索

添加参考文献最常用的方法便是联网检索方法。"在线搜索"栏目下包括常使用的数据库，用户单击"more"可以选择目标数据库（需要说明的一点是，对检索的数据库必须要有访问权限）。如图8-5所示，通过EBSCO数据库在线检索，检索框中输入检索词即反馈检索结果，检索结果显示数量可以提前进行设定。

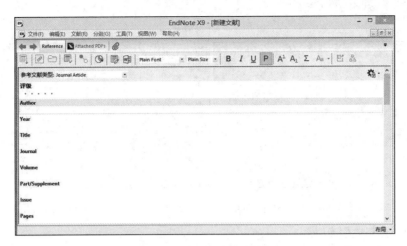

图 8-4 手动输入参考文献信息

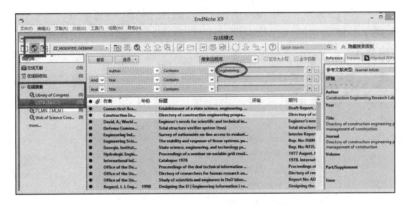

图 8-5 EndNote 在线检索模式

3. 数据库导入

一般数据库都支持输入检索结果，下面以 Web of Science 和中国知网数据库为例来说明。

（1）Web of Science 数据库导入

用户访问 Web of Science 数据库（需要拥有使用权限才可访问），在 Web of Science 界面中单击"All Database"旁的下拉菜单，则可以看到所有可供检索的子数据库，单击"Web of Science 核心合集"即可进入。

输入关键词和检索条件，单击"检索"按钮（见图 8-6）开始检索。

在检索结果界面中，选择所需排序方式（默认为按出版日期降序排列，一般是选择被引频次降序排列），单击"导出"→"EndNote Desktop"，在弹出框输入导出文献记录数量（每次最多导出 1 000 条）和选择导出内容后，单击"导出"按钮（见图 8-7）。

此时导出记录已经保存到 savedrecs.ciw 文件中（见图 8-8），双击 savedrecs.ciw 文件即可将其导入 EndNote 中。

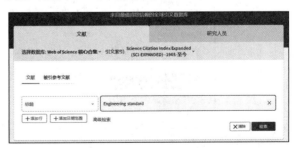

图 8-6 Web of Science 数据库检索界面

图 8-7　Save to EndNote Desktop 界面　　　　图 8-8　Web of Science 文献导入 EndNote

（2）中国知网数据库导入

如图 8-9 所示，用户进入中国知网界面进行关键词检索，然后勾选要导出的文献，单击"导出与分析"→"导出文献"→"EndNote"，进入中国知网文献管理中心，单击"导出"按钮（见图 8-10），即可生成 .txt 格式的参考文献文件。

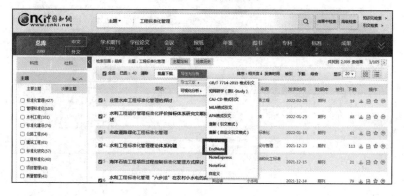

图 8-9　中国知网检索界面

图 8-10　中国知网文献管理中心

单击"文件"→"导入"→"文件"（也可直接单击工具栏的"导入"按钮），在打开的对话框中选择刚才保存的 CNKI-2022032711542306.txt 文件，在"导入选项"中选择"EndNote 导入"，其他保持默认即可，如图 8-11 所示。

图 8-11　中国知网下载文献导入 EndNote

4．PDF 导入

EndNote 导入单个 PDF 文件的原理是首先在该文献中搜索文献的 DOI，然后联网查找文献相关信息并显示在界面上，因此，EndNote 导入 PDF 时计算机需处于联网状态。

PDF 文件的导入分为单个 PDF 文件导入和批量导入，批量文件导入可以参照单个 PDF 文件的导入方法。如图 8-12 所示，用户单击"文件"→"导入"→"文件"（也可直接单击工具栏的"导入"按钮），在打开的"导入文件"对话框中选择要导入的 PDF 文件，在"导入选项"中选择"PDF"，其他保持默认即可，如图 8-13 所示。

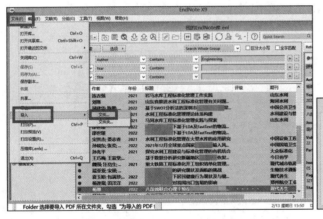

图 8-12　选择要导入的 PDF 文件

图 8-13　PDF 文件导入

🔲 要点提示

　　需要说明的是，对于已经下载的 PDF 中文文献，由于 EndNote 检索范围不包括中文，因此采用上述方法导入并不可行。最好的解决办法就是从中文数据库导出，用户可以参考联网数据库导入的方法；导入 PDF 外文文献未成功的情况，一般是由于该文献较旧，文中没有标记 DOI，或者由于未知原因导致的，用户应对这两种情况可以到该文献所在数据库，采用数据库导入的方法来解决。

8.2.3　文献管理

EndNote X9 可以实现文献去重、文献查找、群组管理和分组共享等文献管理功能。

1．文献去重

在众多数据库中进行检索、添加参考文献记录，不可避免会有重复文献。此时，用户通过单击工具栏上的"文献"→"查找重复"按钮，即可找到重复文献，如图 8-14 所示。

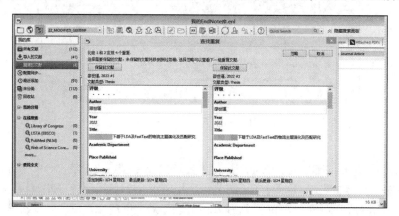

图 8-14　查找重复文献

2．文献查找

同一大方向的全部文献数据放在一起，用户从细分方向出发可建立多个分组，以方便检索。EndNote 顶部为快速搜索框，用户可以在此输入关键词进行检索，也可打开搜索面板进行详细检索。图 8-15 所示为快速检索结果界面。

图 8-15　快速检索结果界面

3．群组管理

根据研究内容，可以对文献进行适当分组，具体方法是用鼠标右键单击"我的分组"，在弹出的快捷菜单中选择"创建分组"命令，即可创建分组，如图 8-16 所示。分组包括 3 类：创建分组、创建智能组和创建组集。

（1）创建分组

创建分组，用户可以将列表区域文献记录选中后拖到分组中。

图 8-16　创建分组

（2）创建智能组

按照一定条件筛选当前所有文献，符合条件的文献自动归组。例如，筛选当前数据库文献，将 2022 年发表的文献自动归为一组，此时，便可以利用"创建智能组"功能创建分组，具体操作如图 8-17 和图 8-18 所示。

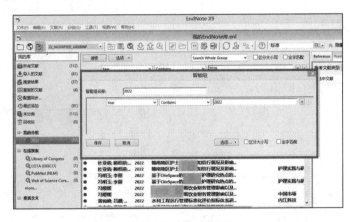

图 8-17　创建智能组

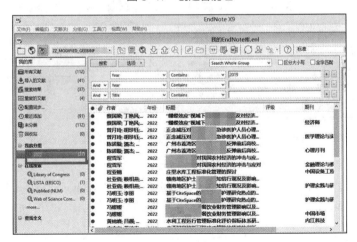

图 8-18　自动筛选文献至智能组

（3）创建组集

创建组集，组集相当于多个分组的集合，其类型为树状结构层次，但只能是二层结构。

4．分组共享

EndNote X9 具有分组共享功能，只需将指定文件拖入分组中即可实现精准分享。具体方法是选中待分享的分组，单击鼠标右键，在弹出的快捷菜单中选择"分享分组"命令，此时提示需要进行同步（同步之前需要注册 EndNote 账号），随后打开相应的对话框，在该对话框中需要输入共享方的电子邮件地址，给共享用户分配阅读权限（"读写"或"只读"），还可以填写给对方的留言，最后单击"邀请"按钮即可。

8.2.4 文献导出

国内本科毕业论文的参考文献引用格式是 GB/T 7714—2015。但是 EndNote 中没有这个样式，所以我们需要手动添加这个样式。

（1）下载模板样式。下载后解压，里面名为 geebinf modified by zz.ens 的文件就是我们需要的模板文件。用户将解压得到的 geebinf modified by zz.ens 文件放到 EndNote 安装目录的 Styles 文件夹中就可以了。如果不知道安装目录，用户可以用鼠标右键单击 EndNote 程序图标，在弹出的快捷菜单中选择"属性"命令来查看。EndNote 通常是在系统盘的程序文件夹里，如 C:\Program Files (x86)\EndNote X9\Styles，笔者的安装路径为 D:\Program Files (x86)\EndNote X9。

（2）安装，并打开 EndNote X9 样式管理器，如图 8-19 所示。在 EndNote 界面上依次选择菜单命令"编辑"→"输出样式"→"打开样式管理器 …"。在 EndNote 样式管理器中勾选"ZZ_MODIFIED_GEEBINF"样式，如图 8-20 所示。

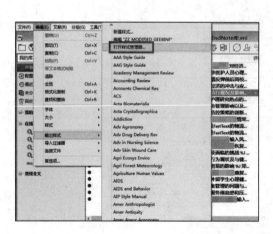

图 8-19　打开 EndNote X9 样式管理器　　图 8-20　勾选"ZZ_MODIFIED_GEEBINF"样式

在对应的样式前打钩，勾选后关闭该对话框即可。如果太多了不好找，可以单击下排最右端的"查找"按钮，然后选择"Chinese journal"，选择使用"ZZ_MODIFIED_GEEBINF"样式。

此后，在 EndNote 界面上依次选择菜单命令"编辑"→"输出样式"→"ZZ_MODIFIED_GEEBINF"即可。导出文献到其他格式可以参照以上方法。

8.2.5 在 Word 中插入参考文献

EndNote X9 安装完成后，Word 中会自动关联 EndNote 软件，如图 8-21 所示。

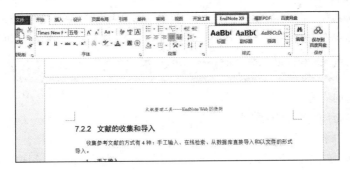

图 8-21 Word 中自动关联 EndNote

打开 Word，将光标定位在需要插入参考文献的地方。打开 EndNote X9 选项卡，单击"插入引文"按钮，如图 8-22 所示。

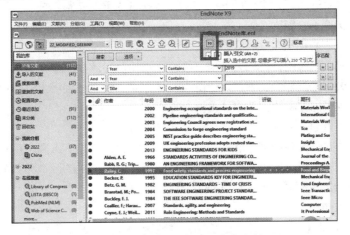

图 8-22 在 Word 中插入参考文献

Word 中的插入结果界面如图 8-23 所示。

用户如果想要修改插入参考文献的样式，可以在 Word 中打开"EndNote X9"选项卡，选择"Style"→"Select Another Style..."，选择合适的引用文献类型即可，如图 8-24 所示。

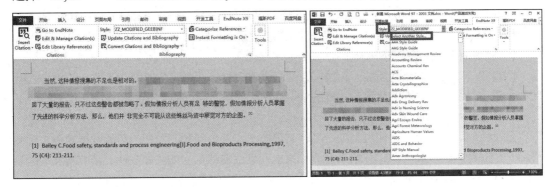

图 8-23 Word 中的插入结果界面   图 8-24 在 Word 中修改插入参考文献样式

8.3 信息调研与分析

信息调研与分析是科研人员围绕特定地区、特定范围、特定环境或特定课题的科学研究需要，在广泛收集文献信息和实际调查的基础上，对所获得的信息采用科学方法进行整理、分析、判断、综合的过程。信息调研与分析得出的科学研究动态评价性报告包括既往研究状况的总结和未来研究。

8.3.1　信息调研

1．信息调研的内容

信息调研的内容大体上可归纳为以下 8 个方面。

（1）科学情报调研

科学情报调研包括两个方面的内容：一是基础科技信息调研；二是科技政策、科研方法和科研组织管理的信息调研。

（2）技术信息调研

技术信息调研包括某种技术的沿革和技术原理、某种技术国内与国外先进水平的差距、本地区与国内先进水平的差距、本部门与国内同行业先进水平的差距、技术应用的条件和范畴、技术推广情况及实验手段等。

（3）技术经济信息调研

科学技术的推广和应用，首先要考虑其经济效益和社会效益。技术经济信息调研的核心是对一项技术决策进行经济评价，如技术上的可行性、先进性以及经济上的合理性。技术经济信息调研包括经济效果评价和社会效果评价两个方面。

（4）产品信息调研

产品的发展方向直接关系到企业的前途与命运，因此，产品信息调研是一个企业要面临的重要问题。产品信息调研包括国家的技术和经济政策、市场情况的调查和预测、原材料供应情况的调查、同行企业技术水平和研制能力的分析与调研等。

（5）市场信息调研

随时掌握市场行情的变化和价格的涨落，并且通过分析与调研以预测未来的动态，不断改进产品性能或开发新产品以适应市场的变化是企业立于不败之地之本。市场信息调研的内容广泛，如市场动态、产品生命周期、本企业产品市场占有率、产品销售地点、产品用户心理、产品广告设计及市场的多样化、季节性和稳定性的调研等。

（6）管理信息调研

管理信息调研包括微观管理信息调研和宏观管理信息调研。前者主要是与科研机构、生产企业管理工作有关的信息调研；后者主要是与国民经济发展的目标、计划、方针政策有关的信息调研。

（7）政策和法规信息调研

政策和法规信息调研包括关于科技、经济总体政策的信息调研及能源、环保、卫生、安全、金融、进出口贸易等方面的政策和法规的信息调研。

（8）预测性信息调研

预测性信息调研主要是探讨某项产品、某项技术、某个问题的发展趋势和发展规律，预测今后一个时期内的发展动向，并给予评价和做出预测性的结论，如发展规律、影响发展的因素以及各环节之间的关系变化等。

2．信息调研的基本程序

信息调研同其他科学研究的课题实施步骤一样，都要经过信息调研课题的确立（立题）、制订课题调研计划、信息资料的搜集、资料价值的判断与整理和综合分析、撰写信息调研报告等步骤。

（1）信息调研课题的确立

确立信息调研课题，即确定科学研究的对象、中心内容和目的。这是研究工作的起点，是课题成功与否的关键。在课题的选择过程中，调研人员需要遵循科学性、实用性、可行性、效益性、计划性、先进性等原则。

（2）制定课题调研计划

课题确立后，为了保证信息调研课题的顺利进行，需要制定详细周密的调研计划，以了解和掌握课题研究的性质、内容、范围、主攻方向、技术路线、方法、设备等。其主要内容包括课题说明、拟定详细的调研大纲、人员和调研时间及步骤的合理组织。

（3）信息资料的搜集

信息调研主要从科技文献入手，通过对大量文献资料的搜集以及对日常学术信息的积累，用分析、判断的方法，得出相应的结论。广泛搜集课题所需的信息资源是信息调研的重要条件。搜集文献信息的方法和途径有很多，除了 8.1 节提到的文献搜集方法以外，还包括实地调查和定题跟踪。

（4）信息价值的判断与整理和综合分析

获得信息资料后，通常需要对信息的价值进行可靠性、新颖性、适用性、典型性评价，以判明适用程度。

通过各种途径搜集的信息经过评价之后，还必须经过一定方式和层次的加工整理，在内容上加以集中浓缩，在形式上使之条理有序、具有系统性，然后运用逻辑思维和必要的数学方法进行综合分析和研究。

（5）撰写信息调研报告

信息调研工作是通过对调研对象的观察、分析、判断、综合，最后提出的有事实、有分析、有观点、有建议的调研报告，即调研成果总结。信息调研成果必须以书面的形式反映出来。调研成果要依据大量的可靠数据和理论依据，采用严谨的逻辑论证方法得出。撰写信息调研报告主要包括调研结果、结论、改进建议及科学的预测，供上级部门或科研人员参考和借鉴。调研报告反映了信息调研工作的质量。

8.3.2　信息分析

信息分析是信息调研过程中非常重要的一步，是一种对信息定向选择和科学分析的研究活动，即按特定的需要有目的地对信息进行深度加工的过程。信息加工的过程就是对信息进行鉴别、评价、筛选、揭示、整序、分析、提炼、组织、综合研究，使信息从无序到有序，给信息重新定位的过程，从而达到去伪存真、净化信息环境、排除信息干扰的目的。

信息分析的方法很多，但主要可以归纳为两大类：定性分析和定量分析。定性分析是在逻辑分析、判断推理的基础上发展起来的，是传统信息研究的主要方法；定量分析是运用数学方法对研究对象的本质特征进行量化描述与分析的方法。但这两种方法只是信息分析、研究的两个方面，具体方法的运用要根据具体研究内容而定，必要时可以将两者结合运用。下面介绍几种常用的基本方法。

1. 对比分析法

对比分析法是对所搜集的资料进行比较、鉴别、判断的一种方法，是信息调研中经常使用的一种方法。在信息研究中，常见的比较对象有：科学研究水平、发展特点的对比；社会发展的条件及历史背景的对比；某一学科或技术发展历史和现状的对比；技术方案和决策方案的对比；市场需求与销售情况的对比等。根据不同的标准和角度，对比法主要可归纳为纵向对比法和横向对比法。

（1）纵向对比法：对同一事物不同时期的状况进行对比，认识事物的过去、现在和未来发展趋势，揭示事物的发展过程。

（2）横向对比法：对不同国家、地区、部门的同类事物进行对比，找出差距，判明优劣。这种方法主要用于同时期内科学研究、科学技术、管理决策等方面水平的比较。

对比分析法通常采用 3 种方式进行对比，即数字对比、图示对比和描述对比。应用对比分析法必须注意在时间、空间范畴等方面的可比性，防止认识上的片面性，避免表面化。

2. 相关分析法

利用事物之间或者其内部各个成分之间的关系，如现象与本质、原因与结果、目标与途径、事物与条件等，通过对这些关系进行分析，从一种或几种已知的事物来判断或推算未知的事物，这种方法就是相关分析法。相关分析法涉及研究对象的质和量两个方面，因此它包含定性分析和定量分析两项内容。这种分析方法的特点是由此及彼、由表及里、应用广泛，尤其适用于军事技术、专利及其他难得到的技术情况的研究。

3. 分析综合法

分析综合法是把研究对象分解，如把复杂的事物分解成各种简单因素或若干阶段，分别加以研究，获得对事物本质的认识，再通过综合的方式，把事物的各个部分、要素进行归纳整理形成对事物整体认识的逻辑方法。

4. 文献计量法

文献计量学是从定量角度研究文献及其特征的发展规律的科学。其包括文献计量法、引文分析法和词频分析法。

5. 专家调查法

专家调查法是以专家作为索取信息的对象，依靠专家的知识和经验，通过专家调查对问题做出判断、评估和预测的一种方法。专家调查法应用比较广泛，在一些数据缺乏或没有的情况下，专家的判断往往是唯一的评价依据。专家调查法又可分为专家个人调查法、专家会议调查法、头脑风暴法、德尔菲法。德尔菲法又称规定程序专家调查法，其是由调查组织者拟定调查表，按照规定程序，通过函件分别向专家组成员征询调查，专家组成员之间通过组织者的反馈材料匿名地交流意见，经过反复几轮意见征询和信息反馈，使专家们的意见逐渐集中，最后得出比较一致的结论。德尔菲法是一种广为适用的研究预测方法，并逐步成为一种重要的决策工具。

6. 趋势外推法

趋势外推法就是把事物发展的已有趋势延伸到未来，对未来做出预见的推理方法。

8.4 科研的选题

科学研究是探求客观事物的本质和规律性的活动。它的内容是观察新的现象、发现新的规律及创造新的理论、新的发明和新的产品。而科研选题是科学研究中首先必须面临的问题，也是科学研究关键性的一步。一个科研课题选定的恰当与否，直接关系到以后的研究成功与否。对于科研人员来说，一个好的科研课题的选定不仅需要相当的知识储备、科学素养以及丰富的想象力，同时也要懂得课题的来源、选定选题的方法和原则等知识。

8.4.1 科研选题的基本原则

科研选题是一个复杂和艰巨的环节，也是创造性的思维过程。科学研究的目的是探求未知现象，发现和研究事物的发展规律，促进科学技术的发展和社会的进步。所以创新性、科学性、可行性是科研选题首先应该遵循的原则，而需要性原则是科研选题实现其价值的意义所在。

（1）创新性原则

科学研究的灵魂在于创新。具有创新性的课题应该是具有新颖性和先进性的课题，即别人没有提出过、没有解决，以及没有完全解决的课题，把别人尚未解决问题作为自己研究起点，避免简单重复别人已经做过的研究。

（2）科学性原则

科学研究目的是探求客观事物的规律性，因此，科研立题要符合自然界、社会、思维以及其他客观现实的规律和本质。此外，选题要具有一定的科学理论根据和科学事实根据，科研人员切不可主观臆想，想当然地违背科学与实际。

（3）可行性原则

选定课题要切合实际，要充分考虑研究所需的设备条件、课题组人员的科研水平与能力，以及课题是否已具备研究基础；要充分考虑研究对象和研究环境的主客观条件，在注重研究课题的创新性和科学性前提下，确保课题一旦实施，可以顺利完成。

（4）需要性原则

选定的课题要符合社会、生产和科学发展的需要，即科研课题要具有现实的意义和价值，价值包括经济价值和社会价值。也就是说，科研课题要符合经济发展的需要和政治、军事、文化教育等方面的需要。

8.4.2 科研选题的来源

1. 指令性课题

指令性课题是指上级部门下达的课题任务。国家、省市及各种学术团体会定期提出许多科研课题，如国家、部省市的重点规划课题、年度课题，这些课题一般具有较重要的理论意义、现实意义，它们是选题的重要来源。此类课题的基金来源包括国家自然科学基金、政府管理部门科学基金、单位科学基金等。指令性课题通常被称为纵向课题。

2. 委托课题

委托课题是指受相关部门委托而接受的课题，目的是借助受委托单位的技术和人才优势进行新产品、新技术和新方法的开发与研制，如工厂企业委托高校完成的科技攻关项目。

3. 自选课题

自选课题是指科研人员通过自己的科研活动和日常工作而产生和形成的研究课题。常见的选题如下。

（1）从实践中选题

人们在现实生活和社会实践工作中会遇到各种各样的问题，需要自行去研究、去探索、寻求解决问题的办法。大至世界政治、经济、文化艺术，小至日常生活中的吃、穿、住、用、行，选题的内容极为广泛，科研人员只要深入探索，就会发现有许多值得研究的课题。

（2）从文献记载中选题

一些科学研究者在他们的研究过程中会遇到或发现理论上、实践上的某些问题，但由于受当时的科学技术水平、理论知识，以及所处的环境、研究条件或专业知识结构的限制而无法解决；或者研究者对研究中发现的某些现象提出了一些假说，这些问题会被记载在文献中。所以科研人员可以根据文献的记载，结合自身的研究基础，选择研究课题。

（3）从学术交流和学术争鸣中选题

学术交流是指同行专家对某一特定的学术问题，在研究方法、结果和存在的问题等方面所做的探讨、交流。研究人员对某些学术问题会从不同的角度观察、研究和评价，从而会有不同学术观点，这些不同学术观点之间的碰撞则为学术争鸣。学术交流和学术争鸣对科研课题的选择非常有意义，研究人员根据学术交流和学术争鸣中谈到的问题、涉及的某些事实与理由发现问题，从中选定自己的研究课题。

（4）从学科交叉、渗透中选题

学科的交叉、渗透是科学在广度、深度上发展的一种必然趋势。科学的交叉和渗透必然促进新学科以及新研究领域的诞生，如比较学科、边缘学科、软科学、综合学科及超科学等。

（5）从直觉思维、意外发现中选题

科研人员对研究对象富有浓厚的探索兴趣，也是科研选题的一个重要来源。大量值得研究的选题，首先表现在各种社会现象和偶然事件中。这时，选题常常得益于科研人员的想象、灵感、直觉，以及对这些直觉、现象的思考和捕捉。例如，詹纳（Edward Jenner）由挤奶女工不患天花的现象研究和发现了预防天花的牛痘疫苗。

8.5　科研论文的写作

科研论文是科研工作者对自己开展的科学研究工作成果的论说性文章，是阐述原始研究结果并予以公开发表的文字性报告。科研论文是科学研究的手段和继续，同时也是表述科研成果、进行学术交流的一种工具。它是以科研成果为对象，采用科技语言、科学逻辑思维方式，并按照一定的写作格式撰写，经过正规严格的审查后公开发表的论文。撰写科研论文的目的是报告自己的研究成果，说明自己对某一问题的观点和看法，接受同行的评议和审查，以求在讨论和争论中接近真理，揭示自然界和社会的发展规律，推动社会的进步。

8.5.1　科研论文的主要表现形式

科研论文根据其不同的属性，可划分为不同类型。按其所属的总体学科门类，可分为社会科学论文、自然科学论文和哲学论文等；按其论述的内容，可分为研究报告、理论性研究论文、专题性研究论文和综述性论文等；按作者写作目的的不同，又可分为学术论文和学位论文。

1. 学术论文

中国国家标准 GB/T 7713—1987 对学术论文的定义是：某一学术课题在实验性、理论性或观测性上具有新的科学研究成果或创新见解和知识的科学记录；或是某种已知原理应用于实际中取得新进展的科学总结，用以提供学术会议宣读、交流或讨论；或在学术刊物上发表；或作其他用途的书面文件。从表现手法上看，学术论文是以议论和说明为主的议论文体，创作者通过论文直接表达自己对客观事物的认识，推断事物的正确与错误，揭示事物的本质特征。

学术论文按其性质可以划分为学术性论文、技术性论文和综述性论文。

（1）学术性论文

学术性论文是科研工作者在其研究领域中通过严谨、规范的科学研究而取得的研究成果，是一种原创性论文，例如新学术观点的阐述、新理论的论证、新科技发明、新科学发现以及某项重大科学难题的突破等。这类论文以学术研究为主，其特点是具有创新要素，是科学有所前进的标志。

（2）技术性论文

技术性论文是工程技术人员在已有的科学理论、技术成果的基础上，为解决设计、工艺、设备、材料等具体技术问题而取得的研究成果的书面总结。应用性研究论文内容重点在于技术上的直接应用，理论与实践的相印证。

（3）综述性论文

综述性论文是作者针对国内外某一新的学科领域，或者某一学科专题的科学研究进展或动态，在阅读大量尽可能全的相关研究论文基础上，经过自己深入的分析和综合，并做出有价值的总结而写成的论文。综述性论文如果包含了作者对相关内容所做的推断、评价和预测，则称为述评。这类文章能够使科研工作者在短期内了解某问题的历史、现状、存在的问题、最新成果以及发展方向，能够节约科研工作者查阅专业文献的时间，从而辅助其选择科研方向、寻找科研课题等。

2. 学位论文

学位论文是作者用以申请相应的学位而撰写的论文。国家标准 GB/T 7713—1987 对学位论文所做的定义是：学位论文是表明作者从事科学研究取得创造性成果或有新的见解，并以此为内容撰写的，作为提出申请授予相应学位的学术论文。与一般研究论文不同，学位论文的目的是展示作者的知识水平和研究能力，论文中要求详细地介绍课题的研究历史、现状、方法和具体的实验研究过程等，注重强调论文的系统性。学位论文按层次又可分为学士论文、硕士论文和博士论文。

（1）学士论文

学士论文可以是学术论文、调查报告，也可以是技术总结、技术设计等。这种论文一般只涉及不太复杂的课题，论述的范围较窄，深度也较浅。学士论文一般还不能作为科技论文发表。

（2）硕士论文

合格的硕士论文应能表明撰写者已经掌握了扎实的学科基础理论和系统的专业知识，掌握了某一方面的研究方法和技能，并具有从事专门技术和科研工作的能力与基本的科研论文写作能力。它虽然是撰写者在导师指导下完成的，但已经具有了一定程度的创新性，因为论文强调和注重撰写者的独立思考作用。通过答辩的硕士论文，应该基本上达到了发表的水平。

（3）博士论文

博士论文可以是 1 篇论文，也可以是相互关联的若干篇论文的总和。它是研究生独立撰写的比较完整、系统，具有较高学术水平的论著。博士论文被视为重要的科技文献，因为博士论文不仅反映出撰写者坚实广博的基础理论知识、系统深入的专业知识、独立从事科学技术研究工作的能力和较高的论文写作水平，而且其研究项目是该科学技术领域较为前沿的独创性成果，在学术和理论上都具有较大的科学意义，或者在实用上具有较大的社会效益和经济效益。

8.5.2　科研论文的撰写规范与要求

科研论文写作水平往往直接影响科研工作的进展。例如，一篇好的科研选题报告或建设项目的可行性论证报告可以促进一个有价值的科研项目或建设项目尽快上马；反之，一篇表达不规范、内容不准确的论文也会使科研成果的公认受到阻碍，导致某种新理论、新方法不被人们所接受，某项先进技术难以得到迅速推广，或者致使一个具有发表价值的研究成果因文稿写作质量问题而不能被期刊发表。因此，科研工作者应该掌握科研论文写作的一般方法，熟悉国家的有关标准和规定，并在写作实践中不断提高自己的写作能力，从而使自己能够得心应手地写出学术价值或实用价值高、科学性强、文字细节和技术细节表达规范的科研论文，使自己的研究成果在促进学术交流和推动科学技术及经济建设的发展中发挥应有的作用。

科研论文通常包括题目、作者署名与作者单位、摘要、关键词、引言、正文、结论和建议、致谢、参考文献、文献分类号和文献类型标识码等部分。

1. 题目

题目即文章的标题。它是论文特定的思想内容、研究范围和具有深度的高度总结，是其他人认识全文的窗口。题目选定应注意以下原则。

（1）简短精炼

题目字数尽可能少而精，令人印象鲜明，便于记忆和引用。在保证准确反映论文最主要的特定内容的前提下，题目字数越少越好，汉字题目一般在 20 个字以内、英文题目不超过 10 个实词。如果涉及内容过多时，可选择使用副标题以缩小主标题的字数。

（2）准确得当

题目应能准确地表达论文的中心内容，恰如其分地反映研究的范围和要达到的深度，不能使用笼统的、泛指性很强和华而不实的词语。

（3）便于检索

题目所用词语必须有助于选定关键词和编制题录、索引等二次文献，以便为检索提供特定的实用信息。

（4）结构规范

首先一个题目只能有一个中心，不能同时有两个或两个以上无关联的内容。在一个中心的前提下，题目可以包括与中心相关的多个问题。其次，题目一般不是一个完整的句子，不会有动词出现，无论是中文还是英文，一般都要把动词转变为动名词。另外，题目中一般不要用标点符号，但有时可用小括号、书名号、顿号、问号等。

2. 作者署名与作者单位

作者在自己科研论文中签署自己的名字和工作单位、联系方式。署名具有 4 个作用：表明论文的归属；文责自负的承诺；利于编制二次文献，建立索引和查检；便于读者与作者联系。

论文属于个人研究成果的，需在论文上进行个人署名；论文属于集体研究成果的，需在论文上进行集体署名（一般应署作者姓名，不宜只署课题组名称）。集体署名时，按对研究工作贡献的大小排列名次。学位论文署名时，研究生在前，指导导师在后。

署名者只限于那些参与选定研究课题和制定研究方案、直接参加全部或主要部分研究工作并作出主要贡献，以及参加论文撰写并能对内容负责，同时对论文具有答辩能力的人员；仅参加部分工作的合作者、按研究计划分工负责具体小项的工作者、某一项测试任务的承担者，以及接受委托进行分析、检验和观察的辅助人员等不列入署名范围，但在"致谢"中予以说明。

在作者署名下面要用"（ ）"写明作者的单位、地址和邮政编码（具体格式以所投稿期刊等的要求为准）。

3. 摘要

摘要是论文的高度浓缩。它要求准确、完整、简练地介绍研究的目的、方法、结果和结论，不加解释和评论。摘要的作用是便于其他人了解论文的基本内容、便于二次文献的摘编和索引。

目前，科研论文经常使用的摘要类型有指示性摘要、报道性摘要、结构式摘要和报道－指示性摘要。指示性摘要是对论文论题的简要说明，或者概括地表述研究目的，字数一般控制在 50～100 个字；报道性摘要反映了作者的主要研究成果，能够让其他人从中了解论文的全部创新内容和尽可能多的定量、定性信息；结构式摘要是报道性摘要的另一种表现形式，其按照研究论文的结构，从目的、方法、结构和结论 4 个方面介绍论文内容，这种形式是目前生物医学领域期刊普遍采用的一种摘要格式；报道－指示性摘要是介于报道性摘要和指示性摘要之间的一种摘要格式，即采用报道性摘要的形式介绍文献中信息价值较高的部分，以指示性摘要的形式表述其余部分的内容，中文摘要一般不宜超过 200～300 个字，英文摘要不宜超过 250 个实词。在《文摘编写规则》（GB/T 6447—1986）中对不同类型综述的文字做了具体规定：报道性文摘和报道／指示性文摘一般以 400 个字为宜；指示性文摘一般在 200 个字左右为宜。

摘要只能用文字形式表述，不能采用图表、化学结构式、数学表达式等非文字性资料，不列举例证，不分段。

科研论文的摘要一般要求采用中、英文两种形式。有的杂志中文摘要在前，英文摘要附在论文最后，也有的杂志在摘要位置同时刊有中、英文两种摘要。英文摘要内容前要增加英文题目、作者和作者单位等信息。

撰写摘要应注意：力求简明易懂、逻辑清楚，不能含糊和重复；从旁观者的角度，客观反映原文信息，不能带有赞同和批评的倾向，采用第三人称书写；撰写英文摘要时，其时态与事情发生的时间相一致，叙述基本规律时用现在时，叙述研究的对象、方法、结果时用过去时；尽可能用规范术语，非公知公认的符号或者术语第一次出现时要写明全称。

4. 关键词

关键词是能够表达论文研究和讨论的主要内容的名词术语，是为了满足文献标引或检索工作的需要从论文中选取出的词或词组。

我国学术论文编写规范（GB/T 7713—1987）中规定学术论文中应标引 3 ~ 8 个关键词，并尽可能使用规范化的词表提供的规范化词，如《汉语主题词表》及《医学主题词表》（MeSH）、《美国国家航空航天局叙词表》（NASA）、《工程与科学词汇叙词表》（TEST）等。对那些确实能反映论文的主题内容，但未被收入主题词表里的词或词组只能采用自由词的形式，目的是完整、准确地反映文章的主要内容。为了便于国际交流，作者应同时标引英文关键词，置于英文摘要的下方。

5. 引言

引言也称前言、导言、序言等，它是论文主题部分的开端。写引言的目的是交代研究的来龙去脉，使阅读者对论文先有一个总体的了解，起引导阅读的作用。

引言的内容主要包括课题的研究现状、背景、思路、目的、范围以及要解决的问题，并简要说明课题研究的意义和他人已经取得的研究成果、观点以及与本课题的关系等。

引言篇幅不宜过长，即作者写引言要注意言简意赅、重点突出、客观直接。人所共知的知识和基本理论最好不要在引言中出现，更不要介绍基本方法和推导公式，不要与摘要雷同，也不要夸大研究的意义和水平。

引言一般与结论相呼应，在引言中提出的问题，在结论中应该有所解答，但应避免引言与结论的雷同。对于比较简短的论文，引言可只用一小段文字表达，不必单独一节。

6. 正文

正文是论文的核心部分，是论文的主体。论文的论点、论据和论证都在这里阐述，因此它要占主要篇幅。正文中要对已获得的材料和数据进行概括、抽象、判断、归纳、综合、推理，以求从现象中揭示本质，从变化中发现规律。文字表述要合乎逻辑、顺理成章、简明精练和通顺易读。所以文章的正文是作者学术水平、逻辑思维与文字表达的综合产物。

由于论文涉及的学科、选题、研究对象和研究方法、工作进程、结果表达方式以及文章类型的不同，科研论文的陈述方式差异很大，因此对正文要写的内容不能做统一规定；但是，总的思路和结构安排应当符合"提出论点，通过论据（事实和/或数据）来对论点加以论证"这一共同的要求。

比较完整的科研论文，正文部分一般包括理论分析、材料与方法、结果与分析、小结与讨论 4 个部分。

（1）理论分析

理论分析即基本原理。它是论文的立论基础和逻辑起点，其包括论证的理论依据、对所做的假设及其合理性的阐述、对分析方法的说明。

（2）材料与方法

材料是指研究中使用的实验（试验）材料、仪器等。列出材料的目的是使同行科研工作者，根据作者提供的材料、仪器等能够进行重复实验（试验），便于核对论述结果的可靠性。方法是研究中采用的实验（试验）方法和操作步骤。如果采用的是别人用过的方法，只需写明是什么方法和标明文献来源；若对前人的方法有改进，则应将改进的部分叙述清楚；如果是作者自己设计和创造的新方法，则应详细介绍，使同行科研工作者在具备相同的设备和条件时能够重复实验（试验）。

（3）结果与分析

结果与分析是论文的关键和价值所在。作者除了给出研究结果外，同时要对结果进行定量或定性的分析。结果与分析包括：以绘图和／或列表（必要时）等手段整理实验结果；通过数理统计和误差分析说明结果的可靠性、再现性和普遍性；进行实验结果与理论计算结果的比较；说明结果的适用对象和范围；分析不符合预见的现象和数据，检验理论分析的正确性等。

研究结果的表述要层次分明、数据可靠、分析深入、结论明确、表达简明规范。

（4）小结与讨论

对结果进行讨论目的在于阐述结果的意义，说明与前人所得结果不同的原因，根据研究结果阐述作者自己的新见解，并以自己研究的结果、提出的观点与现有的研究结果比较，找出异同点，最主要的是突出新发现、新发明，说明研究结果的必然性或偶然性。同时，研究人员可以对尚未定论之处和相反的结果进行讨论，提出研究的方向和问题，新的设想和思考，以引起同行读者在这一方面进一步去研究和探讨。

7. 结论和建议

结论又称结束语、结语，其是对整个研究结果的总结性文字。它是在理论分析和实验验证的基础上，通过严密的逻辑推理而得出的富有创造性、指导性、经验性的结果描述。结论是对整篇论文的高度概括，其书写要尽量简练、完整和准确。结论主要包含以下内容：论文研究结果说明了什么问题，得出了什么规律，解决了哪些理论和实际问题；论文对前人或他人的相关研究做了哪些检验和创新，他人研究与本文研究结果有哪些异同，作者做了哪些修改、补充和发展；论文及研究有哪些不足之处，哪些问题有待解决，对解决这些问题有哪些设想等。

结论里应包括必要的数据，但主要是用文字表达，一般不用插图和表格。"建议"部分可以单独用一个标题，也可以作为结论的最末一条。如果没有建议，也不要勉强杜撰。

8. 致谢

现代科学技术研究往往需要他人的合作与帮助，因此，当研究成果以论文形式发表时，作者应当对他人的劳动给以充分肯定，并对他们表示感谢。凡对本研究直接提供过资金、设备、人力，以及文献资料等支持和帮助的团体与个人均应列入致谢对象。

"致谢"可以在论文最后单列一节，也可以不列标题，空一行置于"结论"段之后。

9. 参考文献

参考文献即"文后参考文献"，它是在论文撰写过程中参考和引用的信息资料。在科研论文中，凡是引用前人（包括作者自己过去）已发表的文献中的观点、数据和材料等，都要对它们在文中出现的地方予以标明，并在文末以参考文献的方式列出，称为参考文献著录。

（1）著录参考文献的作用

著录参考文献的作用主要体现在以下几个方面。

- 反映作者的科学态度，也反映出论文具有真实、广泛的科学依据及论文的起点和深度。
- 作者在文中阐述自己观点的同时，也使他人的成果得以展示。这样不仅表明了论文作者对他人劳动的尊重，还免除了抄袭、剽窃他人成果的嫌疑。

- 起到索引作用。他人通过参考文献进行追溯检索，查找相关文献，了解论文之间的科学联系，扩大信息获取范围。
- 节省篇幅。论文中需要表述的内容，凡已有文献记载的只需注明文献出处。这样可以避免一般性表述和资料堆积现象，精练了语言，节省了篇幅。
- 著录参考文献有助于科技情报人员开展情报研究和文献计量学分析。

（2）参考文献的著录方式

关于参考文献的著录方式，国际上流行的有许多种，我国《信息与文献 参考文献著录规则》（GB/T 7714—2015）中规定采用"顺序编码制"和"著者－出版年制"这两种。其中，顺序编码制为我国科学技术期刊所普遍采用。参考的文献若为期刊中的析出文献，其规范格式为：[序号] 作者姓名 . 论文题目 [J]，刊名 , 年 , 卷（期）：起止页码 .；若为论著，其规范格式为：[序号] 作者姓名 . 论著名称 [M]. 版次 . 出版地址：出版者 , 出版年 .。

10. 文献分类号和文献类型标识码

为了从论文学科属性的角度进一步揭示论文内容，便于建立和编制索引以供查检，期刊编辑部和学位论文审定单位都要求对论文按照《中国图书馆分类法》进行分类。分类后的分类号和类目名称列入关键词的下方。在列出文献分类号的同时，中国知网"中国期刊全文数据库"还要求该数据库所收录期刊对其刊登的论文做文献类型标识码的标注，与分类号一并列出。文献标识码的具体含义如下。

A：理论与应用研究的学术论文（包含综述报告）。

B：实用性技术成果报道（科技）、理论学习与社会实践总结（社科）。

C：业务指导与技术管理性文章（包括领导讲话与特约评论等）。

D：一般动态性信息（通信、报道、会议活动、专访等）。

E：文件、资料（包括历史资料、统计资料、机构、人物、书刊、知识介绍等）。

8.5.3 科研论文撰写的一般步骤

科研论文的写作通常分为选题、搜集和整理资料、拟定提纲、撰写初稿及修改定稿 5 个步骤。

1. 选题

选题是科研论文写作的第一步，它包括限制性选题和自由式选题。限制性选题是指在作者自己研究课题范围内的选题，如学位论文撰写及某项研究成果的论文撰写等所选题目受研究内容的限制。这种情况下，所研究课题的题目即可作为论文的题目。对于一些较大的研究项目，由于研究内容分支较多，其研究成果可以撰写成多篇论文，这时就需要重新选题。对于题目不够突出和不够新颖的研究课题，撰写论文时也需要重新构思题目。自由式选题是指不受内容的限制，作者可根据自己的兴趣、工作中的经验、阅读中产生的新思想等来自由选择论文题目。

无论是何种类型的选题，论文选题必须遵守以下原则。

（1）新颖性

撰写论文时，作者要把自己的新观点、新见解和新发现尽可能在题目中点出，起到醒目的作用，以吸引更多的人阅读。

（2）需要性

需要性是指选题要符合科学技术进步与社会发展的需要，这一点也是论文写作的现实意义。具体地说，就是论文选题要为科学技术发展、国民经济建设、人民生活提高等方面服务，为科学技术转化为生产力服务。

（3）可行性

实事求是，从实际出发，从自己的基础、兴趣考虑，选择自己力所能及的题目。

2．搜集和整理资料

文献资料是形成学术论点和提炼主题的基础。作者只有掌握足够的资料，才能了解自己研究学科的发展阶段、发展动向、研究范围和深度、存在的问题及目前的主攻方向等，这样对撰写论文是十分必要的。搜集和整理资料主要包含 4 个方面：理论准备和知识准备资料、别人已有的相关论述资料、对立的有关资料、背景和条件的相关资料。准确而全面的资料不仅有助于了解某一学科领域的发展动态，同时还为论文提供有力的论据。

在材料搜集的基础上，对搜集到的资料进行比较、鉴别和整理，以认清性质、判明其真伪、评估其意义，进而去除那些关系较远的、重复或雷同的、观点不明的、来源不清的、转手过多的材料，保留那些权威性较高、来源可靠、研究较为深入、代表性强的资料，再把提炼过的资料按顺序排在各相关标题及分标题下，这样便于撰写论文时利用。

3．拟定提纲

拟定提纲即用简洁明了的语言安排出论文的章节结构，以把文章的逻辑关系展现出来。提纲是论文整体布局和层次安排的设计图，是构造论文的基本框架。

提纲通常有 3 种形式，即标题式提纲、简介式提纲和混合式提纲。

4．撰写初稿

撰写初稿是指按照写作提纲，围绕题目提出的论题中心写出论文初稿的过程。表达方式的选择与使用、段落的组织与衔接以及语言形式的运用都是这个阶段要妥善处理的问题。初稿是论文的基础。有了这个基础，作者再进行修改、完善、提高就比较容易了。

初稿起笔有两种方式：从引言起笔，即按照提纲的自然顺序，先提出问题，明确基本论点，再逐步展开，论证、归纳总结，得出结论；从正文起笔，即先写正文、结论，再写引言。

在撰写初稿时，作者尽可能放开思想，既要照顾到提纲的要求，又不要受提纲的限制，将自己的分析能力、判断能力、逻辑思维能力全部发挥出来，并将思考到的观点、见解、推理、判断等都写出来，该过程最好一气呵成。撰写稿子时，思维高度集中，大脑的兴奋和活跃程度比较高，往往会产生出新论点、新思路，有时还会推出比原论题更深、更高的新认识和新观点。

5．修改定稿

初稿完成后，需要再三推敲，反复修改。修改的主要任务是斟酌论点、检查论证、调整结构、推敲文字。初稿修改通常分两个阶段：前一阶段着重对论文的内容、结构和篇幅进行修改，使文章观点明确，主题突出，层次分明，字数恰当；后一阶段主要对文字进行修改，以保证论文在内容上逻辑清楚、论点明确、顺理成章，在文字上语言流畅、用词准确、合乎语法。

8.6　知识产权相关法律法规

随着我国改革开放向更高层次的迈进，法律在为改革开放和市场经济建设服务方面的促进和保障功能日益突出。在众多的法律制度中，知识产权保护制度在鼓励和保护创新、促进经济发展、科技进步和文化繁荣等方面，其地位和作用越来越重要。

8.6.1　知识产权相关法律法规举要

1．知识产权和知识产权法

知识产权（Intellectual Property）又称"智力财产权"，它是一种无形财产，是从事智力创造性活动取得成果后依法享有的权利，即法律赋予智力劳动成果的创造人对其智力创造成果在一定时期内享有的专有权利。

知识产权法是为了调整智力成果的创造者在取得、使用、转让知识产权，以及在知识产权的管理和保护中所产生的各种社会关系的法律规范的总和。它是确认、使用和保护知识产权的一整套法律制度。

2. 知识产权的范围

传统的知识产权包括专利权、商标权和著作权。前两者称工业产权，后者也称版权。随着科学技术的迅速发展，高新技术智力成果的不断产生又给知识产权带来一系列新的保护客体，如生物技术成果和动植物品种权的保护等，所以广义的知识产权包括一切涉及人类智力成果的权利，如科学技术成果权或商业形象权等。

工业产权主要包括专利权（发明、实用新型、外观设计和植物品种权）和商标权等。工业产权是知识产权的重要组成部分。这里的"工业"泛指工业、农业、交通运输业、采掘业、商业等各个产业及科学技术部门。工业产权是指人们在生产活动中基于智力的创造性劳动所产生的一种特殊的权利。根据《保护工业产权巴黎公约》中的规定，工业产权的保护范围有专利、实用新型、外观设计，商标、服务标记、厂商名称、货源标记或原产地名称和制止不正当竞争等。

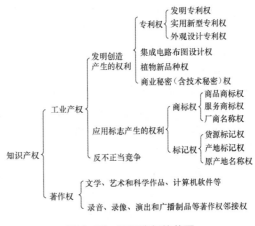

图 8-25　知识产权的范围

著作权主要涉及文学、艺术和科学作品、录音、录像、演出和广播，以及计算机软件等。知识产权的范围如图 8-25 所示。

我国知识产权司法保护的范围包括对专利权、商标权、著作权（版权）、邻接权及防止不正当竞争权等涉及人类智力成果的一切无形财产的财产权和人身保护权。我国法律规定的保护范围和水平基本与知识产权国际条约规定的范围和水平相同，并且将会受到《与贸易有关的知识产权协议》等国际公约的积极影响。此外，人民法院的知识产权审判庭还将有关技术转让、技术合作等各类技术合同纠纷案件作为自己的收案范围。

《世界知识产权组织公约》规定的知识产权范围包括：文学、艺术和科学作品；表演者的表演、录音和广播；一切创造性活动领域内的发明；科学发现；工业设计；商标、服务标记，商号和商业标志；防止不正当竞争；其他一切来自工业、科学、文学、艺术领域内的智力创作活动。

世界贸易组织在《与贸易有关的知识产权协议》中规定的知识产权范围包括：著作权和相邻权、商标、地理标志、工业设计、专利、集成电路布图设计（拓扑图）、未披露信息的保护、合同许可中反竞争行为的控制。

3. 知识产权保护的相关法律法规

（1）我国知识产权保护的相关法律法规

改革开放以来，尤其是加入世贸组织前后，我国加快了知识产权保护制度的建设，先后制定了知识产权保护的相关法律法规，基本形成了一个较为完备的知识产权法律保护体系。

我国颁布的知识产权法律法规包括《中华人民共和国专利法》《中华人民共和国专利法实施细则》《国防专利条例》《集成电路布图设计保护条例》《著作权集体管理条例》《中华人民共和国商标法》《中华人民共和国商标法实施条例》《中华人民共和国著作权法》《中华人民共和

国著作权法实施条例》《计算机软件保护条例》《中华人民共和国知识产权海关保护条例》《中华人民共和国海关关于知识产权保护的实施办法》《奥林匹克标志保护条例》《中华人民共和国民法典》《中华人民共和国植物新品种保护条例》《中华人民共和国植物新品种保护条例实施细则（农业部分）》《中华人民共和国植物新品种保护条例实施细则（林业部分）》《中华人民共和国反不正当竞争法》。

（2）国际知识产权保护制度的相关法律

知识产权的国际保护制度，是指以多边国际公约为基本形式，以政府间国际组织为协调机构，通过对各国（地区）境内知识产权法律进行协调形成的相对统一的国际法律制度。

为了保护智力劳动成果、促进发明创新，早在 100 多年前，国际上已开始建立保护知识产权制度。它以 1883 年在巴黎签署的《保护工业产权巴黎公约》（简称《巴黎公约》）、1886 在瑞士伯尔尼签署的《保护文学艺术作品伯尔尼公约》（简称《伯尔尼公约》）和 1994 年签署的《与贸易有关的知识产权协议》等代表性的国际公约为基本形式，以世界知识产权组织、世界贸易组织等相关国际组织为协调机构，协调各国（地区）知识产权制度，形成了一个国际性的知识产权保护的法律规则与秩序，各国（地区）独自产生的知识产权制度在知识产权国际保护的框架下，逐渐走上一体化、国际化的道路。

- 世界知识产权组织（World Intellectual Property Organization，WIPO）。

为了促进全世界对知识产权的保护、加强各国（地区）与各知识产权组织间的合作，《巴黎公约》和《伯尔尼公约》的 51 个成员于 1967 年 7 月 14 日在瑞典首都斯德哥尔摩共同缔约，签订了《成立世界知识产权组织公约》并成立了世界知识产权组织，1974 年该组织成为联合国的专门机构。

成立世界知识产权组织的宗旨是：通过国家之间的合作，并在适当的情况下，与其他国际组织合作，以促进在世界范围内保护知识产权、加强保护知识产权组织各联盟之间的行政合作而建立"世界知识产权组织"。

世界知识产权组织管理的知识产权领域的条约，根据其不同作用可分为 3 类：第一类条约确定了各成员进行知识产权保护的国际协定的基本标准；第二类是人们所熟知的全球保护体系条约，该条约确保一项发明、商标和外观设计的国际注册或申请在任何一个缔约方均可具有效力，建立工业产权的多方快速保护机制；第三类为分类条约，该类条约把有关发明、商标和工业品外观设计的信息编排成索引式可管理结构，以便于查询。

- 世界贸易组织及 TRIPS 协议。

世界贸易组织是在《关税与贸易总协定》（简称《关贸总协定》）的基础上，于 1995 年 1 月成立的。截至 2005 年 2 月 15 日，世界贸易组织的缔约方有 148 个，中国于 2001 年 12 月 11 日正式加入世界贸易组织。世界贸易组织取代关贸总协定后，协调管理的领域拓宽，规则更严。世界贸易组织的制度框架主要以货物贸易、服务贸易以及与贸易有关的知识产权为基础构建而成，其目标是建立一个完整的包括货物、服务、与贸易有关的投资及知识产权等更具活力和更持久的多边贸易体系。多边贸易协定主要是指《货物贸易总协定》《服务贸易总协定》TRIPS 协议及其若干专门的协定。为解决有关争端，还达成了《关于争端解决规则与程序的谅解》和《贸易政策审议机制》。

TRIPS 协议（Agreement on Trade-Related Aspects of Intellectual Property Rights），即《与贸易有关的知识产权（包括假冒商品贸易）协议（草案）》。它是世界上影响大、内容全面的知识产权国际保护多边协定。与原有的知识产权国际公约相比，TRIPS 协议全面规定了知识产权的保护标准，对知识产权的执法和救济提出了要求，并且为知识产权国际争端的解决提供了途径。凡参加世界贸易组织的成员，均要承诺遵守 TRIPS 协议，必须使知识产权的国际保护直接与国际贸易挂钩。

- 知识产权主要的国际保护条约。

专利权保护国际条约包括《专利合作条约》《欧洲专利公约》《国际承认用于专利程序的微生物保存布达佩斯条约》《建立外观设计国际分类条约》《国际专利分类斯特拉斯条约》。

商标权保护国际条约包括《商标国际注册马德里协定》《商标注册条约》《国际注册用商品与服务国际分类尼斯协定》《建立商标图形国际分类维也纳协定》。

著作权保护国际条约包括《保护文学艺术作品的伯尔尼公约》《世界版权公约》《世界知识产权组织版权条约》《世界知识产权组织表演和录音制品公约》《保护表演者、录音制品制作者和广播组织罗马公约》《保护录音制品作者防止未经授权复制其录音制品日内瓦公约》《关于播送由人造卫星传播载有节目的信号布鲁塞尔公约》。

我国于 1980 年 3 月正式加入世界知识产权组织。我国于 1984 年 12 月 19 日向世界知识产权组织递交《保护工业产权巴黎公约》的加入书，并在 1985 年 3 月 19 日正式成为该公约的成员。我国于 1989 年 7 月 14 日向世界知识产权组织递交加入《商标国际注册马德里协定》的申请，3 个月后成为该协定的成员。我国于 1989 年 5 月参加了世界知识产权组织主持制定的《关于集成电路知识产权条约》的缔结工作，并于 1990 年 5 月作为第五个签字方在该条约上签字，成为《关于集成电路知识产权的华盛顿条约》的成员。

4. 著作权法

著作权（Copyright）是指文学、艺术和科学作品的创作者依照法律的规定对其作品所享有的一种专有权。著作权可以分为著作人身权和著作财产权两大部分。

著作人身权是指作者对其创作的文学、艺术和科学技术等作品依法享有的与其人身密不可分而又无直接财产内容的权利。其又称著作精神权利，包括公开发表权、署名权及禁止他人以扭曲、变更方式利用著作损害著作人名誉的权利。

著作财产权是指作者通过使用或者许可他人使用其作品而获得经济利益的权利，即著作经济权利。著作财产权具有时限性，在著作权的有效期限内，作者对其享有的著作财产权可以依法许可他人使用、继承和转让。

《中华人民共和国著作权法》（以下简称《著作权法》）于 1990 年 9 月 7 日在第七届全国人民代表大会常务委员会第十五次会议上通过，根据 2001 年 10 月 27 日第九届全国人民代表大会常务委员会第二十四次会议《关于修改〈中华人民共和国著作权法〉的决定》第一次修正，根据 2010 年 2 月 26 日第十一届全国人民代表大会常务委员会第十三次会议《关于修改〈中华人民共和国著作权法〉的决定》第二次修正，根据 2020 年 11 月 11 日第十三届全国人民代表大会常务委员会第二十三次会议《关于修改〈中华人民共和国著作权法〉的决定》第三次修正。

（1）著作权的主体与客体

著作权的主体即著作权人，是指依法享有文学、艺术和科学作品著作权的人，其包括自然人、法人和其他组织；在一定的条件下，国家也可以成为著作权主体。著作权的客体即作品。根据《著作权法实施条例》第二条的规定，著作权法所称作品，是指文学、艺术和科学领域内具有独创性并能以某种有形形式复制的智力成果。

（2）著作权的内容及保护期限

《著作权法》规定，著作权包括人身权和财产权，其内容涉及发表权、署名权、修改权、保护作品完整权、复制权、发行权、出租权、展览权、表演权、放映权、广播权、信息网络传播权、摄制权、改编权、翻译权、汇编权以及著作权人应当享有的其他权利，比如，转让权、许可使用权、获得报酬权等。

作者因作品创作而取得或者产生著作权，获得《著作权法》的保护。著作权的取得方式主要有自动取得和注册取得两种。著作权的自动取得，即作者随着作品的创作完成这一法律事实的存在而自然取得，无须履行任何手续，这种著作权的获得方式称为"自动保护主义"。注册取得是指以在著作权管理机关登记注册作为取得著作权的条件。

根据我国的实际情况，《著作权法》采用自动取得原则，同时对在我国取得著作权的作者身份做了相应的规定。《著作权法》第二条规定，中国公民、法人或者非法人组织的作品，无论是否发表，依照本法享有著作权。

著作权的保护期限，即著作权受法律保护的时间限制。法律只在一定的期限内对著作权给予保护；一旦超过期限，该作品就转为社会公共财富，任何人都可以无偿使用。

著作权中的署名权、修改权、保护作品完整权的保护期不受限制。在作为作者的公民死亡后或者法人、其他组织变更或终止后，其享有的署名权、修改权、保护作品完整权由作者的继承人、受遗赠人、承受权利义务的法人或者其他组织负责保护。如果无人继承和受遗赠、无承受权利的法人或者其他组织的，则由国家负责保护。

《著作权法》对著作权保护年限有如下规定。自然人的作品，其发表权、本法第十条第一款第五项至第十七项规定的权利的保护期为作者终生及其死亡后五十年，截止于作者死亡后第五十年的 12 月 31 日；如果是合作作品，截止于最后死亡的作者死亡后第五十年的 12 月 31 日。法人或者非法人组织的作品、著作权（署名权除外）由法人或者非法人组织享有的职务作品，其发表权的保护期为五十年，截止于作品创作完成后第五十年的 12 月 31 日；本法第十条第一款第五项至第十七项规定的权利的保护期为五十年，截止于作品首次发表后第五十年的 12 月 31 日，但作品自创作完成后五十年内未发表的，本法不再保护。视听作品，其发表权的保护期为五十年，截止于作品创作完成后第五十年的 12 月 31 日；本法第十条第一款第五项至第十七项规定的权利的保护期为五十年，截止于作品首次发表后第五十年的 12 月 31 日，但作品自创作完成后五十年内未发表的，本法不再保护。

（3）著作权的限制

著作权法律制度保护著作权人权利的同时，还需兼顾社会公共利益，防止由于著作权的滥用而阻碍科学技术的进步和文化的繁荣。为此，各国的著作权法无一例外地对著作财产权做出了相应的限制性规定。除了受保护时间上的限制外，著作权还受到"合理使用""法定许可"以及"强制许可"等制度的限制。

合理使用也是《著作权法》规定的对著作权人的权利进行限制的制度之一。它是指在法律规定的情况下，对于已经发表的作品不必经过著作权人许可，也不必向著作权人支付报酬就可以使用。

法定许可是指在法定的某些情形下使用他人已经发表的作品时，可以不经著作权人的同意，但必须向其支付报酬，而且不得侵犯著作权人的其他权利的制度。《著作权法》分别在第二十五条、第三十五条、第四十二条和第四十六条对法定许可的情形做了规定。

强制许可是指在一定条件下，作品的使用者基于某种正当的理由，经申请并由著作权行政管理部门授权即可使用他人已发表的作品，而无须得到著作权人的许可和同意，但应当向著作权人支付报酬。《著作权法》中没有规定强制许可制度，但在《伯尔尼公约》和《世界版权公约》中规定了强制许可，我国已经加入了上述两个公约。所以我国的著作权行政管理机关和司法机关在处理著作权案件中可以适当引用《伯尔尼公约》和《世界版权公约》中有关强制许可的规定。

（4）邻接权

邻接权是指作品的传播者在传播作品的过程中，对其创造性劳动成果而享有的权利，所以也称其为作品传播者权。邻接权不属于著作权，但与著作权相邻近或者类似。广义著作权还包括著作邻接权。当今世界各地的著作权法几乎都有邻接权保护制度，我国《著作权法》及其实施条例将这类权利称为"与著作权有关的权益"，它具体包括以下 4 种。

出版者权：出版者对其出版的图书和期刊的版式设计享有的权利。

表演者权：表演者对其表演享有的权利。

录制者权：录音录像制作者对其制作的录音录像制品享有的权利。

广播组织者权：广播电台、电视台对其播放的广播、电视节目享有的权利。

（5）著作权的法律保护

著作权的法律保护是指著作权人在法律的范围内使自己的权利得以实现的保障，同时也是对侵犯著作权行为的约束和制裁。《著作权法》第五十二条和第五十三条列举了著作权侵权行为共 19 项。

侵权行为人违反《著作权法》的规定，对他人的著作权（包括邻接权）造成侵害时，即为侵犯著作权行为，应当承担法律后果。《著作权法》及相关法律规定了侵犯著作权行为应当承担的民事责任、行政责任和刑事责任。这些法律责任规定保护著作权人利益，对打击违法行为、调动作者的创作积极性有重要意义。

8.6.2　信息的合理合法利用

1. 信息的合理利用

合理使用属于知识产权的范畴。它是指在特定条件下允许个人和特定组织，在未经版权人许可的情况下无偿使用版权作品的法律规范。合理使用一词首先出现在美国的著作权法中。现在大多数国家的著作权法都涉及合理使用，为后续作者创作新作品时，利用他人作品提供了法律上的依据。

合理使用的规定，实际上是著作权法为平衡著作权人的个体利益与信息传播和利用过程中的公共利益而设立的一种制度，其实质是对著作权人所享权利的一种限制。法律在保障著作权人正当权益的同时，要求著作权人为社会承担一定的义务，避免著作权的绝对垄断，以利于智力成果的广泛传播和使用。

了解文献合理使用和侵权的界限、正确且合理地利用文献信息是现代大学生和科研工作者应该具备的基本素质。

（1）《著作权法》第二十四条对知识产权合理利用的规定

在下列情况下使用作品，可以不经著作权人许可，不向其支付报酬，但应当指明作者姓名或者名称、作品名称，并且不得影响该作品的正常使用，也不得不合理地损害著作权人的合法权益：

（一）为个人学习、研究或者欣赏，使用他人已经发表的作品；

（二）为介绍、评论某一作品或者说明某一问题，在作品中适当引用他人已经发表的作品；

（三）为报道新闻，在报纸、期刊、广播电台、电视台等媒体中不可避免地再现或者引用已经发表的作品；

（四）报纸、期刊、广播电台、电视台等媒体刊登或者播放其他报纸、期刊、广播电台、电视台等媒体已经发表的关于政治、经济、宗教问题的时事性文章，但著作权人声明不许刊登、播放的除外；

（五）报纸、期刊、广播电台、电视台等媒体刊登或者播放在公众集会上发表的讲话，但作者声明不许刊登、播放的除外；

（六）为学校课堂教学或者科学研究，翻译、改编、汇编、播放或者少量复制已经发表的作品，供教学或者科研人员使用，但不得出版发行；

（七）国家机关为执行公务在合理范围内使用已经发表的作品；

（八）图书馆、档案馆、纪念馆、博物馆、美术馆、文化馆等为陈列或者保存版本的需要，复制本馆收藏的作品；

（九）免费表演已经发表的作品，该表演未向公众收取费用，也未向表演者支付报酬，且不以营利为目的；

（十）对设置或者陈列在公共场所的艺术作品进行临摹、绘画、摄影、录像；

（十一）将中国公民、法人或者非法人组织已经发表的以国家通用语言文字创作的作品翻译成少数民族语言文字作品在国内出版发行；

（十二）以阅读障碍者能够感知的无障碍方式向其提供已经发表的作品；

（十三）法律、行政法规规定的其他情形。

（2）《著作权法》第五十二条对侵权行为的规定

有下列侵权行为的，应当根据情况，承担停止侵害、消除影响、赔礼道歉、赔偿损失等民事责任：

（一）未经著作权人许可，发表其作品的；

（二）未经合作作者许可，将与他人合作创作的作品当作自己单独创作的作品发表的；

（三）没有参加创作，为谋取个人名利，在他人作品上署名的；

（四）歪曲、篡改他人作品的；

（五）剽窃他人作品的；

（六）未经著作权人许可，以展览、摄制视听作品的方法使用作品，或者以改编、翻译、注释等方式使用作品的，本法另有规定的除外；

（七）使用他人作品，应当支付报酬而未支付的；

（八）未经视听作品、计算机软件、录音录像制品的著作权人、表演者或者录音录像制作者许可，出租其作品或者录音录像制品的原件或者复制件的，本法另有规定的除外；

（九）未经出版者许可，使用其出版的图书、期刊的版式设计的；

（十）未经表演者许可，从现场直播或者公开传送其现场表演，或者录制其表演的；

（十一）其他侵犯著作权以及与著作权有关的权利的行为。

（3）《著作权法》第五十三条对侵权行为的规定

有下列侵权行为的，应当根据情况，承担本法第五十二条规定的民事责任；侵权行为同时损害公共利益的，由主管著作权的部门责令停止侵权行为，予以警告，没收违法所得，没收、无害化销毁处理侵权复制品以及主要用于制作侵权复制品的材料、工具、设备等，违法经营额五万元以上的，可以并处违法经营额一倍以上五倍以下的罚款；没有违法经营额、违法经营额难以计算或者不足五万元的，可以并处二十五万元以下的罚款；构成犯罪的，依法追究刑事责任：

（一）未经著作权人许可，复制、发行、表演、放映、广播、汇编、通过信息网络向公众传播其作品的，本法另有规定的除外；

（二）出版他人享有专有出版权的图书的；

（三）未经表演者许可，复制、发行录有其表演的录音录像制品，或者通过信息网络向公众传播其表演的，本法另有规定的除外；

（四）未经录音录像制作者许可，复制、发行、通过信息网络向公众传播其制作的录音录像制品的，本法另有规定的除外；

（五）未经许可，播放、复制或者通过信息网络向公众传播广播、电视的，本法另有规定的除外；

（六）未经著作权人或者与著作权有关的权利人许可，故意避开或者破坏技术措施的，故意制造、进口或者向他人提供主要用于避开、破坏技术措施的装置或者部件的，或者故意为他人避开或者破坏技术措施提供技术服务的，法律、行政法规另有规定的除外；

（七）未经著作权人或者与著作权有关的权利人许可，故意删除或者改变作品、版式设计、表演、录音录像制品或者广播、电视上的权利管理信息的，知道或者应当知道作品、版式设计、表演、录音录像制品或者广播、电视上的权利管理信息未经许可被删除或者改变，仍然向公众提供的，法律、行政法规另有规定的除外；

（八）制作、出售假冒他人署名的作品的。

2. 学术规范

学术规范是关于学术研究活动的主客观方面的约束。学术规范体现在整个学术活动过程中，主要表现为学术道德规范、学术法律规范、学术引文规范、写作技术规范等。

（1）学术道德规范

学术道德规范是学术规范的核心部分，是对学术工作者从思想修养和职业道德方面提出的要求。教育部《关于加强学术道德建设的若干意见》中对学术道德规范提出了以下基本要求。

- 增强献身科教、服务社会的历史使命感和社会责任感。广大教师和教育工作者要置身于科教兴国和中华民族伟大复兴的宏图伟业之中，以培养人才、繁荣学术、发展先进文化、推进社会进步为己任，努力攀登科学高峰。要增强事业心、责任感，正确对待学术研究中的名和利，将个人的事业发展与国家、民族的发展需要结合起来，反对沽名钓誉、急功近利、自私自利、损人利己等不良风气。

- 坚持实事求是的科学精神和严谨的治学态度。要忠于真理、探求真知，自觉维护学术尊严和学者的声誉。要模范遵守学术研究的基本规范，以知识创新和技术创新，作为科学研究的直接目标和动力，把学术价值和创新性作为衡量学术水平的标准。在学术研究工作中要坚持严肃认真、严谨细致、一丝不苟的科学态度，不得虚报教育教学和科研成果，反对投机取巧、粗制滥造、盲目追求数量不顾质量的浮躁作风和行为。

- 树立法治观念，保护知识产权、尊重他人劳动和权益。要严以律己，依照学术规范，按照有关规定引用和应用他人的研究成果，不得剽窃、抄袭他人成果，不得在未参与工作的研究成果中署名，反对以任何不正当手段谋取利益的行为。

- 认真履行职责，维护学术评价的客观公正。认真负责地参与学术评价，正确运用学术权力，公正地发表评审意见是评审专家的职责。在参与各种推荐、评审、鉴定、答辩和评奖等活动中，要坚持客观公正的评价标准，坚持按章办事，不徇私情，自觉抵制不良社会风气的影响和干扰。

- 为人师表、言传身教，加强对青年学生进行学术道德教育。要向青年学生积极倡导求真务实的学术作风，传播科学方法。要以德修身、率先垂范，用自己高尚的品德和人格力量教育和感染学生，引导学生树立良好的学术道德，帮助学生养成恪守学术规范的习惯。

（2）学术法律规范

运用国家和政府相关的法律法规规范学术活动，维护学术研究的正常秩序。在我国规范学术活动的相关行为规则分散在《中华人民共和国民法典》《中华人民共和国著作权法》《中华人民共和国专利法》《中华人民共和国保密法》《中华人民共和国统计法》《出版管理条例》等法律法规中。《关于科技工作者行为准则的若干意见》明确规定，科技工作者应当模范地遵守宪法和法律。《高等学校哲学社会科学研究学术规范（试行）》第五条规定，高校哲学社会科学研究工作者应遵守《中华人民共和国著作权法》《中华人民共和国专利法》《中华人民共和国国家通用语言文字法》等相关法律法规。

学术法律规范的主要内容可以概括为：学术研究不得泄露国家秘密和单位的技术秘密；学术活动不得干涉宗教事务；学术活动应遵守《中华人民共和国著作权法》《中华人民共和国专利法》；学术论文写作应遵守语言文字规范。

（3）学术引文规范

在学术论文撰写过程中，只要直接引用了一本书或一篇文章，或者在作品中采用了他人的工作成果，须注明其来源。如果没有这样做，即可被认定为剽窃。2004 年通过的《高等学校哲学社会科学研究学术规范（试行）》中，对学术引文规范做如下规定。

- 引文应以原始文献和第一手资料为原则。凡引用他人观点、方案、资料、数据等，无论是否发表，无论是纸质或电子版，均应详加注释；凡转引文献资料，应如实说明。
- 学术论著应合理使用引文。对已有学术成果的介绍、评论、引用和注释，应力求客观、公允、准确。伪注（伪造的注释），伪造、篡改文献和数据等，均属学术不端行为。

（4）写作技术规范

写作技术规范的内容主要有以下 3 个方面：学术成果应观点明确，资料充分，论证严密，内容与形式完美统一，做到观点鲜明、结构严谨、条理分明、语句通畅；学术成果的格式应符合要求；参考文献的著录应符合要求。

8.7　小结

本章分别讲解了信息收集与获取、文献整理软件的使用、信息调研与分析、科研的选题、科研论文的写作，最后列出与知识产权相关法律法规，目的是提醒相关人员要合理合法地利用信息，不要侵犯他人知识产权。

8.8　习题

1. 简述如何进行科研信息的收集。
2. 简述科研信息的阅读方法。
3. 简述信息调研的内容。
4. 在 Web of Science 的 SSCI 数据库中检索"高校数字图书馆研究"方面的文献（检索词限定为"标题"字段），导入 EndNote Web 文献整理软件中，并练习把其中的几篇文章插入到一篇文本格式的论文中。
5. 简述科研论文的基本结构及每部分的写作特点。
6. 什么是知识产权和知识产权法？在合理利用文献信息中，学术规范主要表现在哪些方面？
7. 《中华人民共和国著作权法》规定的关于智力成果合理使用的范围和侵权行为有哪些？

序 言

　　2011 年，为进一步提升师范生的整体素养，同时完善课程体系，我校开设了"师德修养与专业发展"课程。负责教学任务的李文治老师找到我，商量编写一本关于幼儿教师师德修养与专业发展的教材。当时他提出：目前，幼儿教师水平参差不齐，社会对提升幼儿教师的师德及专业化水平的呼声日益强烈；但现有幼儿教师培养体系中缺乏专门针对师德修养与专业发展的课程与教材，教学内容散落在几门相关课程中，且偏重理论讲解，缺乏理论与实践结合的阐释；更为严重的是，目前很多课程把师德修养与专业发展这两个本应紧密关联的命题拆开，忽略了师德修养作为教师职业立足之本的地位及其对教师专业能力整体提升的内涵性、动力性、方向性作用，没有很好地将师德建设融入教师的整体素养提升和职业生涯发展之中。李文治老师希望，把师德修养与专业发展结合起来作为一个完整的范畴，在幼儿教师职业发展的宏观层面把提高以师德为核心的整体素养作为讨论框架，编写一本新的教材。鉴于当时教育部正在着手准备为幼儿教师的专业发展制定明确的标准，我建议他们边教学边沉淀，开展较为系统的研究，等幼儿教师专业发展的标准出台后予以对接，达到一定水平后再考虑出版教材。

　　经过 6 年的积累，2017 年人民邮电出版社出版了本书的第 1 版。第 1 版在本校和其他高校使用的过程中，获得了大家的一致好评。经过了 4 年的实践与沉淀，结合时代发展对幼儿教师师德修养与专业发展的新要求，编者于 2022 年决定对其进行改版。编者立足于幼儿教师整体的师德修养与专业发展问题，对接《幼儿园教师专业标准（试行）》，将师德修养作为幼儿教师职业素养的核心要素，从理论和实践角度进行分析、探讨，再回归幼儿教师终身发展的命题，总结归纳了幼儿教师由生手教师到熟手教师再到专家教师的成长成才之路，为幼儿教师的专业成长和发展提供了适宜的策略和建议。本书有以下值得肯定之处。首先，把握了道德教育的基本规律，在知、情、意、行上做到有的放矢，将学生职业道德发展与日常生活、学习及专业实习等密切结合，注重道德实践在道德教育中的重要性，并将其贯穿学生教育教学的全过程。其次，将法治社会对个人道德和能力的基本要求与教师职业紧密结合，凸显道德与法律、道德与文化的关系，为幼儿教师由个体人转换到社会人以及个人专业成长提供了策略性建议。最后，将幼儿教师最为棘手的人际关系处理中的师德修养归纳为一章的内容进行阐述。此外，本书具有很强的实践性，是对编者多年教学和幼儿园服务工作经验的总结和升华，书中案例都来自幼儿园工作的第一线，是编者自身教育教学实践的总结，注重引导学生在理论学习的同时加强实践和应用。

近年来，教育部连续出台了相关文件，一贯地强调对教师师德的重视，明确师德作为教师核心素养的重要地位，但在现实生活中，因幼儿教师师德缺失对幼儿身心造成伤害的事件时有发生，相关部门也难以杜绝。溯其源，还是幼儿教师在职业成长过程中没有准确定位自身专业角色，没有做到将条文禁令融入自己的行事准则中。本书准确把握了职业道德修养和个人道德修养的学理关系，用生动的案例，将幼儿教师现实生活中的情景与其未来职业前景有效结合，将师德修养的理论与教学实践相结合，找到了共情之处，落实到了职业发展的活动之中，便于学生掌握和实践。我相信，本书应该能为每一位学前教育专业的学生及幼儿教师的专业发展和职业成长提供有益的帮助！

长沙师范学院副院长　皮军功

2022 年 8 月

前　言

党的二十大报告指出："坚持以人民为中心发展教育，加快建设高质量教育体系，发展素质教育，促进教育公平。""幼儿教师师德修养与专业发展"是学前教育专业学生的专业必修课，是一门理论与实践相融合的基础课程，对完成专业人才培养目标有着十分重要的作用。本书是在国家大力发展学前教育、构建学前教育教师新形象的新背景之下，集多年学前教育教学和研究之成果，由长期从事学前教育的一线工作者共同努力完成的。为贯彻党的二十大精神，适应学前教育发展的形式，满足对教师素质培养的要求，我们编写了本书。

本书主要讲解了幼儿教师师德修养与专业发展两方面的内容：幼儿教师师德修养部分，总结了开设教师职业道德这门课程的教育教学实践经验，同时融合了各兄弟院校的先进成果，从不同的角度去审视幼儿教师师德修养的培养与达成，比较系统地论述了伦理和道德的重要关系，用相关理论结合教育教学的实践，深入探讨了道德与法律等方面的关系，将幼儿教师的修养与日常教育教学紧密联系，与园所人际交往中的道德修养紧密联系；幼儿教师专业发展部分，立足于时代对学前教育发展和对幼儿教师素质素养的新要求，围绕幼儿教师成长和发展的科学性，从师德衍生到教师的基本素养及幼儿教师的专业发展规划，更进一步探明了幼儿教师发展和专业成长成才的必由之路，廓清了人生成长中的"暗礁"，为幼儿教师提供了快速成长的基本策略。

本书在内容的编排上，设置了案例分享、拓展阅读、小思考等模块，将理论知识穿插其中，增强了本书的知识性和趣味性，同时又与实践紧密联系，强调观察、反思、实践等在教学过程中的重要性。本书努力营造与读者对话的语言环境，让读者在交流的碰触中形成心灵的感动，在相似的道德环境中开始积极行动，以实现个体道德认识、道德观念、道德行为上的整体升华。本书中的案例均来自教育教学第一线，即编者日常学习和生活的积累。

编者始终以《幼儿园教师专业标准（试行）》为指针，遵循幼儿教师个人素养养成的基本规律，总结了国内外幼儿教师师德修养与专业发展研究的先进成果，并根据幼儿教师专业发展的历程，在教学和园所指导过程中边研究、边实践、边总结，使本书的内容具备以下特点。

1. 贴近时代

本书紧跟时代发展的需求，内容与国家教育政策紧密结合，运用了先进的教育理念，并结合教育改革发展的要求，与全国教师资格证考试、教师招聘考试中的师德考核内容紧密联系，同时将生动性融入其中，避免因严肃而有失活泼。

2. 贴近生活

本书能站在学前教育专业学生成长的角度，与学生共同探讨师德修养的形成和发展，理论观点遵循了新时代准幼儿教师的价值观和学习特点。本书所用案例均源自实际教育教学过程，避免了理论和实践的脱节。这是一本站在教师工作的现场情境中研究教师师德修养与专业发展的书，具有一定的理论基础，也与实践密切结合，让学生能够脚踏实地地了解和掌握相关理论，为其进一步深造和后续学习提供了较为扎实的理论背景。

3. 普遍适用

本书的成文过程，严格按照《幼儿园教师专业标准（试行）》的基本要求，力求全面系统地兼顾幼儿教师的成长与发展，有助于想要从事幼儿教师行业的学生备考教师资格证和参加教师招聘考试，同时也对已在工作岗位的幼儿教师有一定的指导作用。

全书师德修养部分由长沙师范学院的李文治老师负责，专业发展部分由长沙幼儿师范高等专科学校的熊芳老师完成。李文治老师负责全书的统稿、定稿工作。湖南农业大学黄正泉教授、长沙师范学院皮军功副校长、长沙师范学院学前教育学院张晓辉院长、长沙市雨花区第一幼儿园邓益云园长、三育教育集团三之三星湖湾幼儿园诸爱峰督导长、长沙县泉塘街道第二幼儿园王美丽副园长为本书的成书和调研提供了很多帮助，在此表示感谢。

本书是编者在广大学前教育工作者的支持下努力的结果。我们力图使本书体系完整、内容丰富、结构合理，并能汲取同类教材的优点，实现科学性、研究性和实用性的有机融合，但我们深知由于能力有限，书中难免存在不妥之处，恳请所有使用本书的读者提出宝贵意见，这将成为我们继续努力的方向和动力。

编 者

2023 年 7 月